# DICHAVANDO O PODER

## DROGAS E AUTONOMIA

AUTONOMIA
LITERÁRIA

Coordenação Editorial:
Cauê Seignemartin Ameni; Hugo Albuquerque; Manuela Beloni
Organização: Júlio Delmanto
Revisão: Coletivo DAR & Cauê Seignemartin Ameni
Capa: Wander Wilson
Diagramação: Manuela Beloni
Ilustrações: André Dahmer & Luciano Thomé
Fotografia: Marcelo Paixão
Selo: Livro Movimento
Poesia: Carol Ribeirinha

**Dados Internacionais de Catalogação na Publicação (CIP)**
**(eDOC BRASIL, Belo Horizonte/MG)**

D546
Dichavando o poder: drogas e autonomia / Organizado por Coletivo DAR ; ilustrações André Dahmer. – São Paulo (SP): Autonomia Literária, 2016.
402 p. : il. ; 14 x 21 cm

Inclui bibliografia
ISBN 978-85-69536-04-8

1. Drogas - Abuso - Brasil. 2. Drogas - Descriminalização. I.Dahmer, André. II. Título.

CDD-362.293

EDITORA AUTONOMIA LITERÁRIA
Rua Conselheiro Ramalho, 945
01325-001 São Paulo - SP
autonomialiteraria@gmail.com
www.autonomialiteraria.com.br

# DICHAVANDO O PODER
## DROGAS E AUTONOMIA

ORGANIZAÇÃO: COLETIVO DAR

POEMAS: CAROL RIBEIRINHA

1ª EDIÇÃO

AUTONOMIA LITERÁRIA

2016

# Sumário

# SELO: LIVRO MOVIMENTO

Em uma era marcada pela ascensão de novos movimentos sociais, interligados em rede e articulados horizontalmente, repensar novas estratégias, instituições, símbolos e maneiras de intervir na realidade é uma tarefa urgente e incontornável.

No atual contexto, um dos maiores desafios para uma editora é encarar a dimensão política do livro, deslocando-o para além de seu habitat natural nas bibliotecas e livrarias.

Com o compromisso político selando o pacto editorial, surge a necessidade de colocar o livro em movimento - ao mesmo tempo em que temos de colocar os movimentos nos livros.

Eis a ideia do selo Livro-Movimento da Autonomia Literária: uma ação em comum entre projeto editorial e movimentos sociais, uma construção prática do conhecimento situada no interior das lutas. Pronto para inflamar a sociedade.

Este selo traça uma das trincheiras do projeto político editorial da Autonomia Literária, cujo espírito da publicação visa desmercantilizar o produto para politizá-lo, sendo mais uma pedra nas barricas que fortalecem as lutas transformadoras.

As formas subjetiva e objetiva se completam. O movimento dialoga com a sociedade e o leitor colabora viralizando a ideia, enquanto fortalece as bases dos movimentos.

Uma boa leitura!

# INTRODUÇÃO

## Dichavar o poder

> *"Dichavar.1. Preparar a maconha para a confecção do baseado, triturando-a, seja com a mão ou um objeto próprio chamado dichavador".*
> Dicionário Informal

Somos um coletivo. Esse livro é coletivo: nosso e dos parceiros que colaboraram com textos, ideias, conversas, ajudas, editando, diagramando, divulgando. Essas ideias são coletivas, construídas em anos de caminhada conjunta de formação nossa e em aliança com nossos parceiros e inspiradores tantos.

Somos um coletivo antiproibicionista: esse livro é antiproibicionista, partimos aqui do pressuposto que a guerra às drogas é injustificável e indefensável, e que é preciso estudar e construir caminhos para acabar com ela e gerir as drogas proibidas de outras formas, mais eficientes, justas, livres, respeitosas.

Somos um coletivo anticapitalista, e esse livro conta como chegamos a essa definição e por quê. Não queremos gerir de outras formas as drogas proibidas num mundo ineficiente, injusto, controlado e desrespeitoso como o nosso. E somos um coletivo autônomo, acreditamos que a busca por esse outro mundo deve se dar com base em mudanças tanto econômicas quanto sociais, culturais, sexuais, mentais, individuais – com base na construção horizontal das nossas leis, no *nóis* por *nóis*.

Como detalharemos adiante, essa definição e defesa da autonomia tem base numa trajetória política bastante específica que foi e tem sido a nossa, dentro e mais além da Marcha da Maconha de São Paulo da qual somos parte da organização. E ela é irmã e amiguíssima de uma outra importante síntese/conclusão na qual chegamos, a de que nossa prática política antiproibicionista objetiva a mudança de mentalidade em relação às drogas e à liberdade de modo geral, para além das necessárias mudanças legislativas e institucionais.

Essa definição implica na nossa prática e explica ela também, tendo surgido a partir da análise de que o poder e o autoritarismo estão presentes em todos os âmbitos de nossas vidas, não só no Estado. As instituições estatais são parte do problema, não da solução. Assim, mesmo nunca deixando de mirar os de cima, até por sobrevivência, optamos por atuar e pensar desde baixo – nesse caso na sobrevivência de nossas ideias, de nossos meios e fins.

Mudar o mundo sem tomar o poder, diz o título e a provocação de um dos livros de John Holloway, pensador que se inspira muito na trajetória zapatista que também nos traz tantas instigantes lições. Se o poder está por toda parte, não nos parece ter sentido achar que vamos tomar um de seus centros de manutenção e reprodução, o Estado, e colocá-lo a nosso serviço. Melhor é que eles – poder e Estado – não existam, se diluam, que as leis que regem diretamente as nossas vidas sejam feitas por nós, diretamente. Não queremos tomar o poder, queremos dissolvê-lo, espalhá-lo entre todos da maneira o mais equânime possível. Dichavar o poder, pois só assim é possível tragá-lo.

Desentorpecer a razão, essa ideia nos uniu há mais de seis anos e se tornou um compromisso, um modo de vida. São as leis que estão muito loucas, é o que temos tentado dizer e mostrar de todas as formas dentro de nosso alcance, e é preciso desentorpecer essa razão militarista, autoritária e violenta que só serve aos interesses do dinheiro, da exploração e da dominação.

Com nossos cogumelos profetizando anarquia & delírio, como versou o poeta Roberto Piva, buscamos não a defesa de uma razão racionalista/iluminista ou acadêmica, que separa desejos de pensamentos, corpos de ideias. Queremos é a razão desobediente da qual falam Antonio Negri e Michael Hardt, tendo sempre em mente o que bem destacaram em uma entrevista a Cornelius Castoriadis: "a própria razão pressupõe a Liberdade – a autonomia".

Como apontaram em outro momento, a autonomia "inaugura não só outro tipo de sociedade, mas também outro tipo de indivíduos" e ela é um projeto, um regime de "interrogação ilimitada" no qual todas autoridades e dogmas são questionados a luz de uma busca comum que não tem como não ser consensual: a liberdade, a felicidade. Tanto razão como autonomia são entendidas para nós como buscas, como projetos permanentes e incompletos, como as perguntas que fazem caminhar. São complementares e só existirão de fato conjunta e complementarmente.

Esse livro é então a tentativa de consolidar e reunir num só lugar as principais reflexões e dúvidas que nossa caminhada nos trouxe, e foca na missão não só de criticar a guerra às drogas mas de pensar alternativas concretas, meios para que nossos princípios alcancem seus fins. Terminar a proibição das drogas é nossa meta e como fazer isso sem colocar em risco nossa autonomia é um desafio constante. Esperamos que os textos feitos pelo DAR e também por nossos parceiros tão valiosos que colaboraram com artigos para a segunda parte desse livro possam ajudar nessa discussão e nessa luta. "Muito mais do que ter o dom é fazer o corre e buscar", sabemos tanto quanto o Rincón Sapiência: gostaríamos muito que você leitor tivesse o dom de DAR uma lida no que temos pra dizer e nos ajudasse a fazer o corre pra buscar essa a paz e a liberdade, pra dentro e pra fora da cabeça.

*Coletivo DAR*

HOTEL
Lotus
LEGALIZE JÁ
A JUVENTUDE NEG
TEM DIREITO AO
FUTURO!
ENHUM JARDINEIRO
PRESO!
LSD!
MRT

FANFARRA
DO
M.A.L
VIVA
ERVA
MACONHA
TODO
DIA
n da guerra às drogas
#Rumo
do genocídio da
3º Cong
JUVENTUDE NEGRA!
PRESERVE
A NATURA
QUEIME O
MATO CERTO
LEGALIZA JÁ!
RA A REDUÇÃO
AIORIDADE
ENAL! ANEL
DYLAN
ANEL
Hard Rock

# PARTE I
por Coletivo DAR

## Sementes no seu quintal: reflexões e propostas para depois da guerra (e para chegar até lá)

Produto de uma série de debates coletivos, presenciais ou virtuais, realizados ao longo dos últimos seis anos, esse texto foi elaborado por muitas mãos, num processo lento iniciado em 2014 e concluído em julho de 2015. A partir da demanda, interna e externa ao DAR, por posicionamentos nossos a respeito do debate de alternativas concretas à proibição das drogas e de que caminhos seguir para atingi-las, fizemos uma série de debates, alguns com a ajuda de parceiros convidados - como MPL, Coletivo Anastácia Livre, Centro de Convivência É de Lei, Casa Mafalda, Dênis Petuco, Adalton Marques, Paulo Arantes - outros completamente internos. Daí saíram as linhas gerais desse texto, e a ideia do livro em si, que além do nosso posicionamento contém também as opiniões de aliados e especialistas que respeitamos e que têm muito a acrescentar e ensinar.

Sem ter como pretensão apresentar um projeto de legalização das drogas para a sociedade, muito menos diretrizes fechadas de como atingir essa meta, esse texto não é um programa político do DAR, aos moldes de um partido político. Não tem propostas concretas que acreditamos que sejam as corretas nem diz o que outros movimentos e pessoas devem fazer nem de que forma, cada um sabe de si e de sua caminhada. Na música *Não rouba minha brisa*, a rapper Issa Paz fala disso quando canta que "se é pra criticar só pra reclamar faça algo que evolua", afinal "já tem polícia e político demais pra tirar do sério/ não vejo sentido ou qualquer motivo pra criar conflito interno". Pra gente a pegada é essa também, assinamos embaixo quando ela continua: "cada um fazendo o seu e fortalecendo é o que torna eterno/ não existe certo ou errado verdadeiro ou falso, pra seu inferno". Nem esse texto nem esse livro tão querendo roubar a brisa de ninguém, dizer o que é certo ou errado fazer, são apenas reflexões a partir do nosso fazer, certamente errante.

Esse texto é produto da nossa trajetória específica, ele pode parecer um pouco com um programa político, meio genérico, meio inconclusivo, meio viagem. Como disse Gilberto Gil naquele documentário sobre os *Doces Bárbaros*, que mostra ele sendo preso por maconha durante a (outra) ditadura, e como já cantaram exatamente com as mesmas palavras o mestre Bob e os Racionais MCs, somos o que somos. Esse texto não é um modelo nem um mapa para o caminho antiproibicionista, longe disso. Mas isso também não quer dizer que tenhamos nos dedicado tanto pra escrever apenas generalizações ou relativizações: sabemos muito do que queremos e, principalmente, muito do que não queremos, do que temos que nos proteger. E sabemos isso exatamente por conta da trajetória que temos, dos erros e acertos, das escolhas que fizemos. O que segue aqui é então um resumo dessa caminhada e das reflexões que a envolveram, de nossas conclusões e inconclusões. Esperamos que interesse a alguém, e que seja mais um passo na busca do fim da guerra e da autonomia: que venha pra somar, que semeie novas ideias, brisas, ações e articulações.

*Julho de 2015*

## O DAR (antiproibicionismo, anticapitalismo, autônomo)

Como muitas das ideias inovadoras, da teoria da representação em dupla hélice do DNA ao reggae, das teorias moderninhas de Steve Jobs aos pensamentos clássicos de Freud, que adorava uma branquinha, e de Marx, que era chegado em tabaco e ópio, ou Benjamin e seu haxixe, enfim, o DAR surge como muitas das grandes ideias: a partir de uma viagem, de uma brisa. Uma não, várias.

Ele é a junção de muitas brisas, que foram se inspirando e espirando mais harmônicas a partir de uma conexão pela mesma piração: o fim das *bad trips*. Éramos usuários, psiconautas, e, portanto, o lance era mais do que poder fumar ou cheirar ou tomar: mesmo que frustrados pela baixa qualidade das substâncias e pela insegurança que o descontrole da proibição nos enfia goela abaixo, a gente já usava, e os que não usavam certeza que não era por falta de acesso. Se você quer comprar é mais fácil que pão, desde bem antes de mandar do cachimbo pra cachola já ouvíamos o Gabriel O Pensador cantar isso, e todo mundo sabe que é real.

Mas éramos frustrados também como ativistas. Como ativistas da Marcha da Maconha - que ainda estava nascendo, desorganizada, estigmatizada, proibida, sem experiência - queríamos mais do que (tentar) marchar uma vez ao ano, queríamos influência e diálogo social permanente, queríamos mostrar que a proibição gera e legitima violência e não afeta só os usuários, que os usuários não são inferiores a ninguém, queríamos falar de todas as drogas.

E como ativistas de outras causas de diferentes vertentes, todas de esquerda, de partidários e até interessados em se candidatar a anarquistas ou maconheiros apaixonados, igualmente nos frustrava que nossos parceiros, nossas organizações e movimentos, não dessem a mínima para isso. Mesmo com todo mundo sabendo que éramos usuários (e às vezes até sendo também, de drogas lícitas então, vish) e vendo diante de si o extermínio e o aprisionamento do nosso povo, a galera que militava com a gente em geral achava que a legalização das drogas no mínimo era um problema menos importante. "Somos poucos, os inimigos muitos e temos outras prioridades", aquele velho papo que feministas, LGBT's, negros e povos indígenas também já ouviram muito e ainda ouvem. Uns achavam queima-filme, prejudicial aos interesses, em geral eleitorais, da organização. Outros improdutivo, prejudicial à revolução: alienante.

A gente se junta então com essa disposição e muito pouco acordo sobre o que fazer, pra onde ir. Articulados na negativa, no antiproibicionismo. Sabíamos o que não queríamos, a proibição das drogas, e queríamos fazer mais do que individualmente já fazíamos em nossos próprios rolês. De consenso inicial, a busca pela horizontalidade e pelo consenso, em oposição às disputas e votações. Já tínhamos nos dado no saco a verticalização e o autoritarismo das organizações que fazíamos parte ou convivíamos, e também sua caretice, burocratização, imposição de condutas e culpas. Nos juntamos para lutar pela liberdade, então tínhamos que ser livres pra ser nós mesmos nessa busca.

O Coletivo DAR surge oficialmente então no primeiro semestre de 2009. O nome foi inspirado por um artigo da juíza aposentada do Rio de Janeiro e integrante do LEAP Brasil (Agentes da Lei contra a Proibição), Maria Lúcia Karam, no qual aponta que só o entorpecimento da razão sustenta uma política como a proibição das drogas, causadora de tantos males em nome da saúde pública. Ou seja, muito loucos estão eles, não nós, usuários e não usuários de drogas lícitas e ilícitas que defendemos o fim dessa diferenciação arbitrária e violenta.

Partimos de alguns pressupostos, como o de que a guerra às drogas é um pretexto para o controle dos setores mais pobres da população, por meio do genocídio praticado pelo Estado, da militarização e do encarceramento em massa. Ou como o de que é absurda ingerência estatal sobre a decisão de cada indivíduo a respeito do que fazer com seu próprio corpo, de que esse mercado ilegal representa corrupção em todas as instâncias jurídicas e governamentais e um triste e inaceitável obstáculo ao desenvolvimento de pesquisas científicas e tratamentos médicos a partir das substâncias ilícitas.

Essas são algumas das críticas que desde nossos primeiros encontros fazemos contra a guerra às drogas e que não víamos resolvidas com a legalização só da maconha e tampouco sustentáveis, do ponto de vista político e também ético, a partir da perspectiva apenas do usuário. É hipócrita a defesa de que só o uso seja descriminalizado e que a repressão aos supostos traficantes se mantenha – não só porque é ridículo poder comprar algo que não se pode vender, mas principalmente porque sabemos qual o alvo do "combate ao tráfico": enquanto nada acontece com helicópteros de influentes políticos pegos com meia tonelada de cocaína, nossas prisões têm classe e cor, "são os porões dos navios negreiros", como define Débora Silva, uma das fundadoras do Movimento Independente Mães de Maio, cuja caminhada sempre nos inspirou.

A pesquisadora de gênero Judith Butler declarou em uma palestra, depois publicada na Argentina em livro com o nome de *Violencia de Estado, guerra, resistencia. Por una nueva política de la izquierda*, que "as formas de racismo instituídas e ativas a nível perceptivo tendem a produzir versões icônicas de populações que merecem ser choradas em grande medida, e outras cuja perda não é levada em conta e são mantidas como não merecedoras da dor". Ao implementar a guerra, seja no Iraque seja no suposto combate às drogas, o Estado busca a todo tempo traçar um corte entre "nós" e "os inimigos", entre as vidas que são dignas de serem vividas e as que não são, buscando fazer com que algumas delas surjam como "impensáveis", nas palavras de Butler.

Ela prossegue destacando que a vida de uma pessoa está ligada à dos outros através de um vínculo que tem a própria vida como matéria: um vínculo árduo e irreversível, segundo a autora. "Mais que uma vida, se trata da vida", resume Butler, que toca aqui num ponto chave, o mesmo que nos levou a declarar em um dado momento - como se observa no texto mais adiante - que "Somos todos traficantes", exatamente buscando contestar essa diferenciação que chora e tenta preservar só algumas pessoas.

"O usuário de droga não deve ser criminalizado. Ele é doente, precisa ser tratado". Esse discurso é outro que aparece não só naquele senso comum que vê a proibição com certa crítica, mas também em alguns setores que passaram a compor o, felizmente, cada vez mais amplo leque do antiproibicionismo – é essa a tônica, por exemplo, do filme "Quebrando o Tabu", protagonizado pelo ex-presidente tucano Fernando Henrique Cardoso, aquele mesmo que fez, bom, todo mundo sabe tudo que ele fez, defendeu, atacou, enfim.

Apesar de ser um avanço que a política de drogas saia do âmbito penal, tratar qualquer usuário de drogas a priori como um doente que precisa necessariamente de um tratamento não resolve a questão, e isso sentíamos na pele já como usuários antes de nos juntarmos. Ou como estudantes e futuros trabalhadores sociais. Sair das tramas de controle da justiça para cair nas do saber médico não nos interessa - nem criminoso nem doente: pessoas, apenas. O que já deveria ser suficiente para garantir o respeito: "E quem eu sou eu não sei/ Não importa/ O que importa é o respeito/ Você chegou, respeitou/ Se fumou eu não sei/ Mas eu respeito", resume bem o som do RZO.

A partir desses posicionamentos, então, nasce o DAR, que com o tempo e com as lições aprendidas ao longo da caminhada vai se definindo melhor. Inicialmente articulados pela negativa ao proibicionismo e tendo como base a horizontalidade, passamos a dividir nosso planejamento em atividades de formação e de inconformação. Nas primeiras, mais fechadas, debatíamos e aprendíamos com os que já estavam pensando e criticando a guerra às drogas desde antes, numa perspectiva multidisciplinar e também antidisciplinar, em roda. Já a inconformação passamos a tentar expressar de todos os jeitos possíveis: manifestações de rua, jornais, folhetos, site, redes sociais, vídeos, participação (e ou avacalhação) em debates e entrevistas, organização de eventos, experimentando as ideias que tínhamos ou que pegávamos emprestadas de outros contextos que fomos conhecendo, parcerias novas que construímos.

Consolidou-se com o tempo entre nós a concepção de que não basta uma justa legalização das drogas em um mundo injusto, e que, portanto, cabe a nós ativistas relacionar o antiproibicionismo com todas as lutas que acreditamos necessárias para a construção de uma sociedade mais livre, sem opressões.

Em uma entrevista em que comenta os vinte e cinco anos do seu livro *O Segundo Sexo*, que foi fundamental para a divulgação e consolidação do pensamento feminista nas discussões políticas das esquerdas em vários lugares do mundo, Simone de Beauvoir diz que "mulheres de direita não querem revolução":

> *"elas são mães, esposas, devotadas aos seus homens. Ou, quando são agitadoras, o que elas querem é um pedaço maior do bolo. Elas querem salários melhores,*

*eleger mulheres para os parlamentos, ver uma mulher se tornar presidente. Fundamentalmente, acreditam na desigualdade, só que elas querem estar no topo e não por baixo. Mas elas se acomodam bem ao sistema como ele é ou com as pequenas mudanças para acomodar suas reivindicações".*

Criticando isso, Simone defende que uma feminista, quer ela se autodenomine esquerdista ou não, é uma "esquerdista por definição", pois "ela está lutando por uma igualdade plena, pelo direito de ser tão importante, tão relevante, quanto qualquer homem. Por isso, incorporada em sua revolta pela igualdade de gêneros está a reivindicação pela igualdade de classes". Bingo. Nós não somos maconheiros de direita, nós queremos revolução, esse foi o clique que nos deu em determinado momento, nos provocando a avançar. Se não conectássemos nossa prática antiproibicionista com a defesa mais ampla da liberdade estaríamos acreditando na desigualdade, buscando melhorar nosso lugar e ficar no topo e não por baixo. O usuário de drogas tem o direito de ser tão importantes quanto qualquer pessoa, assim como a vida do suposto traficante tem o direito de ser vivida tanto quanto a de qualquer pessoa, e a luta por essa igualdade plena tem tudo a ver com o que Beauvoir chama de reivindicação pela igualdade de classes, no sentido do fim da exploração, do anticapitalismo.

Essa reflexão, essa busca pelo rompimento da "linha de fronteira" de nosso ser com o ser alheio, como versou Waly Salomão no poema "Câmara de ecos", foi retomada muitos anos depois por Judith Butler que, como feminista, não podia deixar de ser influenciada por Beauvoir. Na palestra citada anteriormente, a pesquisadora destaca que qualquer que seja a liberdade pela qual estamos lutando ela deve ser baseada na igualdade. Na verdade, para ela não podemos pensar em uma sem a outra:

*A liberdade é uma condição que depende da igualdade para realizar-se. O que está em jogo é repensar e enfrentar os processos de minorização nas novas condições globais, perguntando que alianças são possíveis entre as minorias religiosas, raciais e sexuais (quando estas "posições" não são tanto identidades como modos de vida em relação com os outros e com os ideais guia). Então talvez possamos compor constelações em que a oposição ao racismo, à discriminação, à precariedade e à violência do Estado continuem sendo objetivos claros para a mobilização política e nas quais a oposição à guerra seja ao mesmo tempo um modo de exercitar a liberdade em conjunção com a igualdade e, mediante a demolição da maquinária de guerra do Estado, de reanimar o mundo sensorial e uma democracia sensível.*

Nosso anticapitalismo é outra brisa que não nasceu do nada. Nasceu da nossa prática, do aprendizado, da tentativa e erro, do sonho e do desejo que está em toda brisa: de ir além do cotidiano que nos foi dado, ir além do que nos é vendido como a única realidade possível. E essa definição ficou muito clara para a gente depois de um dos momentos mais importantes da nossa trajetória, e do antiproibicionismo no Brasil, se a modéstia nos dá licença de dizer: a luta contra a repressão da Marcha da Maconha de 2011, na Avenida Paulista. Esse foi um momento chave de virada para a Marcha, que reagiu bem aos ataques da puliça e da “”””””””””””justiça”””””””””””” bem ao estilo "o que não mata fortalece", derrubou nas ruas a proibição de se manifestar, obrigando o STF a proibir que nos proibissem, e se consolidou na cena política como uma atriz política de respeito e de responsa, podendo enfim sair da defensiva "pela liberdade de manifestar" para de fato colocar o debate sobre a política de drogas nas ruas.

Mas foi um momento chave para nós do coletivo também. O DAR tinha sido nesses anos, principalmente 2010 e 2011, o organizador praticamente único da Marcha. Os comunicados oficiais saíam no nosso site, a gente dava as entrevistas, botava a cara, assinava ofícios, fazia o trampo com a ajuda de alguns ativistas roots e também de marchas de outras cidades, principalmente a do Rio de Janeiro, pioneira da primeira manifestação com esse nome, em 2007. Com a repressão do dia 21 de maio, que feriu vários de nós e levou dois a serem presos - que depois foram soltos pela multidão que não arredou pé da delegacia num momento lindo - chamamos, de um jeito tão improvisado quanto acertado, uma outra manifestação para o sábado seguinte. E pedimos ajuda para geral, para todos os movimentos, partidos e grupos que tínhamos pedido apoio nos anos anteriores e na preparação dessa marcha, e que nunca tinham nos dado muita bola, tipo o silêncio sorridente de que fala o Caetano.

O legal foi que dessa vez alguns deram. E pessoas outras, independentes ou de outras tradições, trajetórias, trabalhos. Surgiu aí a Marcha da Liberdade, que depois chegou a ser organizada simultaneamente em mais de 40 cidades, e que em São Paulo juntou, apresentou e uniu muita gente que até hoje é amigo e/ou companheiro de ativismo no chamado movimento autônomo. Foi um processo rico, de aprendizado de rua para uns, de rede pra outros, de consenso, de disputa. Mas foi também um cenário de muita treta, divergência. Crescia em São Paulo o Coletivo Fora do Eixo, que de promotor de eventos na cena cultural passou a megaorganização *mezzo* político *mezzo* empresarial e depois disso a grupo jovem e moderninho dos governos petistas, e nos embates da nossa forma ativista com a forma "profissional" deles nos veio o clique: não dá pra ser só antiproibicionista e querer juntar todo mundo sempre. Pro ativismo que nos animava não bastava ser só antiproibicionista.

Percebemos que complementar a essa negativa da proibição estava já em nossa prática, e em nossos desejos de outras práticas que buscavam negar o Sistema. Não nos sentíamos comunistas ou socialistas ou anarquistas, não defendíamos um outro modelo fechado de organização social, nem tínhamos essa prepotência de definir os rumos do planeta num papel escrito por 20 pessoas. Mas sabíamos o que não queríamos, o império do dinheiro, o autoritarismo, a violência do Estado e do Mercado, o trabalho alienado e alienante, a desigualdade, as opressões. Assim como a negativa ao proibicionismo nos punha à frente, percebemos que dizer não ao capitalismo também era importante pra definir nossa atuação futura. Do mesmo jeito que Fora do Eixo, setores do Psol, PSTU e outros ativistas de grupos autônomos, a gente defende a legalização da maconha, mas queremos também mudar o mundo, e sem tomar o poder, nem encher os bolsos. Para todos, tudo, nada para nós - desde essa época também já curtíamos o zapatismo do qual nos aproximaríamos efetivamente mais depois.

Se não nasceu do nada, essa brisa de ser anticapitalista também não ficou só fazendo nossa cabeça nem virou fumaça, teve outros efeitos práticos. No interior da Marcha seguimos buscando o consenso, e até pelo tamanho que o movimento passou a ter era preciso que ela fosse a mais ampla e diversa possível, dentro dos consensos gerais de legalização da maconha, horizontalidade e crítica da guerra às drogas, mas agora com o DAR atuando como um grupo a mais, com suas posições específicas, que mediávamos com as dos outros, claro. Mas para além disso, em nossa atuação própria, fomos dando mais espaço para articulação com outras lutas, como a do transporte público, da desmilitarização da polícia, a feminista e a antimanicomial.

Por nossa prática, por nossa forma de organização e atuação, e também por nossas afinidades e influências, sejam teóricas sejam de outros movimentos ou pessoas, as parcerias que sempre nos agradaram mais foram as com grupos pertencentes ao campo autônomo. Coletivos horizontais como o nosso não têm interesse em atuar com organizações institucionais do Estado ou que se relacionam com ele demasiadamente em sua prática, como os partidos políticos, e dessa proximidade e aprendizado com movimentos como MPL, Mães de Maio, Moinho Vivo, Rede Extremo Sul, Rede 2 de Outubro, Casa Mafalda, Centro de Mídia Independente, entre outros, surge nossa opção pela autonomia. Antiproibicionista, anticapitalista, autônomo: essa passou a ser nossa definição. Algo que, a nosso ver, se mostrou acertado e se tornou irreversível a partir de junho de 2013, como será comentado adiante.

A opção inicial pela horizontalidade, que surge também praticamente como uma negativa, tendo em vista nossas experiências como ativistas antes do DAR, acabou definindo muita coisa, hoje é possível pensar. Ser consequente com ela traz efeitos para além da organização interna, da busca por divisão equilibrada de tarefas e responsabilidades, pela tentativa de não cristalizar funções específicas nas mãos de uns e outros, pela ausência de liderança e poderes desiguais, pelas decisões em consenso e nunca votadas ou impostas, pelo respeito aos diferentes níveis de engajamento, disponibilidade, disposição e paciência dos componentes do coletivo. Ser horizontal é também não falar em nome dos outros, mesmo que se busque a todo tempo se solidarizar com sua luta e sua dor, com sua digna raiva. Isso é algo muito presente no movimento antimanicomial, por exemplo. Como canta o Emicida na música *Levanta e Anda*, em parceria com o Rael, nós somos os maiores representantes dos nossos sonhos na face da Terra, e é isso que tem que nos fazer correr.

É preciso incorporar na nossa voz o grito dos outros que também estão embaixo, mas para fazer coro, não para falar em nome de, para falar mais alto. Falar junto quando for o caso, ajudar a ser ouvido, esse é o princípio da articulação em rede que pauta nossa caminhada em várias frentes, e é o que invariavelmente impede relações não pontuais com grupos permeados por relações hierárquicas e/ou estatais e/ou monetarizadas.

A opção pela horizontalidade nos levou também à busca por uma determinada forma de mudança, desde baixo e enfocada na mudança da mentalidade, em detrimento das articulações institucionais, como será detalhado em breve. Influenciou ainda nossa definição do que entendemos por autonomia e como conectamos isso com a discussão sobre drogas e alternativas à proibição. Falaremos mais sobre autonomia também mais para a frente, porque ainda tem alguns pontos de nossa trajetória que achamos que são importantes contar pra se entender como chegamos na busca dela.

## Se é para ser anticapitalista e autônomo, então tem que ser feminista!

> *Nesse sistema, nascer, crescer, viver e morrer mulher pode ser como o alargado arrastar-se por entre um emaranhado de arames pontudos. Mas essa dor é uma das muitas manchas na história.O que alivia é que elas, cada vez mais elas, decidem se por de pé e assim caminham erguidas. Não como se os arames fossem flores, mas sim como se suas picadas, mesmo as letais, mais fortes as fizessem... para ir abrindo caminho. Não para mudar o gênero da dominação, mas sim para que não haja dominação. Não para assim ter um lugar na história de cima, mas sim para que a história de baixo deixe de ser uma ferida sem cicatrizar. Nem mandona nem mandada. Nem rainha nem plebeia. Nem Khaleesi nem Jhiqi. Nem patroa nem empregada. Nem ama nem escrava. Nem dona nem servente. Mas o terrível não é que cada ser nascida mulher o faça com essa estafa como calendário por vir, em qualquer geografia política. O aterrador é que os que levantam a defesa de um mundo melhor não poucas vezes teçam com suas próprias mãos essas armadilhas que ferem. Mas a cada tanto a realidade, que é feminina, dá uma bofetada no calendário de cima e em todas as geografias de baixo.*
>
> (Subcomandantes Insurgentes Moisés e Galeano)[1]

O incômodo com a masculinização e o machismo dos espaços antiproibicionistas foi fundamental no moldar feminista

1 No comunicado Gracias III: La construcción más cara del mundo.

do DAR. A maioria de homens, por exemplo, nas reuniões organizativas da Marcha da Maconha, o baixíssimo número de mulheres em eventos e espaços públicos de debate sobre a política de drogas e a presença feminina no movimento cannábico aparecendo sob formas como de concursos de Miss Marijuana são exemplos que nos instigaram a refletir mais especificamente sobre a intersecção entre as discussões de gênero e drogas. A primeira atividade que fizemos a respeito foi um debate sobre os efeitos do proibicionismo sobre as mulheres, em 2010.

E foi uma discussão dentro da Marcha da Maconha em 2012, sobre a divulgação ou não nos canais do movimento de um calendário feito por alguns ativistas-empresários do Rio, com fotos de mulheres se exibindo com a planta para arrecadação de dinheiro, que, apesar de desgastante e muitas vezes com argumentos de baixíssimo nível, deu um empurrão maior para uma demarcação pública do DAR enquanto um coletivo feminista. "Como propor um debate produtivo e inclusivo sendo que as mulheres são vistas e colocadas por um setor do movimento no mesmo patamar da planta que veneram – como um objeto a ser adorado e consumido?", contestamos, em um texto sob o título *Sexismo na Marcha da Maconha? Não em nosso nome:*

> *Somos a favor de liberdade sexual e autonomia de decisão sobre o que fazer com o próprio corpo. O que questionamos é a reprodução da mulher-objeto-para-satisfazer-o-prazer-do-homem, baseada na heterossexualidade como regra, concepção com a qual somos bombardeados cotidianamente e que reproduzimos em nossas próprias produções e relações sociais. O modo como as mulheres são representadas costuma ser, na realidade, a forma como os homens as veem e como querem que se comportem.*

Um calendário com peitos, bundas, pintos e bucetas também foi feito, em parceria com alguns coletivos de teatro, com o intuito de, propositalmente, mostrar que nossa crítica não era moral ou careta. Nesse período também fizemos uma edição especial sobre drogas e gênero do nosso jornal, *A Antiproibicionista*, distribuída no 8 de março. E foi numa reunião pequena na União de Mulheres de São Paulo, proposta pelas minas do DAR para algumas feministas já velha guarda da luta em São Paulo, que começou uma articulação auto-organizada entre mulheres dos movimentos antiproibicionista e feminista. Aí estava o embrião do Bloco Feminista da Marcha da Maconha SP, que pouco tempo depois inspiraria organizações do mesmo tipo em marchas Brasil afora.

A formação de blocos dentro da Marcha da Maconha é condizente com o que comentamos anteriormente em relação a horizontalidade e à busca por deixar de se falar em nome dos outros pra falar com eles. Em São Paulo a Marcha da Maconha tem buscado se aproximar de outros movimentos sociais e pautas que tenham em comum a busca pela diversidade e pela liberdade, numa articulação que funciona num duplo sentido: trazer para a Marcha essas pautas, com a forma e o conteúdo específico de cada grupo, e também sensibilizá-los da importância da luta contra a guerra e pela legalização das drogas.

Essa ideia foi bem-sucedida, graças a inúmeros coletivos, ativistas e movimentos. No caso do Bloco Feminista, que desde o primeiro ano é um dos mais importantes e bonitos da manifestação, sua existência tornou-se paradigmática do debate feminista dentro do antiproibicionismo, tendo obrigado muito machista a "sair do armário", sobretudo nas redes sociais, onde por algum motivo as pessoas se sentem desinibidas para expressar os preconceitos mais bizarros. Nos eventos preparatórios da Marcha de 2015, aprovamos que nenhum deles poderia acontecer sem presença feminina nas mesas de debate ou seminários e que nos convites para se falar em nome do movimento a prioridade seria dada sempre para as mulheres nos representarem.

E assim como a própria trajetória do movimento, que é marcada pela organização em rede, sem instâncias nacionais nem direção ou disputa de cargos, a ideia de um bloco ou ala feminista se espalhou pelo Brasil através da inspiração, que depois se converteu em intercâmbio livre entre ativistas de diversos estados do país. Se a Marcha da Maconha ainda tem dificuldade de conciliar a bem-sucedida autonomia local com articulações ou ao menos troca de experiências em níveis mais amplos, as feministas têm se articulado muito bem, e com isso o debate tem avançado em diversas cidades, e também nas redes sociais. Por outro lado, diversas ativistas do movimento feminista estão hoje muito mais próximas do antiproibicionismo, num fortalecimento mútuo que interessa a todos e todas.

Infelizmente as conexões do antiproibicionismo com o movimento LGBT ainda são menos visíveis, apesar de não serem nada desprezíveis. Em São Paulo houve blocos com essa temática em 2014 e 2015, e panfletagens durante a Parada LGBT também foram realizadas diversas vezes, em geral muito bem recebidas, mas essa relação não atingiu ainda a mesma continuidade da discussão feminista.

As posições reativas agrupadas geralmente sob o argumento de "tem que falar sobre maconha" ou "mais maconha" ou às vezes apenas "maconhaaaa!", e em geral vindas de indivíduos sem participação em coletivos, com relevância mínima na realidade para além das redes sociais, têm obtido cada vez menos repercussão, não só pelo seu anacronismo e por sua grosseria, mas até pela falta de pragmatismo, afinal trabalhar para uma marcha com mais espaço para mulheres, LGBT's, negros, etc., é trabalhar para uma marcha maior e mais impactante na vida da sociedade. Ou seja, não falar só

MACONHA, é também trabalhar melhor pela legalização da erva, além de nos posicionar de uma forma mais madura no cenário político e social.

*conjunturas*
*comecei a usar drogas*
*quando plutão*
*fez conjunção com netuno*
*sou de peixes*
*sol em áries*
*o que é fogo*
*fogo e água*
*que se apaga*
*quase nada*
*em terra*
*marte em touro*
*me derruba a realidade*
*pedra que me invade*
*saturno na um*
*entre mercúrio e o sol*
*remete ao fim da tarde*
*porque o medo*
*ensina ao medo*
*o aconchego*
*da idade*
*verso esse em que me perco*
*drogas e drogas mais tarde*

(Carol Ribeirinha)

## Mudança de mentalidade e Redução de Danos

Voltando à narrativa sobre a trajetória do Coletivo DAR, outro aspecto prático e teórico, teórico e prático, que nos parece bastante relevante é o enfoque na estratégia da mudança de mentalidade como primordial em nossa prática. Não visamos a elaboração de um projeto de lei, nem tentamos costurar reuniões de gabinete para disputar nos âmbitos institucionais.

Afinal, o proibicionismo não é só um conjunto de leis e convenções internacionais. Até que seria mais fácil se fosse. Ele é também uma lógica, uma cultura, que permeia as instituições, as nossas relações, as formas de pensar. Se expressa quando o programa governamental para informação sobre drogas nas escolas públicas se resume a palestras dadas por policiais militares; quando um vizinho *cagueta* o outro que cultiva uma planta de maconha; quando o pai (apesar de tomar seu *goró*) bate no filho quando descobre alguma substância na gaveta e já pensa em interná-lo; quando um usuário de drogas chega num serviço de saúde ou assistência e é tratado com preconceito; quando a imprensa retrata como heroica a ocupação militar das Forças Armadas nos morros cariocas; e assim vai.

Uma pesquisa divulgada em 2009 pela Fundação Perseu Abramo, intitulada *Diversidade Sexual e Homofobia no Brasil: Intolerância e respeito às diferenças sexuais*, é exemplo disso. Das pessoas consultadas em todo o país, 24% afirmam ter repulsa a usuários de drogas (um ponto percentual a menos que aos ateus, não estamos bem na fita). Perguntados sobre as pessoas que menos gostam de encontrar, os usuários de drogas foram campeões, com 35%, seguidos pelos ateus (26%) e pelos ex-presidiários (21%).

No livro *Microfísica do poder*, o filósofo Michel Foucault defende que, junto com o desenvolvimento dos grandes aparelhos de Estado no século 18 (a polícia, o exército, etc.), foi instaurada uma nova "economia do poder". São procedimentos que fazem circular os efeitos do poder de forma capilar, contínua e "individualizada" em todo o corpo social, atingindo os corpos, os gestos, os discursos dos indivíduos. Assim como a lógica proibicionista, Foucault descreve como esse regime de poder se manifesta *no* corpo social, e não *sobre* o corpo social:

> *Se o poder fosse somente repressivo, se não fizesse outra coisa a não ser dizer não, você acredita que seria obedecido? O que faz com que o poder se mantenha e que seja aceito é simplesmente que ele não pesa só como uma força que diz não, mas que de fato ele permeia, produz coisas, induz ao prazer, forma saber, produz discurso. Deve-se considerá-lo como uma rede produtiva que atravessa todo o corpo social muito mais do que uma instância negativa que tem por função reprimir.*

Mas se o poder é múltiplo, é múltipla também a resistência a ele. Assim, acreditamos que é a pressão da luta social, a partir de uma mudança da mentalidade e da construção de uma cultura antiproibicionista, que deve pautar as (obviamente necessárias) mudanças jurídicas e legislativas, e não o contrário. Claro que vemos que pragmática e realisticamente é a legalização das drogas que poria fim à proibição, e neste sentido estamos do mesmo lado de todos os que buscam esse objetivo, cada um à sua maneira. Mas nossa prática e forma de fazer política nos levou a essa forma de encarar as coisas, que será detalhada mais adiante quando falarmos especificamente sobre autonomia.

Como diz um dos principais intelectuais do Brasil na atualidade, o rapper Eduardo, ex-membro do grupo Facção

Central, "é provável que se houvesse um diálogo entre aquele que é uma matrícula numa unidade prisional e o que o colocou nessa condição, a crosta de ódio no hemisfério cerebral esquerdo dos geneticamente ditadores se soltasse e dessa maneira as pessoas esquecidas começassem a ser humanizadas". Mas pra ele isso nunca vai acontecer: "a legalização por solidariedade aos moradores dos bairros invisíveis está completamente descartada!".

Não tem como questionar isso que ele aponta em seu livro-pedrada *A guerra não declarada na visão de um favelado*. Sabemos como agem os políticos, o Estado, o poder, nada vem de graça, tudo tem seu preço e seus interesses. Mas além de ter isso sempre em mente, como tem o Pentágono quando canta que "tem que saber tirar vantagem da sua malandragem/ mas saber que pobre e preto sai sempre em desvantagem/ nosso povo vive à margem/ no fim das marginais/ isso não é viagem/ são tratados como tais", podemos olhar a questão pelo lado da resistência e não só da avaliação do tamanho do poder. O Eduardo faz isso, e por isso complementa o pensamento assim: "Os autênticos senhores da guerra só deixarão de conduzir as marionetes a bel prazer para o forno crematório no instante em que elas conseguirem se impor e dizer não! No instante em que elas conseguirem se impor e gritar a plenos pulmões: 'chega porra! Não queremos mais ser barbarizadas!'".

Ressaltando que as "marionetes" é um termo só dele, não podemos deixar de concordar com o principal da reflexão, que é o que as periferias de São Paulo já sabem e têm gritado há muito tempo: é *nóis* por *nóis*. O interesse dos de baixo só pode ser garantido pelos de baixo, falando assim parece óbvio, mas na prática nem sempre é tão claro - ou simples. Por isso a importância da autonomia, da busca pela construção de suas próprias normas, processo que é paralelo ao de estar sempre atento aos interesses externos que querem se impor, em benefício próprio, lógico.

A definição desta prioridade estratégica, de se pautar pela ação desde baixo e pela mudança de mentalidade, implica numa organização e num planejamento voltados para ações em formato oposto aos lobbies parlamentares (também chamados de "advocacy") ou discussões de projetos de lei ou políticas públicas. Como bem lembra Paulo Arantes em seu ensaio *Depois de junho a paz será total*, "nada menos utópico do que uma política pública", e nossa aposta não é no pragmatismo ou no menos pior - como Belchior, amar e mudar as coisas nos interessa mais.

Com essas concepções, nossa militância perpassa a produção de informação e conhecimento (site, redes sociais, materiais impressos, formações e debates), o trampo mais localizado e "de formiguinha" (atividades em escolas, oficinas sobre redução de danos e drogas, desenvolvimento de trabalho contínuo com coletivos parceiros em território específico, etc.) e ação direta nas ruas (a principal é a construção anual da Marcha da Maconha, mas fazemos outros atos e também intervenções lúdicas com outros movimentos como por exemplo o dia 2 de outubro - dia pelo fim dos massacres e o Churrascão da Cracolândia).

Em oposição ao paradigma do proibicionismo, nos pautamos pelas concepções enquadradas num conceito que gostamos muito e já é bem respeitado internacionalmente, o da Redução de Danos (RD). As práticas hoje enquadradas sob esse nome têm origem em um movimento auto-organizado de usuários de drogas na Holanda do início da década de 1980, o chamado "junkie-bond" que, preocupados com o aumento dos casos de hepatite, reivindicavam maior acesso a agulhas e seringas. Esse movimento, que apontava para a necessidade de melhorias nas condições de vida e de moradia, compreendia que os usuários eram os que melhor entendiam seus próprios problemas. A partir daí surgiram organizações locais de usuários de drogas espalhados pela Holanda e conseguem a implementação do primeiro programa de trocas de seringa em 1984, em Amsterdã. No Brasil, por sua vez, a RD se consolidou durante o ascenso da AIDS no fim dos anos 1980.

Partindo da realidade que se impõe (sem tentar negá-la ou mudá-la de um jeito impositivo), do respeito ao indivíduo – incluindo o respeito à sua autonomia de escolher consumir drogas – a redução de danos coloca-se como uma política que se propõe a minimizar os possíveis riscos e prejuízos do uso de drogas (lícitas e ilícitas) por meio da promoção do autocuidado, do respeito aos conhecimentos e saberes do usuário, do autoconhecimento, da informação e do apoio de igual pra igual, não de cima para baixo. Centrada no sujeito e não na suposta doença, a atuação em redução de danos hoje pode ter uma perspectiva mais ampla que a da saúde, incluindo uma potência de intervenção política, de busca por direitos e autonomia. A redução de danos na qual acreditamos significa a escuta radical do outro, e a construção, em conjunto com ele e a partir de suas especificidades (sua trajetória, seu contexto, a substância, suas vontades), de uma possibilidade de caminho e cuidado. A afirmação "pare de usar" é deslocada para a pergunta "como você usa?", "quem usa não abusa, quem não usa não acusa", mais uma vez citamos o RZO.

Realizado em março de 2013, o primeiro encontro do Fórum Estadual de Redução de Danos, impulsionado pela ONG Centro de Convivência É de Lei e composto por trabalhadores sociais de diversos serviços e atuações, tentou definir o que é Redução de Danos. Posteriormente publicada em livro, a síntese dessa discussão que segue abaixo mostra como é amplo esse conceito, e ao mesmo tempo quantas potencialidades ele contém. Não tem fórmula, por isso é difícil de definir: não tem fórmula, por isso é tão útil.

*RD é saber que a relação com a droga não passa só pela dependência*
*RD é construção coletiva de práticas e saberes*
*RD tem a ver com atendimento humanizado e integral à diversidade*
*RD é cuidado para além das drogas*
*RD é um processo, não uma resposta pronta*
*RD mantém o foco nas pessoas e não na substância*
*RD tem a ver com os direitos das pessoas*
*RD é singular, não tem uma fórmula.*

A psiquiatra Flávia Fernando e o sociólogo Dênis Petuco, referências teóricas e práticas no campo da redução de danos no Brasil, deram uma entrevista para o Coletivo DAR, intitulada "Redução de danos como prática (potencialmente) libertadora". Nela, Flávia descreve que a RD "nasce como empoderamento dos usuários de drogas, e intercede por construções de caminhos de liberdade", e Dênis lembra que

> *A RD tem sido muitas vezes colocada como algo intrinsecamente progressista, intrinsecamente próxima de um campo mais à esquerda, seria "à esquerda das drogas na saúde". Acho que pode, mas a gente já viu experiências de RD capturadas, eu já vi com meus próprios olhos. Já vi programa de RD ser transformado na equipe que vai pra rua convencer gente a se internar na CT [Comunidade Terapêutica]. Já vi RD ser reduzida a uma dimensão "preventivista", onde sua única tarefa era levar seringa. (...) Tem essa disputa, o Tadeu de Paula vai dizer que a RD é polissêmica, adota diferentes sentidos. Ela pode ser capturada.*

Assim, a RD libertária na qual acreditamos é uma arma micro e macropolítica. Micro enquanto prática cotidiana, pautada na construção de vínculo, no incentivo e cultivo do autoconhecimento e autocuidado. E macro enquanto um paradigma, uma forma de a sociedade lidar com as drogas. Mais que isso, é uma prática e um discurso político contra-hegemônico que, rebeldemente, pode se manifestar aqui e agora – não precisa esperar uma mudança na lei de drogas, muito menos uma revolução. Pauta-se, ainda, por uma concepção autônoma que parte da esquerda não compartilha: de que não temos a resposta ou o caminho pronto para uma transformação social, mas que a construção dessa sociedade só pode ser por meio da escuta, da não hierarquia ou imposição, da construção conjunta dos caminhos.

> *"A RD se apresenta como uma outra possibilidade de fazer e pensar política no cotidiano, ela pode fecundar o entendimento de que a política se faz não só com discurso tradicional mas no trabalho cotidiano de cada um de nós",*

Sintetiza Dênis Petuco, ilustrando sua fala com a ideia de um rizoma:

> *"a gente não necessariamente precisa botar todo mundo junto numa mesma frente orgânica, organizada, com massas de pessoas caminhando junto pelas ruas – essas massas podem estar dispersas nos mais diferentes lugares, produzindo ações cotidianas que são discurso político contra-hegemônico, que além de defender o novo afirmam a possibilidade do novo em ato e teimosia".*

## Sobre "trabalho de base"

*Na rua a gente vê a real, negô*
*São coisas de Brasil não é mole não*
*Sentado no sofá não vai dar, negô*
*Nem tudo é verdade na televisão*
(Rincon Sapiência, Coisas de Brasil)

Junho de 2013, essa erupção das dores e delícias da política feita sem intermediários, nos trouxe muitos estímulos, ensinamentos, dúvidas e desafios. Como avalia o filsólofo Paulo Arantes no texto *Depois de junho a paz será total*, essas semanas em que "começamos a vencer" deixaram uma herança sem receita, se trata de "um acerto histórico com cara de pedra no caminho", abrindo a todos interessados em mudanças verdadeiras e radicais uma série de questionamentos sobre o fazer político e a luta por transformação social. "A rua é quem vai determinar/ quem é e quem não é/ quem vai ficar/ porque a rua não é sua/ cê que tem que ser da rua", cantava o Pentágono já em 2008.

Produto e um pouquinho produtor desse turbilhão de desejos que saíram do armário no período de lutas contra o aumento da passagem e de protestos contra a Copa das Confederações da FIFA de 2013, o DAR procurou debater e entender o que acontecia e para onde podíamos caminhar. Já em 25 de junho de 2013, publicamos em nosso site uma carta aberta ao Movimento Passe Livre (MPL) de São Paulo, intitulada "Temos orgulho de dividir as ruas com vocês", na qual já esboçávamos algumas das conclusões que iriam evoluir depois e ajudar a sustentar nossa atuação posterior ao momento mais vitorioso politicamente da nossa geração - até agora.

Após lembrar o histórico de parceria e troca de experiências e reflexões que existe entre o DAR e o MPL, que se firmou definitivamente a partir de 2011, o texto aponta que "não é por acaso que as principais mobilizações urbanas dos últimos anos tenham partido de movimentos com esse caráter anticapitalista, horizontal e apartidário", e que tampouco seria um acaso por que a principal delas, catapultada pela violência acéfala da PM, tenha surgido por conta do MPL. "Há tempos temos acompanhado e tentado aprender com as estratégias, com os acertos políticos e, sobretudo, com a extrema dedicação e coragem dos ativistas do MPL, e é evidente que as últimas vitórias não caíram do céu, sendo fruto de muito planejamento, consciência, articulação e trabalho duro", aponta a carta, antes de concluir:

> *Dialogando sempre com movimentos e partidos diversos, mas sem jamais perder a independência e uma saudável desconfiança, o MPL provou que não é através de eleições ou da canalização da revolta para as instituições estatais que se mudam as coisas nesses país. Trabalhando horizontal e cotidianamente em periferias e escolas da cidade, o MPL mostra que quem planta vento pode sim colher tempestade, e que é de ação e ousadia que precisamos, não de líderes. Incendiando barricadas e a arrogância estatal, o MPL nos inspira a, cada vez mais, seguir lutando por um mundo sem opressões e catracas!*

Veem-se já nesse momento algumas das conclusões que amadureceríamos depois, e que condicionaram nossa atuação e nossa reflexão após os levantes da primavera brasileira. Dentre essas conclusões podemos destacar duas principais, as que enfatizam o papel da autonomia e do "trabalho de base" como fundamentais no fazer político que se busca revolucionário, transformador, efetivo. Em relação ao primeiro aspecto, como parte desse processo de reflexão sobre junho e seus desdobramentos, entrevistamos Pablo Ortellado, professor e referência de muitos ativistas autônomos por sua trajetória e pensamento, que destacou:

> *Acho que essa experiência da luta contra o aumento da tarifa trouxe um salto qualitativo muito importante. Essa tradição de luta que a gente remonta ao zapatismo, ao movimento antiglobalização, mais recentemente ao Occupy Wall Street, ao 15M, e lá atrás a Maio de 1968, às lutas da autonomia italiana, essa tradição é muito marcada pela valorização do processo de organização. Ou seja, a ideia de que devemos fazer política pré-figurativa. Que a forma de organização do movimento deve espelhar a sociedade que a gente quer. Então ser horizontal, inclusivo, não ser sexista, não ser racista, um enorme cuidado com o processo. É processo político e também criativo – então fazer intervenções divertidas, contraculturais, é a mesma valorização do processo: queremos uma vida prazerosa, desburocratizada das amarras institucionais.*

Para Ortellado, a vitória contra o aumento das passagem representaria um avanço em relação a essas concepções, não por deixá-las de lado, tendo em vista que o MPL e boa parte dos grupos que fizeram parte das movimentações valorizam e se pautam por essa tal "política pré-figurativa", mas por aliá-las a um objetivo factível de fácil comunicação: a partir desse momento, todos os movimentos passaram a se perguntar "qual será o nosso vinte centavos?". Por certo, acreditamos que esse avanço é importante e ensina muito, mas não só talvez haja outros elementos igualmente importantes para a vitória, a começar da radicalidade das táticas e da inflexibilidade nas negociações com o governo, como isso não deixa de tirar a importância desse formato organizacional, em nossa opinião.

Poderíamos abrir um parêntese aqui para pensar sobre o pós-junho, afinal se naquele momento vibrávamos com a vitória da "nossa política", sem partido e negociação, sem dirigente nem eleição, na rua e com ação direta, horizontal, depois, principalmente durante a Copa do Mundo FIFA 2014 o que se viu em São Paulo foi uma grande visibilidade de dois movimentos distantes desse tipo de ideal: o Sindicato dos Metroviários e, principalmente, o Movimento dos Trabalhadores Sem Teto (MTST). Novamente o artigo de Paulo Arantes nos ajuda muito a pensar quando define junho de 2013 como um momento de manifestações e movimentações de massa sem organizações de massa, e essa especificidade, um dos elementos da imprevisibilidade daqueles acontecimentos que pegaram quase todos de surpresa, se refletiu nesse momento posterior, em que passada a revolta popular pouco havia de organizações com verdadeiro "trabalho de base" para sustentar ações de mais fôlego, planejamento, longo prazo.

E assim fechamos rápido o parêntese, pois a segunda principal conclusão que tiramos de junho diz respeito exatamente ao tal "trabalho de base" - expressão meio estranha de usar pela suposição de que se há uma "base" há um "topo", uma organização piramidal ou hierárquica, o que nos desagrada.

Independentemente da forma como chamarmos esse tipo de atuação, que o Paulo Arantes durante a conversa que tivemos qualificou de "trabalho social qualificado" depois de termos contado mais ou menos como atuamos de fato, o importante é que concluímos que o sucesso de um projeto político de longo prazo depende em boa medida de uma atuação local constante, enraizada em um território, que crie laços de longo prazo, que crie saber, espalhe mensagens, propicie encontros e articulações. Víamos no MPL e seus trabalhos em escolas bons exemplos disso, próximos da gente, e gostaríamos de aumentar o nosso esforço em ações periféricas que sempre permearam nossa prática, mas de maneira esparsa, sem continuidade.

Fizemos uma atividade de formação sobre educação popular e redução de danos com o parceiro Dênis Petuco, e depois outra com o MPL, o Coletivo Anastácia Livre e a Casa Mafalda sobre trabalho de base, exatamente para pensarmos para onde caminhar, onde fincar os pés, de que forma. Vimos que nossa atuação no campo da comunicação, sempre uma das pernas mais fortes e reconhecidas do DAR, não deixa de ser um tipo de trabalho de base que contribui bastante para a nossa sonhada mudança de mentalidade, mas entendemos que era preciso mais, era preciso converter a "presença em convivência", o estar no contexto em estar com o contexto, nas palavras de Paulo Freire no livro *Pedagogia da autonomia*.

Nossa convivência com o movimento antimanicomial e com a redução de danos há muito nos ensinam sobre o poder e a importância da escuta, e agregar o elemento da educação popular a essas reflexões e práticas ajuda a pensar na valorização dos saberes populares, das "leituras de mundo", mais uma vez de acordo com Freire, que as pessoas com as quais queremos conversar, atuar, nos formar, têm, e na necessidade de se jogar, botar o pé na lama e a mão na massa. Diz aí, Paulo Freire:

> *Se, na verdade, o sonho que nos anima é democrático e solidário, não é falando aos outros, de cima para baixo, sobretudo, como se fossemos os portadores da verdade a ser transmitida aos demais, que aprendemos a escutar, mas é escutando que aprendemos a falar com eles. Somente quem escuta paciente e criticamente o outro fala*

*com eles, mesmo que, em certas condições, precise falar a ele. O que jamais faz quem aprende a escutar para poder falar com é falar impositivamente.*

Se consolidamos em nossas formulações o entendimento de que nossa ação se foca prioritariamente na mudança de mentalidade, e não nas leis, vimos como necessária a ampliação de nossa atuação, com um enfoque mais localizado e territorializado, e estávamos em meio a esses debates e planejamentos quando fomos convidados pelo Coletivo Katu, de educadores populares da Zona Sul de São Paulo, a pensar em uma roda de conversa sobre drogas com jovens da região, em parceria com uma ONG chamada Bloco do Beco. A primeira roda se converteu em várias outras, e o DAR vem desenvolvendo, junto com o Katu, o Bloco do Beco e mais um coletivo, o Tamo Vivo, formado por jovens da área, um trabalho constante de reflexão sobre política e consumo de drogas e também de produção de material realizado com base na realidade específica da região e daqueles garotos e garotas.

Essa experiência, que durou alguns meses e está em vias de ser retomada, foi um laboratório de grande aprendizado, além de nos propiciar muitos momentos de prazer junto às pessoas que conhecemos ou estreitamos laços nesse processo e com as quais dividimos cervejas, baseados, saraus, esfihas e vários rolês. Aprendizado sobre o trabalho que estamos realizando, ou seja, sobre as diferentes formas de se dialogar e produzir e difundir conhecimento nessas condições, e também sobre o próprio contexto local, sobre a cultura periférica e ainda sobre essa geração que é mais nova que a nossa.

Um dos pontos importantes que Paulo Freire identifica no processo de formação pedagógica e política (coisas que nunca se separam) é a busca pelo que ele chama de "extrojeção da culpa indevida", ou seja, a expulsão do opressor de dentro do oprimido, "enquanto célula invasora". Segundo o barbudão, essa sombra precisa ser substituída por duas coisas que enfatizamos bastante em nosso trabalho junto à molecada da Zona Sul: autonomia e responsabilidade.

No processo de debate franco, de papo reto, sobre drogas, sobre nossos próprios usos e os dos outros, sobre a proibição, sobre estratégias individuais e coletivas de cuidado e de redução de danos e risco, busca-se criar as condições para a expulsão dos preconceitos que a moral proibicionista e autoritária encucou em todos nós. Conversando e trocando ideias e conhecimentos, podemos identificar onde estão essas células que precisam ser substituídas pela autonomia e pela responsabilidade, que também são constantemente problematizadas, e de quebra ainda nos formamos sobre as melhores formas e linguagens para fazer isso.

Nesse movimento, mais uma vez nos deparamos com Paulo Freire, que destaca como todo entendimento implica, necessariamente, em comunicabilidade. A palavra é difícil de ler e até de digitar, mas não tanto de entender: não há possibilidade de se alcançar seus objetivos, e mesmo de se relacionar, sem que haja intercomunicação, e a busca pelas melhores maneiras de fazer isso é constante e desafiante. Ao longo dos anos de estudos e ativismo, acumulamos conhecimentos teóricos e práticos sobre drogas, direitos humanos e política e nos esforçamos tanto para colocá-los à disposição dos participantes de nossas atividades caso seja de interesse deles - e muitas vezes felizmente é - quanto para colocá-los à prova diante dos conhecimentos que eles têm, dos saberes que eles nos trazem e que aprimoram e modificam diversas de nossas premissas, a todo momento.

## Autonomia

*"Nós somos filhos dessa terra*
*que seus heróis não considera*
*que muitos morreu na merda*
*e a burguesia ainda impera*
*Informação vem na miguela*
*limitada pela tela*
*escrita e vista ao modo dela*
*e regida não à capela*
*Mas quem foi Marighella ou Antônio Conselheiro?*
*Lampião e todos pião trabalhador brasileiro*
*que sempre em meio ao puteiro*
*tem dignidade primeiro*
*Saiba que herói verdadeiro*
*tá bem em frente ao espelho*
*Ele não foi bandeirante*
*nem ao menos um instante*
*ele é nativo imigrante*
*com ideal semelhante*
*ele é pé no chão, é trabalho, ele é gueto*
*ele é índio, ele é pardo*
*é pensamento de preto!"*
(Pentágono, Nóiz é negô)

Somos gente comum, ou seja, rebeldes, dizem os indígenas zapatistas do estado de Chiapas, sul do México. Seu movimento, formado pelas comunidades e pelo Exército Zapatista de Libertação Nacional (EZLN), uma organização de autodefesa que declarou guerra ao Estado mexicano em 1 de janeiro de 1994, nos inspira, nos admira, nos coloca em posição de permanente solidariedade, processo no qual se aprende muito sobre autonomia e construção política desde baixo. O herói verdadeiro está bem na frente do espelho, complementa o Pentágono no contexto urbano do *nóis por nóis*.

Nesses e em tantos outros casos, zapatistas e quebradas estão falando sobre autonomia. A própria origem da palavra ajuda a explicar: ela vem dos termos gregos *auto* que significa si mesmo, e *nomos*, que indica normas. Ou seja, autonomia não é nada mais do que regermos nossas vidas fazendo nossas próprias regras, nossa própria lei como defendia Raulzito Seixas.

Exatamente por ter esse significado, a palavra passou a ser apropriada por setores de esquerda que não se identificavam com as correntes clássicas que se reivindicavam socialistas ou comunistas, por exemplo. Com isso, ganhou diversos sentidos e usos. No texto de abertura do livro mexicano *Pensar las autonomías*, publicado pela editora Bajo Tierra em conjunto com a organização JRA - Jovens em Resistência Alternativa, essa última organização apresenta o que define como "diversas dimensões e níveis da autonomia". Seriam estes:

- a autonomia como forma de fazer política: esta dimensão representa o questionamento da subordinação, do autoritarismo e das hierarquias das formas partido e Estado, "radicalizando a crítica ao próprio poder, às relações de domínio da cotidianidade, na luta política e nos movimentos sociais". Em oposição, se propõe a autodeterminação e a horizontalidade;
- a autonomia como "diversidade, potência e possibilidade": aqui estamos diante da dimensão da autonomia que questiona a totalidade e a unidade quando são consideradas como homogeneidade e domínio, pensamento atribuído a velhas formas

de fazer política. Em troca, propõe a multiplicidade e a diversidade, com unidade ocasional pautada pela luta concreta;

- a autonomia como pré-figuração: nesse caso se referem à defesa de uma luta política que prime pelo aqui e agora, não pelo sacrifício do presente e dos princípios em nome de um futuro melhor. Segundo este enfoque o mundo que queremos no futuro começa no presente, com as práticas cotidianas necessitando ser transformadas e não simplesmente naturalizadas.
- a autonomia como horizonte emancipatório: essa dimensão seria a que permite discutir e imaginar, a partir das práticas e potências existentes hoje, uma mudança radical nas formas de produção, distribuição e consumo, e também mudanças radicais nas formas de tomada de decisões sobre questões comuns. Esse horizonte seria, portanto, tanto de um mundo "de redes coletiva autorreguladas, um tecido de autodeterminações, federações de autonomias livres do capital em relação simbiótica com o mundo não humano" quanto "livre das formas de dominação, opressão, centralização, homogeinização e monopolização estatais".

Um artigo de Massimo Modonesi neste mesmo livro resgata as origens do termo autonomia e suas relações com o marxismo, e lembra dos usos que o grupo francês *Socialismo ou Barbárie* fazia dele já nos anos 1950 e 1960. Para estes pensadores, a autonomia era concebida como um horizonte de emancipação que se constrói no presente, por meio da luta, e se projeta para uma nova forma social. A autonomia seria formulada como um "dispositivo pré-figurativo e performativo" da mudança, nesse caso ainda identificada também com o termo socialismo, hoje posto em desuso por quase todos que não acreditam na tomada do poder estatal.

Pré-figurativo e performativo no sentido já apontado acima, ou seja, de que são nossas ações presentes que moldam o futuro: é caminhando que se faz o caminho e, como diz a frase atribuída ao anarquista Mikhail Bakunin, só se pode alcançar a liberdade por meio da liberdade. Fazendo de nossos movimentos e ações espaços o mais livres, horizontais e abertos à diversidade e à criatividade possível, estamos pré-figurando o mundo novo, vivendo e apresentando uma performance do futuro, uma "amostra grátis" dele no presente, como bem definiu o poeta baiano Antonio Risério ao comentar o desbunde contracultural dos anos 1960 e 1970 no Brasil.

Além disso, como destaca John Holloway, a luta por transformação aqui e agora - ele não gosta do termo autonomia, prefere "fissuras" no capitalismo por trazer uma ideia mais de processo e menos de isolamento - deve ser vista como experimentação e não como experiência, afinal a autonomia nunca se completa no interior do capitalismo, ela é sempre uma busca constante, tem sempre um caráter de luta e de utopia. Aquela que, nas palavras do cineasta argentino Fernando Birri, serve para nos fazer caminhar não para ser atingida. A autonomia é, portanto, uma busca constante, permanente, e que se empreende aqui e agora, diferente da tradição comunista-socialista-trotskysta-maoísta-etc. que coloca "a Revolução" como um momento futuro, e que necessita de muito sacrifício no presente para ser atingido. Obviamente a tradição autonomista não ignora a quantidade de esforço e sacrifício necessários à transformação da sociedade, mas ela não só dá mais atenção para a necessidade do prazer como defende que não sacrifiquemos nossos meios em nome dos fins, pelo bem dos dois.

Também no livro mexicano já citado tem um texto do professor Gustavo Esteva, importante intelectual daquele país, no qual ele defende que a autonomia representa "a prática efetiva da democracia radical", o que requer o fim da separação entre meios e fins. "A mudança que agora está sendo defendida exige mudar a maneira de mudar", aponta. Essa mudança no mudar passa certamente por novos enfoques a respeito do que tradicionalmente foi defendido e sobretudo praticado por grupos de esquerda de origem e inspiração mais clássica, principalmente no que diz respeito à relação com o Estado, mas não só.

Ezequiel Adamovsky, ativista do movimento argentino de assembleias populares, surgidas com as revoltas que aconteceram no país no ano de 2001, também tem um artigo neste livro, no qual tenta discutir alguns dos problemas e desafios da autonomia, não só suas virtudes. Mas no que diz respeito à relação com as tradições de esquerda, ele apresenta três princípios que distinguiriam a "política anticapitalista da esquerda tradicional". O primeiro seria a ideia de partir de um sujeito múltiplo, que se articula e define na ação comum, ao invés da clássica defesa da centralidade do proletariado liderando os caminhos de mudança. O segundo é o que já abordamos antes, a questão das formas pré-figurativas ou antecipatórias que a política presente deveria adquirir para que não tenha "efeitos sociais contrários ao que se defende" e, por fim, o terceiro seria que os projetos emancipatórios nesse caso dirigem-se a um horizonte de uma política autônoma, ou seja, aquela que "aponta para a autonomia do todo cooperante, é dizer, a capacidade de viver de acordo a regras definidas coletivamente pelo e para o mesmo corpo social".

Tendo como base estes pontos, tornam-se bastante relevantes as críticas dos grupos autônomos ao "estadocentrismo" da esquerda, como aponta John Holloway em seu livro *Mudar o mundo sem tomar o poder*, e também a defesa da ação direta. Popularizada pelo movimento anarcossindicalista no início do século XX, a noção de ação direta surgiu buscando garantir o direito dos sindicatos revolucionários à independência contra toda ingerência externa. Diferente da ação dos partidos que buscam a tomada do Estado, a ação direta surge como recurso dos indivíduos e comunidades para atuarem sem mediações nem representações. Ela pode ser legal ou ilegal, pacífica ou violenta, defensiva, preventiva ou ofensiva, pode ser de desobediência civil ou sabotagem, etc. Mas não é uma forma política que leve à concentração de poder em determinadas pessoas ou entidades, que teriam legitimidade para falar em nome do conjunto de lutadores, da "classe". A ação direta é o oposto do vanguardismo, incentiva a participação dos envolvidos de forma primária, sem mediações.

Como lembra o artigo "Sobre a autorregulação social - imagens, possibilidades e limites", da mexicana Raquel Gutiérrez Aguilar, quando há um levante social ou uma rebelião generalizada, "quase sempre" acontece uma tendência para a estabilização da turbulência, o que com frequência se daria com uma "mudança de governo", de "regime":

> *Quando acontece tal coisa, sempre aparecem aqueles que estão dispostos a autoproclamarem-se como governantes e a brigarem para sê-lo. As ações dos que centram sua atenção nas maneiras de estabilizar a quebra, ou seja, dos que escolhem pensar em como "governar" a rebelião, são claramente distintas das daqueles que, mais além de qualquer governo, se empenham em continuar impulsando as potências de transformação desde baixo também em tempos ordinários.*

A característica da ação direta é exatamente não buscar essa "canalização da revolta" para o "terreno do adversário", o da política estatal, como explica John Holloway, para quem "o Estado é uma maneira de fazer as coisas: a maneira errada". O livro *Mudar o mundo sem tomar o poder* lembra que o marxismo sempre criticou o Estado como atuando em defesa dos capitalistas, o que levaria à concepção de que seria necessário conquistá-lo, estratégia rejeitada pelo irlandês. Para ele, é preciso entender o Estado não como instrumento, que pode ser colocado a serviço de ideais conservadores ou progressistas, mas como forma rígida (fetichizada) das relações entre pessoas, como momento da totalidade das relações sociais da sociedade capitalista.

Por mais que seu desenvolvimento histórico tenha complexificado sua atuação, a existência do Estado implica necessariamente a separação entre os processos econômicos e políticos e a estatização dos conflitos, ou seja, a canalização da revolta para o campo de jogo do adversário. "Grande parte do discurso de esquerda está cego à violência que acarreta a existência do Estado", apontava o intelectual no começo dos anos 2000. "O Estado está limitado e condicionado por existir somente como parte de uma rede de relações sociais. Essa rede se centra, de maneira crucial, na forma como o trabalho está organizado. O fato do trabalho estar organizado sobre a forma capitalista significa que o que o Estado faz ou pode fazer está limitado e condicionado pela necessidade de manter o sistema de organização capitalista do qual é parte", prossegue.

Esse é um processo que não é recente, já tendo sido analisado por Michel Foucault nas origens do que passou a ser conhecido como "neoliberalismo", termo que na opinião do Paulo Arantes representa mais do que medidas políticas ou econômicas, representa uma racionalidade, uma lógica de organizar a vida social com base na mercantilização. Como explica André Duarte no artigo "Foucault e as novas figuras de biopolítica", presente no livro *Para uma vida não fascista*, o filósofo francês avaliava que, sob o impacto do neoliberalismo estadunidense do pós-Guerra, o ser humano passa a ser compreendido e determinado como "Homus economicus", ou seja, como um agente econômico que responde aos estímulos do mercado de trocas. "Em uma palavra, Foucault agora pensava o livre mercado econômico como a instância suprema de formatação da verdade no mundo contemporâneo", aponta Duarte. Isso tem implicações diretas na atuação estatal, uma vez que, nas palavras do próprio Foucault, cada vez mais passa a ser preciso "governar para o mercado, em vez de governar por causa do mercado".

Como declarou o antropólogo Eduardo Viveiros de Castro na palestra "A morte como quase acontecimento", disponível no Youtube, para o Estado somos todos não pessoas, "na frente do Estado a única pessoa é ele". "E o que você sente diante do Estado, da polícia como encarnação do Estado, é precisamente essa sensação de que você está diante de um poder absoluto", prossegue. "Essa sensação de estar sozinho diante do Estado, é isso que o índio vê quando encontra uma onça e ela é um morto, é a interpelação. 'Ei, você aí! Não responda!', diria o índio. Porque se você responder você tá morto, é a lição dos índios. Não dê atenção ao Estado, se você responder você tá morto", complementa, antes da conclusão difícil de questionar: "na relação com o Estado estamos todos mortos, porque ele é o único sujeito na história".

Não por acaso que no ensaio sobre junho do filósofo Paulo Arantes apresenta-se a evidência "de que o Estado está voltando a ser a relíquia arcaica que sempre foi, um bando armado que vende proteção", e conclua que as revoltas de 2013 tenham sido um levante no qual as pessoas expressavam o desejo de não mais serem governadas. Para Arantes, "Junho foi, antes de tudo, sobre isto: como somos governados, como nos governamos e como agora não queremos mais saber disso", já que é cada vez mais impossível "esperar de governos que governem como se não fossem governos, mas blocos progressistas nas cabines de comando".

Ao deslocar a discussão do Estado para o poder, Holloway está claramente em diálogo com Michel Foucault e sua concepção do Estado como prática, como conjunto de relações congeladas, mas não como lócus único do poder. Poder que não se detém, se exerce, segundo o filósofo francês, estando assim presente no Estado, sim, mas também disseminado pela sociedade em diferentes formas e intensidades. Como aponta Holloway, diante da constatação da multiplicidade das relações de poder deve corresponder uma multiplicidade de resistências, que visem não a tomada do poder estatal, mas a diluição mesma do poder.

O poder disperso e disseminado leva à "universalidade do normativo" que Foucault aponta em *Vigiar e punir*, lembrando a "onipresença dos dispositivos de disciplina" em uma sociedade em que "há juízes da normalidade em toda parte": "Estamos na sociedade do professor-juiz, do médico-juiz, do educador-juiz, do assistente-social-juiz; todos fazem reinar a universalidade do normativo; e cada um no ponto em que se encontra aí submete o corpo, os gestos, os comportamentos, as condutas, as aptidões, os desempenhos".

No livro *História da Sexualidade I*, ele desenvolve de forma didática estas reflexões, criticando o que chama de "concepção jurídica do poder". Para Foucault, é necessário se compreender o poder "primeiro como a multiplicidade de correlações de força imanentes ao domínio onde se exercem e constitutivas de sua organização; o jogo que, através de lutas e afrontamentos incessantes as transforma, reforça, inverte; os apoios que tais correlações de força encontram umas nas outras" - "a condição de possibilidade do poder não pode ser procurada num ponto central, num foco único de soberania", defende. O poder estaria em toda parte: "não porque englobe tudo e sim porque provém de todos os lugares" e se "exerce a partir de inúmeros pontos e em meio a relações desiguais e móveis". Ainda citando o filósofo francês:

*Lá onde há poder há resistência e, no entanto (ou melhor, por isso mesmo) esta nunca se encontra em posição de exterioridade em relação ao poder. Deve-se afirmar que estamos necessariamente "no" poder, que ele não se "escapa", que não existe, relativamente a ele, exterior absoluto, por estarmos inelutavelmente submetidos à lei? Ou que, sendo a história ardil da razão, o poder seria o ardil da história - aquele que sempre ganha? Isso equivaleria a desconhecer o caráter estritamente relacional das correlações de poder. Elas não podem existir senão em função de uma multiplicidade de pontos de resistência que representam, nas relações de poder, o papel do adversário, de alvo, de apoio, de saliência que permite apreensão. Esses pontos de resistência estão presentes em toda a rede de poder. Portanto, não existe, com respeito ao poder, um lugar da grande Recusa - alma da revolta, foco de todas as rebeliões, lei pura do revolucionário. Mas sim resistências, no plural, que são casos únicos: possíveis, necessárias, improváveis, espontâneas, selvagens, solitárias, planejadas, arrastadas, violentas, irreconciliáveis, prontas ao compromisso, interessadas ou fadadas ao sacrifício; por definição, não podem existir a não ser no campo estratégico das relações de poder.*

Os escritos polêmicos de Michel Foucault certamente influenciaram muito as correntes políticas identificadas posteriormente com a autonomia, uma vez que essa diferença na concepção do poder acarreta uma outra forma de se encarar a luta política, distante da defesa clássica da "unidade da classe trabalhadora" contra o capital visando a tomada insurrecional do Estado e o estabelecimento de uma ditadura do proletariado. Ao invés disso, passa a se valorizar o que Felix Guattari chamava de "transversalidade" ou "nomadismo de fronts", a batalha em várias frentes, feita de forma não centralizada e nem hierárquica. Deriva daí a famosa proposição de Guattari: cada um com seu grupelho!

> *Por que os grupelhos, ao invés de se comerem entre si, não se multiplicam ao infinito? Cada um com seu grupelho! Em cada fábrica, em cada rua, cada escola. Enfim, o reino das comissões de base! Mas grupelhos que aceitassem ser o que são, lá onde são. E se possível uma multiplicidade de grupelhos que substituiriam as instituições da burguesia: a família, a escola, o sindicato, o clube esportivo, etc. Grupelhos que não temessem, além de seus objetivos de luta revolucionária, se organizarem para a sobrevivência material e moral de cada um de seus membros e de todos os fodidos que os rodeiam.*

Em um texto de 2003, o argentino Ezequiel Adamovsky observa a existência de dois inimigos para a autonomia e para a horizontalidade: os grandes números e as grandes distâncias. Em grupos com muitas pessoas dificulta-se muito a tomada de decisões horizontais e o consenso, assim como acontece com grandes distâncias, articulações nacionais, regionais, etc, que têm mais dificuldades para prescindir da representação e das mediações. Em relação aos grandes números essa é a opinião também de Pierre Clastres, que em seu clássico texto *A sociedade contra o Estado* defende que a possibilidade de um povo se manter "primitivo", e, portanto, sem Estado, só é possível com a manutenção de um baixo número de pessoas o compondo. Talvez por isso sejamos um grupelho, mesmo que façamos essa reflexão agora depois de já o ser há muito tempo. Por isso já rejeitamos propostas de formar núcleos do DAR em cidades como Salvador, Campinas ou Brasília, melhor que se multipliquem os grupos em conexão se possível ligados diretamente com sua própria realidade. Por isso também a Marcha da Maconha se organiza em rede, por cidades, e por isso nos esforçamos para que permaneça assim, para não ameaçar sua horizontalidade e autonomia.

Passemos então agora a refletir sobre como especificamente se relacionam esses debates e essa tradição autônoma com o objeto de nosso ativismo e às vezes de nosso amor: as drogas hoje proibidas. O livro *Pensar las autonomías* tem também um texto do Holloway, a turma tá toda lá, e nele o irlandês nos traz uma interessante contribuição ao lembrar que a dimensão mais óbvia da autonomia é a espacial ou territorial, mas não há razão para não a pensarmos também em termos de tempo - "durante este fim de semana ou este encontro ou este período desafiaremos a lógica do capital" - ou relacionados a tipos de recursos ou atividades - "não permitiremos que os bens comuns sejam governados pelo capital", por exemplo. Podemos afastar a lógica do mercado, que também é a lógica do Estado, do consumo e da produção das drogas? Bom, foi pra ajudar a debater isso que fizemos esse livro, vamos lá!

## Alternativas à proibição das drogas e autonomia

Se John Holloway está certo, e o que o Estado "faz ou pode fazer está limitado e condicionado pela necessidade de manter o sistema de organização capitalista do qual é parte", a contradição Estado versus Mercado deixa de ser assim tão dicotômica. É o que propõem também Michael Hardt e Toni Negri em seu livro *Commonwealth*. Para eles, a insatisfação e a indignação com a crescente privatização de diversas esferas da vida dos de baixo no capitalismo atual leva a que muitos contraponham o privado ao público - público entendido como sinônimo de algo a ser garantido e protegido pelo Estado.

Com a mesma lógica de avaliação de Holloway, Hardt e Negri acreditam que não são as instituições estatais as que poderiam quebrar a lógica do privado, e por isso propõem um outro conceito, o do "comum", outra forma de se gerir coletivamente bens e relações. Interessante e importante é a ressalva de que o comum, apesar de minoritário em nosso mundo de hoje, não seria algo utópico, na verdade já existe em diversos momentos e atividades, em distintos lugares. Seja no caso, por exemplo, das formas de preservação e exploração ambiental por parte dos indígenas, muito menos agressivas do que as capitalistas "avançadas", seja nas práticas colaborativas da Internet. Seria a partir da expansão do comum, a partir da implementação de relações não permeadas pelo dinheiro e pela privatização, que poderíamos garantir uma melhor forma de convivência social, e não pelo fortalecimento do público/Estado frente ao Mercado, visto neste caso como ente separado, ou no mínimo independente, da estrutura econômica de exploração e dominação.

Viver a mudança de paradigma sobre a maneira que lidamos com as drogas traz a possibilidade de pensar novas relações de poder não só para uma política pública, mas para a sociedade como um todo. Limitar-se ao debate Estado x Mercado é fechar os olhos para um amanhã livre de estruturas e relações opressoras. Hoje, à medida em que novos caminhos são feitos pelo próprio caminhar, diversos outros "produtos" são objetos de lutas semelhantes, evidenciando a percepção das pessoas sobre a ineficácia do capitalismo para atender às suas demandas. Enquanto o mercado é um ambiente hostil aos menos afortunados, o Estado já se mostrou incompetente e/ou corrupto para administrar diversas áreas, contribuindo para o florescimento da autonomia e autogestão como outro caminho a ser trilhado. John Holloway, no livro *Fissurar o capitalismo*, exemplifica:

> *Existem lutas importantes em curso no mundo inteiro para remover áreas como a água, os recursos naturais, a educação, os cuidados médicos, a comunicação, o software e a música das engrenagens do capitalismo. Tudo isto pode ser visto como esforços para criar áreas interditadas, tentativas de cortar uma área e colocar placas em sua volta dizendo "capital, mantenha distância". Com isso não me refiro à nacionalização, que é geralmente um meio de reconciliar tais demandas com a reprodução do capitalismo, mas ao real controle dessas áreas pelas pessoas afetadas.*

Se evidentemente há muitas diferenças entre uma universidade estatal como a USP e uma privada como a Uniban, também há muitas semelhanças entre uma Petrobrás ou Eletrobrás da vida e a Vivo ou a Globo, não é verdade? Por mais que Mercado e Estado tenham suas especificidades, o que esta forma de pensamento na qual nos inspiramos - e que por sua vez é inspirada por anos e anos e anos de prática política, tentativa e erro - está discutindo é que eles são parte do mesmo processo, atuam socialmente num mesmo sentido.

Por um lado, está a faceta mais óbvia e descarada da conexão entre as instituições políticas e o Mercado, uma vez que os gestores do Estado ocupam suas posições financiados por empresas privadas que pagaram suas campanhas - o custo médio das campanhas dos senadores eleitos em 2010, por exemplo, foi de R$ 4,1 milhões. Entre os 513 deputados eleitos, mais os suplentes que também assumiram em 2010, 290 arrecadaram mais de um milhão, e segundo o Tribunal Superior Eleitoral (TSE) os 55 vereadores eleitos em São Paulo gastaram em média R$ 826 mil com publicidade, jingle, transporte e salários de funcionários para conseguirem uma das vagas na Câmara. Quem paga a banda escolhe a música, diz o ditado difícil de negar. A Operação Lava Jato tem demonstrado isso claramente, explicitando um escândalo de corrupção envolvendo as maiores financiadoras de campanhas (de todos os partidos), as construtoras e empreiteiras.

Mas há também outros elementos bastante óbvios de imbricação absoluta e até indistinguível entre ação estatal e privada. Por exemplo o Itaú e a Porto Seguro definindo as políticas públicas do centro de São Paulo em qualquer prefeitura, seja do PT seja da direita clássica, ou a avalanche de serviços privados e ONG's praticamente capitalistas que sobem os morros na trilha da militarização das UPP's no Rio de Janeiro. Ou a oferta das empresas de material de segurança pública definindo a demanda de políticas públicas e investimentos por parte dos governos federal e estaduais nos últimos anos, principalmente no que diz respeito aos megaeventos como a Copa do Mundo da mafiosíssima FIFA ou as Olimpíadas do corruptíssimo COI.

No caso das alternativas à proibição das drogas isso é fácil de observar. Pensemos por exemplo nas alternativas de legalização de maconha atualmente existentes, em alguns lugares dos Estados Unidos e no Uruguai. O modelo estadunidense é focado no livre mercado, o Uruguaio no monopólio estatal, e podem ser vistos então, inicialmente, como paradigmas opostos.

Evidentemente não são a mesma coisa, cada um tem suas especificidades, não só pelas diferenças de ênfase em Estado ou Mercado, mas também pelos contextos históricos, culturais e políticos específicos. O Uruguai é um país de três milhões de habitantes que nunca proibiu a posse para consumo pessoal e quando legalizou tinha um presidente progressista que andava num Fusca e doava a maior parte de seu salário. Já os Estados Unidos são simplesmente a megapotência política e militar que garantiu o nascimento e a expansão da guerra às drogas.

Mas pensemos com mais calma, olhemos por exemplo para o estado do Colorado, terra do desenho animado South Park. Ali a legalização da maconha foi implementada por referendo, numa iniciativa que deixa para o mercado a incumbência de vender a erva. Mas não é por isso que o Estado não esteja fazendo nada, pelo contrário, está regulando esse mercado de forma bastante intervencionista para os padrões dos EUA, e ganhando muito com isso. Altas taxas são cobradas dos que querem entrar no negócio, garantindo não só impostos e grana para o Estado como também os interesses dos grandes investidores, que assim garantem menos concorrência nessa nova versão do voto censitário, que rolava no Brasil há *milianos* e que só deixava votar quem estivesse a partir de uma quantia de dinheiro – e fosse homem, e não escravo.

Por outro lado, o lado Sul, está nosso querido Uruguai, terra não só da legalização da maconha, mas também do matrimônio igualitário entre pessoas do mesmo sexo e da legalização do aborto. Lá a venda de cannábis é monopólio estatal, além de, após luta dos movimentos, pode também ser cultivada em casa para fins pessoais ou medicinais e em grupo através do modelo de clubes cannábicos. Mas especificamente no que diz respeito ao papel estatal, que era bem maior nas primeiras discussões, o Estado controla o mercado garantindo um preço – baixo, para que não haja muito espaço para contrabando – e também registrando os usuários, permitindo que eles comprem apenas uma determinada quantidade mensal. Mas o modelo não deixa de ter a participação da iniciativa privada, através, por exemplo, da abertura de licitação pública para compra a venda no atacado, para o Estado, que faz a venda diretamente, mas terceiriza o plantio para entes privados, num modelo de concessão. Uma parceria público-privada.

Desde nossas primeiras atividades de formação, realizadas em 2009 com figuras importantes do movimento antiproibicionista como Henrique Carneiro, Thiago Rodrigues e Maurício Fiore, o DAR tem debatido a questão das alternativas concretas à proibição das drogas, modelos de regulamentação social das drogas num cenário pós proibicionista. Este debate tem ganhado importância com as mudanças internacionais e a ampliação do entendimento de que a guerra às drogas fracassou em todos os seus objetivos declarados - sendo, por outro lado, muito bem-sucedida nos objetivos não declarados e nefastos de controle social e manutenção e aprofundamento de desigualdades e preconceitos. A ponto do antiproibicionista estadunidense Ethan Nadelmann, figura famosa do *rolê* das ONG's internacionais bancadas por George Soros, dizer que a questão não é mais SE iremos legalizar as drogas, mas QUANDO.

Em geral, o debate internacional e nacional tem girado em torno dessas duas alternativas que, como ponderamos, às vezes, são bem parecidas: a legalização estatal e a de livre mercado, os modelos dos EUA e do Uruguai. Há ainda uma espécie de "terceira via", e que pode inclusive coexistir com qualquer um desses modelos, que é a via dos clubes de cultivadores ou cannábis social clubs, que comentaremos mais adiante. Mas primeiro nos foquemos nas alternativas que pendem mais para o Estado e mais para o Mercado, analisando seus prós e contras.

Antes de fazer isso, no entanto, vale lembrar que por pior que seja o modelo de legalização a ser adotado, por mais interesses econômicos a que ele possa servir, ele certamente trará para nossa sociedade melhorias indiscutíveis, sobretudo no que diz respeito aos presos e assassinados pela guerra. Isso parece tão óbvio quanto um outro aspecto da discussão, o de que somos um grupo pequeno e que trabalha desde baixo, ou seja, mesmo que tivéssemos uma proposta única e fechadinha sobre de que forma legalizar isso não ia querer dizer nada, afinal, não teríamos uma influência decisiva nesse processo, que precisaria ser levado a cabo por muito mais gente e setores sociais, inclusive com uma posterior articulação institucional sobre a qual nós – e 99,99% dos brasileiros – temos pouquíssima influência. Por isso, o que trazemos aqui são contribuições e reflexões para ajudar que esse debate circule o mais amplamente possível, assim cada um pode tirar suas próprias conclusões, e agir de acordo com elas.

Se por um lado o discurso da legalização estatal cativa socialistas e o da legalização pelo mercado cativa liberais, os resultados até agora dos processos de regulamentação da maconha apontam para soluções mistas. Sem perder o precioso mecanismo de controle, pois o restante das substâncias mantém-se ilegais e seus comerciantes-traficantes, o Estado abre para o Mercado a possibilidade de explorar este novo produto. Com potencial de tornar-se uma commodity, a cannábis pode evoluir no sentido da mercantilização legal muito em pouco tempo. Quais as chances de resistir ao avanço aparentemente inevitável de um mercado e sua lógica reprodutiva predatória sem investir na defesa de um Estado que parece só existir no mundo das ideias?

Fazemos ainda coro com Paulo Arantes quando ele diz que as revoltas de junho de 2013 foram, sobretudo, o grito de uma população não contra um tipo de governo, mas contra o governo em si, contra sermos governados. De fato, o que move nossa luta e nossas reflexões é a busca do autogoverno, de não mais nos submetermos aos que querem nos controlar, mas são todos uns descontrolados, como canta o Planet Hemp. Assim, diante disso, não temos pretensão nenhuma de governar, nem de ajudar a governar - do mesmo jeito que o MPL declarou em 2013, nós não achamos que seja função nossa desenhar as políticas públicas. Nossa função é influenciá-las, e isso já fazemos, sem ter a obrigação de necessariamente ter um projeto fechado ou programa para apresentar. Sabemos muito do que queremos e mais ainda do que não queremos, mas isso não significa ter um mapa, um manual ou uma fórmula. Temos no máximo o que continuaremos apresentando aqui: ideias, problematizações, sonhos, medos, desejos, delírios – brisas. E de brisa a gente gosta, e modestamente, até que entende bem!

## O modelo com ênfase no mercado

Em primeiro lugar, convenhamos, os defensores do livre mercado têm fortes argumentos principalmente por causa de um grande aliado: o Estado brasileiro. De tão corrupto, violento e ineficaz que ele sempre foi e é, em suas múltiplas facetas e supostas funções, fica difícil imaginar que, fazendo tudo tão mal, ele fosse funcionar bem só no que diz respeito à produção e distribuição de drogas. O mais provável seria a formação de uma grande empresa estatal, uma Drogabrás que não funcionaria de forma muito diferente da Petrobrás, atualmente devassada por denúncias de corrupção. Imaginar os partidos loteando cargos para seus aliados às custas dos nossos baseados não é muito animador.

Além disso, tem bastante lógica o argumento de que o Estado tem funções mais prioritárias e de interesse universal para garantir, como educação, saúde e segurança, coisas que ele já não garante. Se não comemos tomates estatais nem ouvimos música estatal - apesar do cinema e do teatro serem quase sempre bancados por meio de incentivo fiscal - não parece ter muita lógica cheirarmos cocaína estatal.

Por outro lado, como comentamos anteriormente a respeito das contradições nem sempre contraditórias, não é por que o Estado manda mal que o Mercado mande bem. Pelo contrário, como comentamos antes, é só olhar para as universidades privadas, ou para os planos de saúde, para vermos como o interesse econômico selvagem não é sinal de serviços de qualidade nem de concorrência realmente livre, pelo contrário, a cada dia só aumenta a concentração das empresas nas mãos de cada vez menos donos e/ou acionistas.

O processo de regulamentação da maconha nos Estados Unidos tem levado, em alguns casos, a um cenário inimaginável nos sonhos esfumaçados dos hippies que desde os anos 1960 defendiam a legalização da maconha: recém-inauguradas lojinhas da erva estão se armando até os dentes para evitar roubos, contratando inclusive empresas de segurança particular conhecidas por sua atuação selvagem no Oriente Médio. Outra faceta desse processo são os impactos na força de trabalho, o que se observa por exemplo nas declarações de um tal Bob Hoban, presidente de uma Associação de Cannabis Bussines, para quem garantir que seu negócio seja reconhecido é uma prioridade maior do que a sindicalização dos seus funcionários.

Será que veremos a legalização também avançar nos estados dos EUA que mais prendem negros por delitos como porte de drogas? Em um ambiente federativo e extremamente desigual em relação à conquista de direitos, dentro da lógica liberal aplicada à legalização da maconha é possível que convivam estados "legalizados" com outros não, mantendo em parte a corrida insana pela prisão da população jovem, negra e desempregada. Taí uma solução que não é muito diferente do mundo de hoje, em que, pela divisão geosociológica, estão separados os onde se pode consumir drogas ilícitas dos onde há uma extrema repressão. As fronteiras entre esses estados tornam-se mais importantes e ajudam a garantir a militarização que tanto interessa à indústria armamentista.

O exemplo do mercado de tabaco pode ser útil para refletirmos sobre uma possível atuação estatal num ambiente de mercado. Enquanto a venda de tabaco foi dominada pelo livre mercado sem praticamente nenhuma regulação de publicidade ou controle das substâncias adicionadas, o que se viu foi o descontrole puro. Chocolate em forma de cigarro sendo vendido para criança, heróis do cinema e dos esportes fumando a todo tempo e em todos horários na TV, substâncias colocadas nos cigarros apenas para aumentar a dependência, o negócio era pesado. Isso obviamente influiu no consumo, que aumentou muito durante o século XX, e na saúde pública.

Ultimamente os governos, pressionados por tratados internacionais e por organizações como ONU e OMS, passaram a regular mais enfaticamente esse mercado, principalmente no que diz respeito à publicidade, impostos e preço. Especula-se que hoje em dia, no Brasil, 80% do valor de um cigarro seja constituído por impostos, o que influenciam no consumo, mas também estimula o cada vez maior contrabando de cigarros de qualidade duvidosa, principalmente paraguaios (impressionante como se fumam cosas paraguaias no Brasil!). O consumo em locais fechados também foi proibido no país.

Independentemente de as considerarmos como positivas ou negativas, essas ações mostram que é possível regular o mercado de drogas sem ter que recorrer à proibição. Por outro lado, municiam aqueles que são contrários ao modelo estatal, mas não defendem um mercado completamente livre, e sim sob intervenção estatal reguladora.

Os defensores de um modelo de exploração capitalista "normal" desse mercado, que seria feita aos moldes de qualquer outro produto, não costumam atentar, no entanto, para um aspecto desse debate que nos parece fundamental: quem irá ser beneficiado diretamente pela legalização. Se sabemos claramente quem é prejudicado pela proibição, ou seja, que a guerra às drogas é uma guerra contra os pobres e que ela tem classe social e raça, não podemos admitir que os mais atingidos pela repressão ao comércio das drogas não sejam levados em conta num modelo que supere o atual. Não à toa, sempre que fazemos ações e atividades periféricas, uma das principais preocupações no debate é sobre o que vai acontecer com essa importante fonte de renda para as periferias: será novamente usurpada pelos engravatados de colarinho branco, mais do que já é hoje? Qual tipo de lucro será extraído desta nova relação? Obviamente que a legalização representa menos violência e militarização nas periferias, além de menos encarceramento, extorsão, licenças para matar, flagrantes forjados, etc., mas o elemento econômico não pode ficar de fora da questão.

E é só olhar para o mercado de qualquer coisa no capitalismo contemporâneo para vermos que os pobres e os negros, os principais atingidos pela guerra às drogas, em geral não estão ocupando posições de destaque ou gerindo as grandes corporações brasileiras ou multinacionais. Deixando a legalização ser regulada apenas pelas leis de mercado, também conhecidas como lei do mais forte, também conhecidas como lei do dinheiro, parece impossível que a galera que está vendendo drogas hoje no Complexo da Maré ou nas Espraiadas possa ter as mesmas oportunidades de constituir uma empresa legal de maconha ou cocaína competindo com a Souza Cruz ou a Ambev, caso elas decidissem ampliar sua ação no campo das drogas. Uma tendência evidente do capitalismo desde os tempos do Marx é a concentração da propriedade dos grupos empresariais em cada vez menos mãos, e não há porque imaginar que seria diferente com as drogas. Neste caso, se a vida melhorar nas periferias por conta da diminuição da violência e do Estado de Exceção, por outro lado ela ficaria pior economicamente para os que, mesmo arriscando sua vida diariamente, tem oportunidade de trabalhar no tráfico e ganhar muito mais do que ganhariam num telemarketing ou numa empresa de maconha capitalista.

Há ainda o argumento, sempre enfatizado, de que o interesse único que move o mercado é vender. Isso tem diversas implicações. Por exemplo no que diz respeito ao consumo, afinal, seria de interesse dessas empresas que ele aumentasse o máximo possível, o que não é do interesse público, que poderia ser influenciado por publicidade e lobbies empresariais de apoio a políticos, entre outras ações. Mas também isso poderia ser positivo na medida em que poderia estimular a busca por baixos preços, inovação e serviços de qualidade, atendendo a nichos menores que dificilmente seriam bem explorados pela burocracia estatal.

Há também um certo ponto de vista, do qual discordamos por seu simplismo, que defende que quanto mais lucro privado melhor, pois aumenta-se assim a arrecadação de imposto, o que beneficiaria a todos. Por essa lógica, seria "bom para o país" que houvesse uma grande empresa privada de drogas lucrando muito, pois ela estaria gerando empregos e impostos. Não é preciso ser muito crítico para perceber que invariavelmente por trás da defesa do interesse "de todos" está sempre a satisfação dos desejos de poder e dinheiro de uns poucos, que lutam com todas as armas para manter seus privilégios. A criação de uma Ambev da maconha ou da cocaína certamente beneficiaria muito mais a seus donos do que ao conjunto da sociedade, por mais impostos que fossem gerados - mesmo que por algum milagre eles fossem usados não para pagar juros de dívidas com bancos ou para fazer obras que beneficiam as construtoras que pagaram as campanhas eleitorais mas para o benefício da população. Não é para isso que estamos lutando.

## O modelo de monopólio estatal

Defendido por intelectuais como o professor Henrique Carneiro e também pelo deputado Jean Wyllys, do PSOL, que apresentou na Câmara um Projeto de Lei para legalizar a maconha que é bastante inspirado no uruguaio, o modelo estatal de legalização defende o monopólio da grande produção pelo Estado e é apresentado em oposição ao de livre mercado, reconhecido pela produção de injustiças sociais e econômicas, desigualdade e descontrole.

Nossas objeções a este projeto de lei são diversas, e não poderia ser diferente, afinal nos opomos à própria existência do Estado em nossas vidas, vendo-o não como um instrumento de opressão que pode ser transformado em meio para a construção da justiça social, de outro mundo, mas como elemento indissociável desse velho e atual mundo que estamos tentando derrubar, reconstruir. A impressão que temos é que a História nos dá razão.

"Foi o Estado!" é uma das principais palavras de ordem do movimento que surgiu em reação à desaparição dos 43 estudantes normalistas de Ayotzinapa, no sul do México. O caso, ocorrido em 26 de setembro de 2014, mostrou não apenas o nível de corrupção e imbricamento entre as grandes e violentas organizações narcotraficantes e o Estado mexicano. Mostrou também o que sabem bem os moradores do Capão, da Maré, do Cabula, da Praça da Sé, da Cracolândia, os indígenas, os sem-terra, os sem-teto: o Estado é isso, ao nos relacionarmos com ele sentimos isso diariamente na pele. Estamos mortos diante dele, como diz a citação do Viveiros de Castro, que trouxemos anteriormente. Somos não pessoas, no mínimo e no limite, inimigos.

Como comentado anteriormente, a esquerda de origem marxista usualmente criticou o Estado como um instrumento burguês de dominação, sempre viu suas instituições como a serviço da ordem e do capital, como elemento de manutenção das desigualdades, etc.. Mas a concepção instrumental do Estado levou à conclusão, presente em distintos tipos de esquerda, de que era possível, e desejável, a tomada do poder, para converter esse instrumento, colocá-lo a serviço dos trabalhadores, do povo.

Podemos pensar em duas formas de argumentação contrárias ao modelo estatal se partimos dessa reflexão. Por um lado, seria a já apontada anteriormente, a de que discordamos de que o Estado seja um instrumento a serviço de uma classe, vendo-o mais como uma relação social que faz parte do desenvolvimento do capitalismo e impossível de ser desvinculada dele e de seus processos de dominação e exploração. Mas uma outra poderia dialogar diretamente com essas concepções de esquerda, pensando que ok, vocês querem tomar o poder para construir outro Estado, firmeza, mas parece que esse plano está um pouco longe de ser alcançado, certo? E enquanto isso?

Mesmo os que defendem o que alguns teóricos chamam de "Estado-ideia", ou seja, a concepção de que o Estado deveria pairar acima da sociedade como um ente o mais neutro possível a fim de garantir justiça e regular democraticamente os conflitos sociais em nome do bem comum, sabem exatamente que atualmente as coisas não são assim. No Brasil a política é pagou, levou, e mesmo os que diziam lutar para transformar sempre se adaptaram a isso quando chegaram ao poder. É para esse Estado, o mesmo que militariza as periferias, encarcera, tortura e assassina, que queremos entregar o controle sobre as drogas?

Nós acreditamos ser impossível a efetivação dessa ideia de Estado, que ao nosso ver não passa de ideologia, de uma justificativa para a existência desses aparatos que na verdade são de dominação e violência. Mas mesmo os que acreditam não podem ignorar o fato de que atualmente as coisas não são assim. Atualmente, legalizar as drogas com monopólio estatal seria legitimar e fortalecer o inimigo, seria não só dizer que cabe ao Estado nos dizer o que consumir - os seus produtos - como seria também fortalecer, inclusive do ponto de vista econômico, instituições que estão matando nosso povo todo dia.

Avaliando o que classifica como "novas governabilidades" na América Latina, resultado da potência dos movimentos sociais e também da intenção das elites em reconstituírem a crise do modelo de dominação, o uruguaio Raul Zibechi descreve no artigo *A arte de governar os movimentos sociais* um cenário em que novas formas de controle buscam não mais tentar impedir, através da força, o crescimento dos movimentos populares, mas sim colocar em jogo outros elementos a fim de que o fenômeno que eles representam se anule em si mesmo.

Neste contexto, o autor mostra a importância para o Estado das estratégias de diálogo e construção de políticas públicas junto aos movimentos sociais. Este "compartilhamento de espaço-tempos" geraria um duplo reconhecimento: por um lado está o Estado reconhecendo a importância e o peso dos movimentos, mas por outro, e não menos importante, estão os movimentos reconhecendo e legitimando as novas governabilidades estatais. Investindo no Estado o poder de legislar sobre nossas condutas privadas, o poder de legislar sobre nossos corpos, não estamos agindo de forma análoga a este duplo reconhecimento? Reconhece o Estado nosso direito a ingerir o que bem entendermos, mas nós reconhecemos também o direito deste Estado a proceder desta forma, a dizer o que podemos ou não fazer, e como.

Há ainda a questão do papel simbólico de zelar pelo "interesse público" que o Estado diz exercer. Por que o Estado investiria na produção de substâncias alteradoras de consciência se não dá conta nem de prover educação e saúde para a população? Como justificar isso? Uma resposta poderia ser: "sim, também defendo a estatização da saúde, da educação, do transporte, etc." Seria essa nossa alternativa de combate ao domínio do mercado, o fortalecimento de um super-Estado? Onde fica a emancipação humana nessa história, ela pode conviver com o Estado?

Por fim, última objeção: se deixamos ao Estado a prerrogativa de legislar sobre esse mercado, deixamos a ele também o direito de reprimir os que fujam das regras estabelecidas? Não deixamos aberto assim um flanco para a criminalização seletiva de setores sociais, uma vez que qualquer criminalização é sempre seletiva? Por que acreditar que um Estado penal que encarcera seletiva e arbitrariamente os setores indesejados de sua população procederia de maneira justa apenas no âmbito da regulamentação das drogas? E ainda que o fizesse, optaríamos por fortalecê-lo mesmo sabendo como são seus procedimentos com todo o restante da aplicação da Justiça?

Em relação a potenciais pontos positivos do modelo estatal em comparação ao de livre mercado, estaria uma possível maior liberdade sindical e melhores condições trabalhistas para os funcionários. Aqui a comparação entre USP e Uniban pode ter seu outro lado, é só ver quanto ganha um professor em cada uma delas, a estabilidade, etc.. Mas também isso não é garantido, pois um funcionário de limpeza terceirizado na USP ganha o mesmo, ou quase, do que um funcionário de limpeza terceirizado da Uniban.

A limitação da publicidade também parece mais viável e efetiva um ambiente de maior controle estatal, sendo possível inclusive a ausência mesmo de marcas, como se dará no caso uruguaio.

Tais mecanismos são interessantes do ponto de vista tanto de tentarmos evitar a indução ao consumo quanto para tranquilizar, e dialogar com os que desconfiam e temem a legalização.

*apetrechos*

*tenho apreço*
*desnecessário*
*à consciência*
*tem sempre*
*aquele momento*
*maldito*
*quando todo o*
*impossível*
*olha dentro*
*dos meus*
*olhos*
*e me convida*
*pra dançar*

(Carol Ribeirinha)

## Os clubes cannábicos e as cooperativas

Para desviar um pouco da dicotomia Estado vs. Mercado, uma alternativa bastante interessante é a das cooperativas ou clubes cannábicos, presentes na Espanha e, em menor escala, em alguns outros países europeus - e agora também surgindo no Uruguai, como se pode ver no relato de Danilo Mekari publicado adiante. Essa história começou em regiões espanholas que já tinham uma antiga tradição de pensamento autônomo, de confrontar as decisões centralizadas do Estado Espanhol, e que partiram da descriminalização da posse para consumo pessoal, prevista no país desde os anos 1970. Com isso, com o tempo passou a ser permitido também um número mínimo de plantas a serem cultivadas para consumo pessoal, e os usuários aproveitaram essa brecha para, organizadamente, darem um passo adiante: se cada um de nós pode cultivar sete plantas, dez de nós juntos podemos cultivar coletivamente setenta plantas.

Partindo desse pressuposto e dessa lógica, o que eles fizeram não foi pedir permissão ao Estado: botaram a cara, foram lá e começaram a fazer os primeiros clubes cannábicos sem fins lucrativos, nos quais um número pequeno de usuários se junta para cultivar de forma coletiva e declarada. A Justiça inicialmente não aceitou a ideia, e diversas pessoas foram presas, perseguidas, processadas. Mas com o tempo as causas foram sendo ganhas judicialmente, e o processo se espalhou – com efeitos positivos, mas também negativos, uma vez que há clubes cannábicos enormes, com pouquíssimo ou nenhum controle, e com evidentes fins de lucro.

Do ponto de vista teórico, é um modelo bastante interessante, que a nosso ver precisa ser no mínimo garantido no caso de qualquer forma de regulação pós proibicionista, seja com maior ou menor ênfase no controle estatal. Por não terem fins de lucro, os clubes de cannábis não fazem publicidade nem incentivam o uso, e como têm um número limitado de membros, eles tampouco têm interesse em aumentar a qualquer custo seu tamanho. Podem ainda funcionar como difusores de informação, redutores de dano, portanto, e o fato de haver uma quantidade máxima de consumo mensal por usuário também pode funcionar como redução de danos, não tanto no sentido de impedir o uso – já que a pessoa pode facilmente pedir para outra comprar - mas sim no de gerar reflexão sobre o assunto, o que abre as portas para o autocuidado. "Mês passado eu peguei 23 gramas e nesse 44, será que não estou exagerando?"

Além disso, o modelo de cooperativa ou clube cannábico se encaixa bem na discussão mais geral sobre relações sociais, igualdade, liberdade, autogestão, ou seja, na discussão sobre autonomia, sobre política pré-figurativa, enfim, vários dos pressupostos antes elencados. Por poder envolver o usuário na produção, diretamente ou delegando as tarefas de plantio a alguém pago para isso, o modelo de cooperativas pode se aproximar da autogestão, claro que neste caso limitada à produção de uma determinada substância. A "liberação" dessa substância do jogo da proibição e também o máximo possível das regras do dinheiro seriam um impulso autogestionário considerável na vida de diversas pessoas e talvez comunidades.

Também do ponto de vista do que alguns ativistas qualificam como "reparação para as vítimas da guerra às drogas", ou seja, a defesa de que a legalização precisa beneficiar os principais atingidos pelo proibicionismo, ou seja, os pobres envolvidos no comércio varejista, que não podem ficar excluídos dos benefícios futuros desse mercado, essa alternativa parece interessante, já que, se o número de membros e o tamanho da produção dos clubes fossem limitados, isso propiciaria que existissem muitíssimos deles, impedindo a concentração e o monopólio e permitindo uma alternativa econômica, não de grandes lucros, mas de subsistência para pessoas e possivelmente comunidades.

Mas, como em quase tudo, nessa discussão nem tudo são flores. Esse modelo tem suas limitações, sobretudo se ele for pensado como alternativa única ao proibicionismo. A primeira e mais comum objeção diz respeito ao tamanho da demanda: será que apenas os clubes cannábicos, ou a produção cooperativa em pequena escala o caso de outras drogas, dariam conta da demanda gigante que um mercado tão grande tem? Temos que sempre levar em consideração que quanto mais fechado e limitante for o modelo aplicado, maior será a possibilidade de manutenção do tráfico, possivelmente ainda violento e de má qualidade. Será que todos os consumidores terão disposição de se envolverem diretamente na produção ou ao menos de se associarem a um clube de cannábis? E os que não quiserem, serão colocados na ilegalidade, reprimidos?

Outro aspecto que não parece cem por cento claro nessa discussão é da gestão da força de trabalho das cooperativas, uma vez que elas podem ser um grupo pequeno de pessoas com todos envolvidos nas tarefas para manutenção do espaço e da produção, mas podem também ser somente um grupo pequeno de pessoas que se junta pra pagar alguns trabalhadores, possivelmente também membros do clube, que executarão sua produção. Neste caso, dependendo de como for a prática do clube, as fronteiras entre autogestão e mera exploração do trabalho alheio ficam um pouco borradas, necessitando um olhar mais cuidadoso, possivelmente levando em conta as cooperativas de forma mais geral, debate para o qual infelizmente não estamos capacitados no momento.

Por fim, já que defendemos a retirada de todas as drogas do âmbito da ilegalidade, é preciso ponderar que a opção dos clubes com autoprodução e autogestão ainda que seja uma possibilidade teórica para o caso da produção de qualquer substância hoje ilícita, nunca foi testada para além da maconha. A produção em pequena escala de químicos como LSD ou MDMA requer profissionais e materiais especializados, além de insumos mais complexos do que uma semente, uma terra e um sol,e no caso da cocaína a produção requer não só um laboratório de refino, que não é tão complexo, mas também as folhas de coca, que hoje são plantadas basicamente apenas em três países (Bolívia, Peru e Colômbia) e que não se adaptam a qualquer tipo de solo ou clima.

Com os humanos formando parte de uma espécie que viaja no espaço e produz inteligência artificial, não parecem ser estes obstáculos intransponíveis. No entanto, como comentado acima, quanto maior os obstáculos para um determinado modelo maior a chance de manutenção da violência resultante da ilegalidade, e isso precisa ser pesado com seriedade.

## Do que não dá para abrir mão

No texto que citamos, sobre a arte de governar os movimentos sociais, Raul Zibechi esboça alguns pontos que parecem interessantes de serem transpostos para a discussão feita aqui. Zibechi propõe: 1) compreender as novas governabilidades em toda a sua complexidade; 2) proteger nossos espaços e territórios da atuação estatal; 3) não nos somarmos à agenda do poder, criando nossa própria agenda; 4) delimitar campos, a fim de deixar bem claro até que ponto iniciativas com outros setores podem ser benéficas; 5) não tomar a unidade como horizonte fundamental, pensando nas resistências múltiplas como positivas e no risco da unidade surgir como imposição, como freio aos *movimentos de abajo*.

Essas parecem boas coordenadas para um aspecto importantíssimo da discussão de alternativas à proibição, e muito provavelmente também no debate mais amplo sobre autonomia e transformação social: a criação, preservação e expansão dos nossos espaços de liberdade.

Como já comentamos, a efetivação dos marcos em que se dará concretamente a mudança da política de drogas se dará por inúmeros fatores e variáveis que estão muito além da nossa influência, e mesmo de nossa capacidade de compreensão e avaliação. No entanto, dentro deste cenário há algumas reflexões que fazemos e que influem diretamente o nosso fazer político, como as apresentadas anteriormente, e há também proposições e medidas concretas, coisas das quais não podemos abrir mão nesse processo, seja sob qual "modelo" ele se efetive. São propostas baseadas em princípios nossos, ou quem sabe são princípios norteadores de propostas.

Lembrando sempre que qualquer alternativa que termine com a proibição e com a guerra é melhor do que o atual cenário, temos algumas demandas concretas sobre os rumos que nossa "utopia real" pode tomar. O conceito de utopia real é utilizado por Paulo Arantes no ensaio anteriormente citado a respeito de junho de 2013 quando fala sobre a tarifa zero no transporte público, a reivindicação máxima do Movimento Passe Livre (MPL), que seria uma meta atingível e factível de mudança dentro do atual quadro político, mas que ao mesmo tempo apontaria para uma outra forma social, se afastando do reino da mercantilização completa do cotidiano. Sonhamos com uma legalização das drogas nesses moldes, como utopia real, como reforma básica e concreta, mas que também pode apontar caminhos para um horizonte novo, um horizonte de autonomia e liberdade.

Aqui vão algumas coisas concretas das quais não abrimos mão. Se o bagulho é louco temos que ser mais loucos que o bagulho, como diz a música do Inquérito.

- Envolvimento direto dos usuários e comerciantes no processo de fim da guerra. Mais do que consulta, é preciso que o fim da guerra se efetive desde baixo. Se a base da cadeia produtiva que hoje existe não conduzir o processo do fim da guerra, se assim desejar, ele será uma farsa.
- A mera regulamentação, legalização ou desproibição de uma substância específica, por mais consumida que seja, não é suficiente se acompanhada da manutenção da proibição das outras substâncias, o que significaria, no máximo, um enfraquecimento ou, mais provavelmente, apenas um reordenamento da guerra.

- Qualquer política pública sobre drogas e o próprio manejo social dessas substâncias deve se pautar pelo paradigma da Redução de Danos em seu viés mais libertário e horizontal, de escuta radical, de valorização dos saberes do usuário, de ajuda lado a lado, nunca desde cima, como um estímulo ao autocuidado e ao autoconhecimento. A educação formal sobre drogas deve ser completamente remodelada em nossas escolas, passando a se pautar por redução de danos e afastando para todo o sempre os policiais fardados que vêm dar "aulas" sobre drogas para as crianças.
- A legalização precisa significar explicitamente anistia aos presos acusados de tráfico.
- Nos casos das alternativas estatais ou de mercado, a força de trabalho deve ser remunerada de forma menos injusta possível e com liberdade política e de organização das relações de trabalho.
- O plantio para consumo pessoal e para fins medicinais de maconha não pode ser criminalizado em hipótese alguma. A pesquisa medicinal e científica com todas as substâncias ilegais deve ser estimulada e respeitada, assim como os usos tradicionais, seja em seus aspectos medicinais, religiosos ou culturais de uma forma geral.
- Os usuários devem ter liberdade plena para se associarem em clubes ou cooperativas para fins de produção, seja de maconha seja de outras substâncias, sem que haja fins de lucro e, de preferência, com número de associados limitados.
- No caso das alternativas de livre mercado ou estatais, em que haja venda direta das substâncias, deve haver um mecanismo de preços que os mantenha o mais baixo possíveis, ao estilo do modelo uruguaio. Isso impede que o contrabando se fortaleça e, principalmente, que a coibição ao uso se dê por critérios de classe, meramente econômicos. Nesse caso, as altas taxações do tabaco atuais, que fazem um maço custar

cerca de sete reais, são um modelo que não devemos seguir, mesmo que signifiquem queda no consumo.

- O consumo em vias públicas e eventos deve ser liberado. É inaceitável uma legalização, ou mesmo descriminalização, que proíba por exemplo o consumo em vias públicas. Isso teria efeitos evidentes e indesejados na população em situação de rua. Salas de uso ou espaços de uso controlado e assistido precisam ser permitidos, e possivelmente estimulados.
- A atenção na saúde aos usuários ou dependentes deve ser pautada pela voluntariedade, pelo respeito dos direitos humanos e pelos princípios da Reforma Psiquiátrica e da luta antimanicomial, tendo como base também a Redução de Danos. Tratamento compulsório jamais!
- É preciso que haja, sobretudo nos modelos estatal e de mercado, algum mecanismo de controle da qualidade e pureza das substâncias, mecanismo este que deve ter o máximo de participação e controle possível por parte dos usuários e da sociedade, tentando ser imune a pressões externas, políticas ou econômicas.
- É preciso que a criação e difusão de novas substâncias não seja tolhida e nem descontrolada.
- Não podemos abrir mão também de conectar as mudanças na política de drogas a outras que estão diretamente conectadas ao tema, como a desmilitarização das polícias, o controle sobre as comunidades terapêuticas e o abolicionismo penal.

## Do que nos proteger num cenário de legalização

*"Não podemos ser cooptados porque queremos tudo"*
(Jerry Rubin)

Se há coisas que achamos indispensáveis em qualquer cenário de alteração da política de drogas, como os pontos elencados acima tentam resumir, há também outras que precisamos evitar. Não podemos deixar de ter em mente, por exemplo, o que Herbert Marcuse já alertava nos anos 1960 em seu livro *A ideologia da sociedade industrial*, no qual comenta o risco do que ele chamava de "dessublimação repressiva", controles sociais que operariam no sentido de "ampliar a liberdade enquanto aumentam a dominação". É o que diz também Judith Butler na palestra anteriormente citada, quando aponta que o Estado não pode proteger solicitudes de liberdade em determinados contextos intensificando a falta de liberdade e os mecanismos de controle e de racismo em outros.

Jerry Rubin, morto em 1994, foi uma das figuras públicas mais conhecidas da chamada contracultura nos Estados Unidos nos anos 1960 e 1970. Em uma parte de seu livro *Do it! Scenarios of the revolution* [Faça! Cenários da revolução], publicado em 1970 e muito influente nos EUA e no mundo, ele reflete sobre um problema ainda hoje muito presente e discutido entre os ativistas de esquerda, o risco da "cooptação" de nossas lutas pelo mercado, pelo Estado, pelo dinheiro, pela lógica do negócio, pela lógica da política e da militância como *meio* de vida e não como *modo* de vida.

*A revolução dá lucro.*
*Por isso os capitalistas tentam vendê-la.*
*Os cafetões do dinheiro pegam as melhores coisas que nossos corações e mentes produzem e então transformam em produto consumível com uma etiqueta de preço e aí nos vendem de volta como mercadoria.*
*Eles pegam nossos símbolos encharcados de sangue das ruas e fazem eles serem chiques.*
*Eles são donos da nossa música - a música produzida pelo nosso sofrimento, nossa dor, o inconsciente coletivo da nossa comunidade! Eles põem nossa música em discos e festas tão caros que não podemos pagar para ouvi-las.*
*Promotores de rock descolados criam festivais de rock cercados, e os porcos usam gás e cassetete para manter a gente de fora.*
*Cuidado com o empresário psicodélico que fala de amor em seu caminho para Manhattan. Ele deixa seu cabelo crescer e usa uma camisa colorida porque "é assim que tá" - aí que o dinheiro está. Ele tem uma grande pilha de dinheiro e uma alma pequena.*
*Um capitalista hippie é um porco capitalista.*

Dos anos 1970 para cá muita coisa mudou, mas não é só a bandeira da defesa da legalização das drogas que compartilhamos com aqueles cabeludos hippies da contracultura. De lá para cá muitas outras lutas e revoltas foram cooptadas pelo poder do dinheiro, viraram tendência, moda, propaganda, estilo, e essa preocupação que poeticamente resumiu Rubin ainda é forte nos meios ativistas, cada um tentando fugir desse perigo à sua maneira. No caso do antiproibicionismo não é diferente, a cada marcha ou evento somos procurados por marcas, empresários e empresas que nos propõem parcerias e ajudas que, na maioria das vezes, só ajudam a eles.

Isso sem falar de alguns ativistas que também querem fazer da luta pela legalização o seu ganha pão.

Se estamos falando de horizontalidade, fica bastante difícil de imaginá-la em relações permeadas e definidas pelo dinheiro, símbolo máximo da desigualdade entre os que podem comprar e os que têm que vender todo tipo de coisa, serviço, valores. Se estamos falando de um mundo mais justo, estamos falando de relações que não sejam atravessadas e dominadas pelo dinheiro, pela exploração, pelo interesse. E se estamos falando de autonomia, estamos falando de buscar esse mundo aqui e agora. Olhamos muito para o poder, mas não deslumbrados ou invejosos e sim com atenção para procurar as brechas que possam esfarelá-lo. Nesse caminho não podemos dizer que não seremos cooptados, pois isso pode independer de nossas vontades ou possibilidades inclusive, mas por enquanto dá para garantir que vamos seguir querendo tudo!

Ou quase tudo, porque pensamos que num cenário de possível mudança há alguns riscos dos quais temos que nos proteger. Listamos alguns abaixo.

- Sair das garras do controle judicial e policial para os laudos do controle médico.
- Mudanças que servem para conservar as coisas como estão, como a mera descriminalização da posse ou a legalização de uma substância, com uma consequente maior repressão de outras e seus supostos vendedores.
- No caso principalmente do modelo estatal, que haja cadastro e controle dos usuários, pois isso é dar ao Estado um poder que ele não deveria ter.
- Que as empresas possam adicionar substâncias aditivas causadoras de dependência e problemas de saúde para seus lucros, como no caso do tabaco, ou que façam propa-

ganda sem controle - e cheia de estereótipos preconceituosos - como acontece no caso da cerveja.

- Que a legalização de uma ou mais substâncias coexista com iniciativas militarizadoras como as UPP's, ou higienistas como o programa De Braços Abertos, ambas iniciativas que tentam se apropriar de um discurso social e de direitos humanos para continuarem agindo com crueldade, violência e racismo.
- Que a discussão de mudança ou não da lei seja levada a cabo através de um plebiscito. Somos contra tal alternativa não só pela falta de justiça em tal mecanismo, uma vez que as eleições são diretamente influenciadas e controladas por quem tem dinheiro, mas também por que a liberdade individual não é nem deve ser objeto de decisão aos moldes de maioria vs. minoria. Não é por que uma conduta é minoritária que ela deve ser combatida.

Devemos evitar a qualquer custo que o aparato repressivo, ao invés de ser desfeito, seja apenas deslocado a outra esfera social ou conduta.

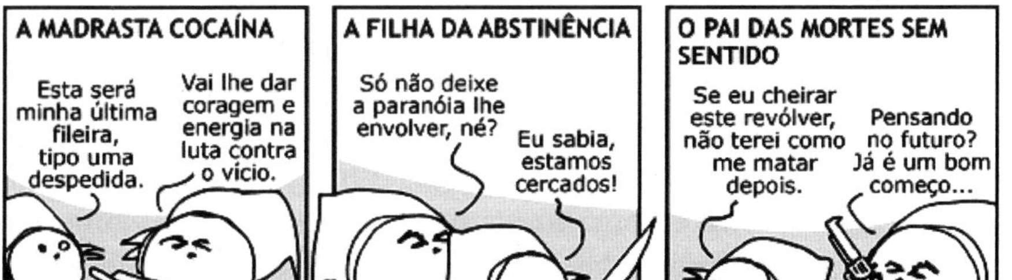

## Desentorpecer a razão

Avenida Paulista, quase esquina com a Rua Augusta. São Paulo, 23 de maio de 2015, sábado. Alguns minutos depois das 16h20. Milhares de pessoas sentam-se no meio da rua e, após uma contagem regressiva de vinte segundos, acendem suas velas. A fumaça artificial se mistura com a natural. Era imensa a alegria de poder fazer isso no mesmo lugar em que tínhamos tomado bombas e porrada na cara por fazer muito menos do que isso. "A prática da felicidade torna-se subversiva quando ela é coletiva", bem dizia a famosa rádio livre Alice, que operava na Itália nos anos 1970.

Juntamente com a redução de danos como paradigma oposto ao proibicionismo, como alternativa concreta de outra mentalidade, a desobediência civil é parte importante da busca pela consolidação de outras formas políticas e sociais de se lidar com as drogas. Como declarou em 2010 o sociólogo Luiz Eduardo Soares em entrevista ao DAR, é impossível controlar uma demanda como a do uso de drogas proibidas, e o que esse fato demonstra é que a sociedade pode vencer o Estado. Desobedecer cotidianamente, de formas mais ou menos explícitas, uma lei ou política que consideramos injusta, é fundamental para a naturalização da conduta de se usar drogas e para a desnaturalização de se reprimir atividades tão comuns e banais.

Desobedecer organizadamente, coletivamente, como foi o caso do "maconhaço" na Marcha da Maconha São Paulo de 2015, nos mostrou um pouco do potencial subversivo da felicidade, algo visto durante a manifestação inteira, na verdade. Com a consolidação da Marcha no cenário político brasileiro e com a ampliação que o debate sobre mudar a política de drogas vem tendo nos útimos anos, a nossa manifestação anual tornou-se cada vez mais livre. Consequentemente, cada vez mais aberta ao exercício de algo mais próximo da liberdade: de fumar todo mundo junto no meio da rua, cantando e dançando, por que não? Não que tenha sido a primeira vez, longe disso: qualquer jogo de futebol ou show em parque ou Virada Cultural facilmente nos desmentiria. Mas durante uma manifestação antiproibicionista certamente foi a primeira de forma tão conjunta, apesar da fumaça ser permanente em todo o trajeto da marcha, coisa que se repete em quase todas as cidades. Um gesto de desobediência civil realizado por milhares de manos e minas.

Se a luta pelo fim da guerra e por outra mentalidade não é, ou não deveria ser, algo que diz respeito só aos usuários, isso não significa que não seja bom existirem formas de ação especificamente levadas à cabo pelos usuários, bem ao estilo "saindo do armário". Fumar maconha explicitamente na Marcha da Maconha tem sido cada vez mais entendido enquanto um gesto político, algo além do que uma forma de se divertir com seus amigos. É também uma maneira de se colocar perante a sociedade, de se dizer que não somos menos dignos por que fumamos maconha, e também que nós já usamos muita droga e que se legalizar isso não vai mudar, continuaremos usando e fazendo as mesmas coisas - eles é que terão que mudar, e isso tem que ser visto como algo urgente.

Além disso, fumar maconha coletivamente é um exercício prático de autonomia, mesmo que de forma temporária e, segundo os mais críticos, ainda de alguma maneira tutelada ou "autorizada" pelo poder político. Sem entrar nesse mérito, afinal mesmo que a Marcha esteja chancelada pelo poder isso só aconteceu por vitória nossa, mobilizar tanta gente pra participar de forma ativa - porque na Marcha da Maconha em geral as pessoas comparecem com cartazes, fantasias, instrumentos, faixas, bonecos, alegorias, enfim, elas se esforçam para ser parte da manifestação - uma ação de desobediência civil é um experimento de ação direta e de zona autônoma temporária, para usar as palavras de Hakim Bey, quem sabe uma semente a mais para um matagal futuro.

Para John Holloway, o Sistema existe porque nós o criamos e recriamos cotidianamente, e só irá mudar exatamente quando deixarmos de fazer isso. Coisa que, segundo ele, já ocorre em alguns lugares e momentos, no que ele chama de fissuras, "rupturas na estrutura de dominação". "Quando nos concentramos nisso, percebemos que o mundo está cheio de fissuras, cheio de revoltas. Todas são contraditórias, todas têm seus problemas, mas a única maneira que eu penso a revolução, hoje, é em termos de criação, expansão, multiplicação e confluência dessas fissuras, desses espaços ou momentos em que dizemos: 'Nós não aceitamos a lógica do capital, vamos criar outra coisa'", declarou em entrevista concedida a Adriana Delorenzo e publicada na Revista Fórum de outubro de 2013.

No comunicado *El muro y la grieta* [O muro e a fissura], assinado pelo Subcomadante Galeano, os zapatistas utilizam essa mesma terminologia, falando sobre as "fissuras no muro da História", que são ou devem ser produzidas abertas "arranhando, mordendo, chutando, golpeando com as mãos e a cabeça, com o corpo inteiro até conseguir fazer na história essa ferida que somos".

> *À zapatista, ao zapatista, ninguém lhes pergunta. Se o fizessem, talvez não responderiam. Ou talvez diriam o porquê de seu absurdo empenho: "não quero derrubar o muro, basta com lhe abrir uma fissura". Não foi nos livros escritos, mas sim nos que ainda não se escreveram, mas que já são lidos por gerações que as zapatistas e os zapatistas aprenderam que ao parar de arranhar uma*

*fissura, ela se fecha. O muro se recompõe a si mesmo. Por isso têm de seguir sem descanso. Não só para alargar a fissura, acima de tudo para que não se feche.*

Impedir que as fissuras existentes se fechem, abrir novas, para no futuro quem sabe conectá-las e fissurar o sistema todo. Essa é a ideia de Holloway, dos zapatistas, nossa, de tanta gente identificada com o pensamento autônomo e que tentam colocá-lo em prática onde e sempre que possível. Essa busca passa por garantir nossos espaços de liberdade, nossos espaços e momentos *legalize*, "desativar localmente os centros de poder", como formulou tão precisamente nosso parceiro Adalton Marques, antropólogo e autor de um dos textos deste livro.

No livro citado anteriormente, *A ideologia da sociedade industrial*, Marcuse aponta que o processo de transformação social envolve consciência: "reconhecimento e captura das potencialidades-libertadoras. Assim, envolve liberdade". Ele continua: "A consciência é 'não-livre' no quanto é determinada pelas exigências e pelos interesses da sociedade estabelecida; no quanto a sociedade estabelecida é irracional, a consciência se torna livre para a mais elevada racionalidade histórica somente na luta contra a sociedade estabelecida".

Libertar as potencialidades da consciência para a construção de outro mundo, menos proibido e injusto, achamos que o caminho é por aí e esperamos que essas linhas contribuam para ajudar a pensar nele, a encontrá-lo. Perguntando, claro, como sempre. Até quem sabe finalmente desentorpecer essa razão hipócrita que legitima a morte em nome da vida, até termos tudo para todos, até sermos livres. Até!

LEGALIZE
GENTE. A GUERRA
Pela
PAZ

A JUVENTUDE QUER VIVER
NÃO À REDUÇ
Legalize
GUERRA ÀS DROGAS OU GUERRA AOS POBRES?
Proibição + Tráfico = 56 mil mortes/ano

# PARTE II

Observações de Luciano Thomé ao HQ "Benjamin e o Haxixe" a seguir.

1 A expressão original "Unbegrenztes wohlwollen" seria melhor ou ao menos mais literalmente traduzida para "Ilimitada benevolência". Talves seja ainda o mais adequado do ponto de vista protocolar benjaminiano. Perdoem-nos a liberdade poética.

2 As pessoas citadas como presentes nesse experimento são, da esquerda para a direita, Ernst Jöel, Fritz Fränkel e Franz Hessel. Hessel traduziu, junto a Benjamin, a Recherche de Proust para o alemão; também inspirou o personagem semibiográfico Jules, do romance Jules et Jim, escrito por Henri-Pierre Roche e consagrado pela adaptação cinematográfica de Truffaut.

3 A toponímia da rua Cannabière (grafada por Benjamin com duplo 'n') se deve ao cânhamo que ali era plantado e destinado à confecção do cordame, velas e outras fibras destinadas especialmente à navegação. Tentamos fazer nesse quadro uma tradução gráfica de um estudo a oleo de um homem velho, atribuída a Rembrandt e datada de 1630. Para a ingrata tarefa, inspiramonos também nos desenhos lineares do mestre.

4 A representação do interior do restaurante Basso foi baseada em um cartão postal com as legendas "La Vérands, face au Vieux Port; MARSEILLE – Restaurant BASSO, 5, Quai des Belges". Não há indicação de data na foto, mas pela presença da Pont Transbordeur na paisagem ao fundo é possível saber que foi registrada entre 1905 e 1944. Em cotejo com uma fotografia da fachada do restaurante de 1912 em que nota-se a presença de postes de iluminação pública mais baixos (provavelmente à combustível). A foto em que o desenho do cenário se baseia, portanto, foi feita entre 1912 e 1944.

# Benjamin e o Haxixe

Excertos de
Walter Benjamin

Quadrinização e tradução de
Luciano Thomé

INFLUENCIADO POR BAUDELAIRE E PELO SURREALISMO, WALTER BENJAMIN AVENTOU UMA "ILUMINAÇÃO PROFANA, DE INSPIRAÇÃO MATERIALISTA E ANTROPOLÓGICA, À QUAL O HAXIXE, O ÓPIO E TUDO O MAIS PODEM VIR A SER A PRÉ-ESCOLA"
PRIMEIRA IMPRESSÃO DO HAXIXE, A 18 DE DEZEMBRO DE 1927:
"SIMPATIA IRRESTRITA (...) A ESFERA DO 'CARÁTER' SE ABRE"
"TODOS OS CONVIVAS IRISAM AO CÔMICO E SOU PERMEADO POR SUA AURA"
"O CÔMICO EFLUI NÃO APENAS DOS ROSTOS, MAS TAMBÉM DOS PROCEDIMENTOS. BUSCA-SE ENSEJO PARA O RISO"
"SENTE-SE QUE DO RISO BROTAM ASINHAS"
"RIR E VOEJAR COMO QUE APARENTADOS"

15 DE JANEIRO DE 1928. 2ª EXPERIÊNCIA COM HAXIXE: "MEU SORRISO TOMOU FEIÇÕES SATÂNICAS – SE BEM QUE ERA MAIS EXPRESSÃO DE UMA SABEDORIA, SATISFAÇÃO E SERENIDADE SATÂNICAS DO QUE DE UMA SANHA SATÂNICA"
EI MEU CHAPA, QUÉ SABÊ DUM SEGREDINHO?
"A GRANDE ESPERANÇA, DISPOSIÇÃO E ANSEIO DE NO ÊXTASE APROXIMAR-SE DO NOVO E INTOCADO DESTA VEZ NÃO É MAIS UM ESVOAÇAR VIVAZ. É UMA FATIGANTE, ENSIMESMADA, MALEMOLENTE, OCIOSA E INERTE TRILHA MONTANHA ABAIXO"
MARSELHA, 29 DE SETEMBRO DE 1928: "UM ÚLTIMO EMPURRÃO PARA TOMAR HAXIXE ME FOI DADO POR CERTAS PÁGINAS DO LOBO DA ESTEPE (...)"
CANNABIS INDICA
NA ESQUINA DA RUA CANNEBIÈRE: "NAQUELE PEQUENO BAR DO PORTO O HAXIXE COMEÇOU EM SEGUIDA SUA MÁGICA REALMENTE CANÔNICA COM UMA ACUIDADE PRIMITIVA QUE EU DIFICILMENTE VIVENCIARA ANTES. ELE ME FEZ UM FISIONOMISTA, UM OBSERVADOR DE FISIONOMIAS, E EU VIVENCIEI ALGO INTEIRAMENTE ÚNICO EM MINHA EXPERIÊNCIA: ATRAQUEI NAS FORMAS DOS ROSTOS, ALGUMAS DE BRUTALIDADE E FEIÚRA MARCANTES (...)"
"COMPREENDO DE VEZ AGORA COMO PARA UM PINTOR – NÃO DÁ-SE ASSIM COM REMBRANDT E TANTOS OUTROS? – A FEIÚRA É COMO QUE O VERDADEIRO RESERVATÓRIO DA BELEZA; OU MELHOR, É COMO SEU BAÚ DO TESOURO, COMO AS MONTANHAS DILACERADAS EM CUJO INTERIOR O OURO DO BELO PODE BRILHAR, À ESPREITA, POR ENTRE RUGAS, OLHARES E FEIÇÕES"
NO RESTAURANTE BASSO, A LARICA: "RESUMINDO, FIQUEI COM UM PÂTÉ DE LYON. 'PASTELÃO DE LEÃO', ACHEI ENGRAÇADO, RISONHO. (...) À MINHA FOME DE LEÃO NÃO PARECIA INADEQUADO UM LEÃO PARA SACIAR-LHE. ALIÁS, TINHA PARA MIM E MEUS BOTÕES QUE TÃO LOGO EU ESTIVESSE PRONTO NO BASSO, IRIA A OUTRO RESTAURANTE PARA JANTAR UMA SEGUNDA VEZ"

NOS EXPERIMENTOS DE 1931 DESPONTA UMA TORRENTE DE BRINQUEDOS E IMAGENS INFANTIS E COLORIDAS NUM "ABRE-TE SÉSAMO" DIRIGIDO À IMAGINAÇÃO...
"MOINHOS DE VENTO AGACHADOS, SAÍDOS DE UM LIVRO INFANTIL"
"UM MACAQUINHO ESTEREOSCÓPICO..."
"...ESTEREOSCOPIQUINHO"
"PAUS D'ÁGUA"
"TODOS OS MARES E RIOS REPLETOS DE BERCINHOS COM FRUTAS"
"FLOCOS DE NEVE... CABELOS DESGRENHADOS... INFANTIS"
"...CAIXINHAS DE ALGODÃO"
"CIDADE COM JARDINS, ONDE AS PESSOAS TOMAM UM POUCO DE HAXIXE"
"DEVEMOS CONSIDERAR OS BENEFÍCIOS DO GOZO NO HAXIXE DESPIDOS DE PRECONCEITOS"

## Somos tod@s traficantes: pela liberdade dos cultivadores e dos demais pres@s da guerra às drogas[1]

*Coletivo DAR*

A recente onda de prisões de cultivadores de maconha no Rio de Janeiro tem agitado o debate nas rodas esfumaçadas Brasil afora. Entre os presos na Operação do Leme ao Pontal, realizada na semana passada, está Flávio Dilan, que sofre de epilepsia e planta o seu remédio (cannabis) em casa. Enquanto uns defendem a liberdade imediata dos jardineiros, outros acreditam que eles assumiram o risco ao realizarem uma atividade (ainda) ilegal. E de que lado nós sambamos? Como não poderia ser diferente, abraçamos a liberdade e levantamos o dedo do meio ao proibicionismo.

Os cultivadores de maconha não podem seguir encarcerados, da mesma forma que todos os demais presos por esse nefasto moinho de moer gente chamado "guerra às drogas". Afinal, estão todos lá por culpa de uma lei absurda que classifica certas substâncias como ilegais e, na prática, acaba por classificar pessoas como "traficantes" e "usuários". Aos primeiros: jaula, bala de fuzil, uma vala comum. Aos segundos: tratamento médico, bíblia na cabeça, internação.

Como toda guerra, a contra as drogas se sustenta sobre a ideia de que há um inimigo a ser combatido. Já que substâncias inanimadas (mas de valor inestimável) não dão lá um bom inimigo aos olhos de quem tem mais de dois neurônios, aquilo que deve ser combatido foi personificado na figura do "traficante". Dessa forma, acusadas de fazerem parte do temido "tráfico", populações indesejadas são controladas ao

1 Publicado originalmente em nosso site, no dia 10 de fevereiro de 2015.

longo da história. Representou ameaça à ordem? Desagradou o rei? Enquadra como traficante e mete na masmorra.

No imaginário popular, o traficante é violento, inescrupuloso e, geralmente, morador de periferia. No entanto, se você levar em conta que todos os envolvidos com a economia das drogas podem ser enquadrados como "traficantes" na letra fria da lei e no bafo quente do delegado, percebe-se que o termo serve apenas para obscurecer o debate em torno da complexa economia das drogas, que abarca usuários, cultivadores urbanos, camponeses, atacadistas, mulas, vendedores varejistas (de todas as classes), endoladores, fogueteiros, falcões, aviãozinhos, gerentes, donos de boca, policiais e políticos corruptos, contadores, advogados, comerciantes e bancos lavadores de dinheiro. Quem ganha é o proibicionismo, pois têm suas classificações obscurantistas reproduzidas por aqueles que lutam pela sua extinção e, de quebra, esconde quem realmente lucra com a proibição.

### *Jardineiro é traficante? Sim! — tod@s somos*

Enquanto a guerra trabalha com a lógica de classificar pessoas e drogas dividindo-as entre boas e más, nós que lutamos pelo seu fim não podemos deixar de refletir até que ponto não reproduzimos essa dicotomia ao adotarmos discursos que buscam segregar em grupos os atingidos pelo proibicionismo. Levantar a bandeira "jardineiro não é traficante" é uma forma de pedir a liberdade de um cultivador urbano de maconha, disso ninguém duvida. Por outro lado, tal frase, ao buscar diferenciar o cultivador dos demais criminosos aos olhos do proibicionismo, acaba por cumprir o papel de reforçar a dicotomia entre bons e maus envolvidos com a economia das drogas.

O mesmo vale para o debate sobre usuários medicinais e usuários recreacionais (sociais) ou acerca da diferenciação de usuários e traficantes de acordo com a quantidade de drogas - se pode usar, pode comprar, né? Essa linha que nos dividiria em isso ou aquilo é apenas fictícia, para não dizer absurda. Por exemplo, o usuário que vende para sustentar o uso é traficante ou usuário? O sujeito que fuma maconha para aliviar dores, e acaba se divertindo no processo, faz uso recreacional ou medicinal? O maninho ao relento passando droga com uma pochete é vítima ou vilão da proibição?

Então, nesse raciocínio, figuras como Carlos Abadia e outros donos de helicópteros carregados de pasta base devem ser defendidas? Não. Os grandes capitalistas da economia das drogas não têm a nossa simpatia e solidariedade. Não por serem "traficantes", mas por serem megacapitalistas que lucram com a exploração de um mercado violento. Não somos contra o "tráfico" (venda ilegal de drogas), somos contra a proibição — a verdadeira causa da violência que envolve esse mercado.

Antes de usuários ou traficantes, somos pessoas atingidas diretamente pela mesma guerra às drogas. Se juntos somos mais fortes, não há motivo para nos separarmos no momento do enfrentamento — ainda por cima quando do outro lado da trincheira estão as indústrias farmacêutica e armamentista, governos, igrejas, clínicas, bancos e *capos*, que lucram com a manutenção da guerra. Neste sentido, qualquer remendo ou concessão que vá no sentido de descriminalizar a conduta de apenas um grupo específico se trata de uma readaptação do proibicionismo, uma remodelação da guerra às drogas, e não o seu fim como política opressora.

Enquanto a proibição seguir prendendo nossos corpos ou derramando nosso sangue no centro e, principalmente, na periferia, nós, que optamos por desrespeitá-la, seremos criminosos — e isso nos une ainda mais. O ponto comum entre o cultivador urbano, o passador de droga na quebrada, o rastafári e o usuário medicinal ou recreacional (social) é justamente o fato de sermos todos criminosos e vítimas — ou combatentes forçados — de uma guerra que não escolhemos lutar.

Assim, a dor de mães como a Katiele, que tem uma filha com epilepsia severa e até pouco tempo não podia medicá-la com um remédio a base de maconha, não é menor ou maior do que a dor de Débora e das demais Mães de Maio, cujos filhos foram assassinados pela PM no ano de 2006. A dor de Ras Geraldinho ou de Marco Sávio e seus familiares e amigos não é mais ou menos angustiante do que a dor de centenas de milhares de presos pela guerra às drogas. A dor da família do garoto de 11 anos Patrick, morto pela PM do RJ com um tiro de fuzil, não merece estar mais ou menos nas capas dos jornais do que aquela dos companheiros e familiares dos 43 estudantes normalistas mexicanos ou de conhecidos dos 15 jovens mortos na chacina do Cabula, em Salvador (BA). A dor causada pela execução de Marco Archer na Indonésia não é mais ou menos latejante do que a de nossos Amarildos e DGs. A sua dor é a nossa dor, e ela se transforma na mais digna raiva direcionada ao proibicionismo.

### *O traficante e a conveniência - a eterna farsa*

Segundo o dicionário, "traficante" é aquele que leva um produto de um lugar ao outro com objetivo de negociá-lo com terceiros. O termo era comum para designar comerciantes de escravos no séc. XIX e, numa triste ironia, hoje recai principalmente sobre os descendentes dos negros vendidos como mercadoria no passado. No subjetivismo dessa categorização fica evidente como a guerra às drogas serve como instrumento de controle social. Qualquer um pode ser o monstro chamado "traficante" quando é conveniente aos grupos que gerem o Estado, basta representar uma ameaça. Hoje, no Brasil, o termo geralmente é usado para definir jovens negros moradores de periferia e trabalhadores do varejo das drogas. Tal preconceito foi construído ao longo dos anos.

Lá atrás, no século XIX, enquanto o Brasil ensaiava a abolição da escravatura, também eram moldadas as formas de controle social que seriam empregadas sobre a população de homens e mulheres recém libertados. Dessa forma, em 1850 foi instaurada tanto a Lei Eusébio de Queiroz, que proibiu o contrabando de escravos, quanto a Lei de Terras, que limitou o direito à propriedade àqueles que pudessem pagar por ela. Se a primeira apontava para uma possível libertação, a segunda garantia que os ex-escravos não seriam proprietários legais de terras — e não gerariam despesas com gastos públicos.

Passadas cerca de 4 décadas foi a vez da Lei Aurea (1888) apontar para a liberdade dos negros, enquanto posturas municipais já criminalizavam a maconha (pito do pango), como no Rio de Janeiro (1830), em Santos (1870) e Campinas (1876). Como se não bastasse, o Código Penal Republicano de 1890 passou a criminalizar nacionalmente a capoeiragem, que englobava outras manifestações culturais dos negros, como o jongo, samba, religiões de matriz africana. Esse inimigo moldado no século XIX hoje é o "traficante" que aterroriza o imaginário popular.

Não pense que tal processo de criminalizar condutas para controlar populações é exclusividade do Brasil. Muito pelo contrário. Os EUA, responsáveis pela globalização da guerra às drogas, usaram do mesmo expediente para controlar negros, chineses, mexicanos e irlandeses. Aos olhos dos proibicionistas americanos do começo do século XX, os negros seriam estupradores lascivos e cheiradores de cocaína, já os chineses eram relacionados ao ópio, enquanto os mexicanos à maconha e os irlandeses ao abuso do álcool – cuja proibição não deu lá muito certo. O cenário, infelizmente, não mudou muito de lá para cá. Hoje, os EUA têm mais negros na prisão do que tinha escravos no século XIX. No Brasil, os negros representavam 61,7% dos quase 538 mil presos (dado de 2003) – hoje a população carcerária do país passa dos 715 mil. E qualquer grupo social pode ter o mesmo destino.

Onde os cultivadores presos recentemente entram nesse papo? Ao produzirem a sua droga para consumo próprio ou venda em pequenos círculos (não que esse seja o caso, visto que não há provas), os jardineiros cannábicos pisaram no calo de alguém que lucra com a proibição vigente: um grupo de policiais corruptos, talvez. Dessa forma, ao tentar se desvincular do ciclo de violência e corrupção causado pelo proibicionismo, os cultivadores esbarram nos interesses de quem quer manter tudo como está ou buscar uma fatia do mercado de *buds* plantados em casa. É a história que se repete como farsa em diferentes calendários e geografias. Amanhã pode ser com você, seu amigo, tia ou primo. Cabe a nós o grito de "basta". Somos tod@s traficantes.

## Marcha da Maconha: sobre o perguntar, a caminhada e outras brisas[2]

*Coletivo DAR*

*"si es dura la batalla*
*tranqui*
*más dulce la victoria*
*fumamos de la kaya*
*tranqui estamos*
*sabemos hacia donde vamos"*
(Zona Ganjah)

Na primeira Marcha da Maconha feita em SP éramos cinquenta. Proibidos, censurados. Um pouco perdidos, um pouco isolados. Em 2011 saímos do Ibirapuera, que se foda, vamo pra Paulista. Umas quatro marchas em um mês e as ruas finalmente nossas. "Vamos fumar a hipocrisia", dizia uma faixa. "Vencemos, canalhas", dizia outra, e as duas resumem bem: não é que vencemos a Polícia Militar dos capitães Delvechio e a Justiça dos Teodomiro Mendez?

Em 2012 e 2013, a Marcha floresceu, cresceu muito e tomou o banho de diversidade de bandeiras e pessoas que 2014 mostrou que veio para ficar. E ficará acompanhado de uma boa dose de desobediência civil e de autonomia, graças à rebeldia contracultural presente no movimento cannábico e ao apoio constante que nossos parceiros do movimento autônomo têm aportado desde as primeiras bombas que recebemos.

---

2 Publicado originalmente – e em uma versão maior - em nosso site no dia 9 de junho de 2014

Se no ano passado fomos uma fagulha a mais naquele começo de junho, em 2014 legalizamos as ruas numa zona autônoma cannábica temporária deixando bem claro que não é mesmo coincidência que quando há pouca polícia há pouca ou nenhuma violência. Organizados, os manifestantes fazem sua segurança melhor do que ninguém: ficamos felizes de reforçar esse recado.

O Coletivo DAR surgiu em 2009, de dentro da Marcha, querendo ir além da organização anual do evento e da discussão apenas sobre maconha. Depois de 2011, naturalmente nos vimos recebendo do campo mais autônomo o apoio que esperávamos (e pedíamos) que viesse dos movimentos sociais mais tradicionais e dos partidos de esquerda. Com a chegada posterior destes últimos, convencidos tanto por nossos argumentos quanto, talvez principalmente, por nossa projeção, felizmente a Marcha caminhou para ser o que é hoje, essa frente, essa rede, esse fluxo (no sentido utilizado na "Cracolândia") diverso, amplo e horizontal, trabalhando na base do consenso para dar conta do tanto de responsa que organizar o evento&movimento passou a ter. Muito mais do que o DAR poderia imaginar (e querer, e poder) segurar.

Esse fluxo tem o desafio de manter a crítica permanente do significado de cada ação, de cada palavra construída coletivamente. A projeção da Marcha como uma chama pode atrair a atenção em volta da fogueira; para não deixar queimar é sempre bom mexer na brasa, virar, colocar mais lenha, abanar.

Se em 2010, por exemplo, o DAR organizava a Marcha praticamente sozinho, hoje em 2014 ele é uma pequena parte desse movimento, que está muito mais forte, respeitado e maduro. Este texto é uma tentativa de olhar para esse processo a partir de nosso ponto de vista e atuação, sem querer falar em nome de ninguém já que felizmente somos, cada vez mais, uma marcha onde cabem muitas marchas, e cada uma delas fala por si, sem disputas por uma voz única (obrigado, MPL, pela crítica da inutilidade de carros de som e posturas assim!).

***

Como já apontado na carta aberta sobre autonomia e segurança da Marcha da Maconha SP, o movimento tem um caráter diferente de outros atos de rua, igualmente legítimos. Não se trata de reverter uma medida recém implementada, como é o caso do aumento das tarifas, por exemplo, ou pressionar por alguma ação estatal imediata. Nesse caso, a ideia de literalmente parar a cidade por vários protestos seguidos, até que os governantes já não consigam mais fechar os olhos e os ouvidos à demanda da população, faz sentido. O incrível sucesso de junho passado dispensa defesas.

E, ainda bem, nem todas as pautas e manifestações são iguais: dispomos de uma diversidade de táticas. Para reverter a política de guerra às drogas, acreditamos que o caminho é a mudança de mentalidade, que vai além de um ordenamento jurídico ou de uma posição de governo A ou B, mas precisa permear a sociedade desde baixo, afinal é ela que referenda o proibicionismo para além das leis: na educação dos filhos, nas igrejas, no trato com os amigos, nas empresas, na mídia. Para isso, construímos uma manifestação pacífica, colorida, com uma transversalidade de temas (expressa, por exemplo, nos blocos), que reforça o quanto a questão das drogas se refere a todos os âmbitos sociais, não dizendo respeito só aos usuários mas a todos que buscam um mundo mais justo e humano. A partir daí botamos fé que a proibição se desmonta.

Por isso: não, capitã Sheila. Não venha dizer que o quase inexistente policiamento na nossa Marcha foi porque não havia black blocks. Nem tentem alimentar a dicotomia entre bons e maus manifestantes, que já não cola, estamos junto e misturado, queiram ou não. O sucesso de uma Marcha sem incidentes, com a segurança feita por nós mesmos, não está a serviço desse discurso. "Dono da dor dos outros, eu sou povo, e cê não faz nóis de bobo", né, Ba Kimbuta.

Quem usa da tática black block está na rua há *milianos*, bem antes de junho. E compõe, como todos que vem tomando as ruas por outro mundo, diferentes tipos de manifestações, inclusive a Marcha da Maconha. Esse ano, qualquer um que tivesse a disposição para percorrer a Marcha do início ao fim (teria que estar em forma), veria feministas, skatistas, gays, pacientes, religiosos, mascarados de preto, *rolê* da quebrada, *rolê* da universidade, hippies, punks, moradores de rua, cultivadores, curiosos, acadêmicos, e tantos outros.

Frisamos o peso que o movimento deu à segurança esse ano, e o avanço, nesse sentido, da construção da autonomia do nosso protesto. Foi um passo importante e que precisa seguir melhorando. Mas não se pode ignorar que a falta de polícia na Marcha não foi simplesmente um atendimento deles ao nosso desconvite público, foi uma decisão política do Estado, e o seu discurso (hipócrita) tenta explicá-la no fato de a Marcha supostamente ser uma manifestação "diferenciada", ou para falar português claro, uma manifestação sem vândalos, terroristas. Não cola.

Terrorista é o Estado, e quando ele não está, não tem violência. Fumamos maconha, mas não perdemos a memória não, capitã, da chuva de bombas que tomamos em 2011, dos presos injustamente, das cassetadas nas mulheres em 2013. Não perdemos a memória de que morre pobre todo dia (já que no Brasil a expressão mágica "combate ao tráfico" institucionaliza a pena de morte) e de que nossas cadeias são o navio negreiro dos nossos tempos. Não perdemos a memória dos que foram mortos, presos ou investigados, por serem militantes, não perdemos de vista a letra que a mãe do DG, mais um novo Amarildo, nos deu: no Brasil de hoje parece que só a polícia é cidadã.

Nada mais simbólico que uma marcha pelo fim da guerra se organize de forma que os que fazem o trabalho sujo desse combate estejam longe. E já que não lutamos por um mundo injusto em que as drogas sejam legalizadas, mas por um outro mundo, estamos lado a lado com quem caminha nesse sentido, e faremos de tudo para que os próximos atos de rua também assim sejam.

***

Nessa caminhada, a Marcha da Maconha tem avançado em trocas com outros movimentos. O sucesso da ideia dos blocos nos dá alegria e já se espalha por outras marchas, e destacamos aqui um esforço que tem reverberado em muitos cantos do Brasil: o feminismo e o antiproibicionismo colando junto. Em São Paulo, o bloco feminista é um dos mais fortes da manifestação, e vem de um trabalho de formiguinha, conversas e aprendizados entre guerreiras de ambos os campos, que perceberam e tentam chamar a atenção para como essas lutas são irmãs.

O direito ao prazer, a proibição das drogas como principal encarceradora das mulheres no Brasil (47% das detidas são acusadas de tráfico), a autonomia para decidir o que fazer com o próprio corpo, o enfrentamento ao preconceito e estigma, à caretice e ao moralismo, são alguns dos pontos trazidos à tona pelo bloco feminista, em meio a um movimento que segue (ainda que bem menos que antes) hegemonizado por cuecas. Foi lindo ver a frente de ato protagonizada por mulheres (herança que vem da marcha da liberdade em 2011, e que se repete já em outros atos, como o 15M puxado pelo Comitê Popular da Copa SP). Este certamente é um debate que irá se consolidar na Marcha de SP e pautar também a articulação horizontal dos ativistas de outras Marchas para os próximos períodos, processo que já está em curso.

Se a relação com o feminismo é o nosso "case" de sucesso, como dizem os moderninhos, também em relação a outros setores, como o antimanicomial, o movimento negro, o hip hop, o LGBT, a academia, a turma da redução de danos e o movimento a favor da desmilitarização das polícias, a troca de experiências tem se consolidado e servido pra fortalecer ambos os lados, apontando pra uma mudança de olhar, de escuta e de composição da Marcha, e também ajudando que a discussão sobre drogas seja colocada em outro patamar em diversas esferas que ainda eram refratárias a nossa forma de lutar.

***

Do ponto de vista organizativo, apesar dos diversos pesares de um grupo pequeno que tem diante de si um desafio tão grande, a Marcha da Maconha é um sucesso. Jornalista experiente, com anos de cobertura de rua, Laura Capriglione qualificou o evento em si como um "show de organização". Bruno Paes Manso resenhou como um dos eventos políticos mais importantes para o país e Leonardo Sakamoto (apanhamos juntos!) mantém a cobertura analítica anos após ano. Acreditamos que não seria forçado estender essa avaliação positiva para o Coletivo SP da Marcha, que mesmo reunindo gente de origens e concepções políticas bastante amplas – e muitas vezes conflitantes – e tendo tarefas tão desgastantes para tocar, soube trabalhar com base no consenso e na horizontalidade a fim de garantir o objetivo comum a todos, que era a realização de uma marcha mais diversa e impactante possível – e o fez sem grandes atritos ou estresses.

Se o DAR em 2009 era um coletivo mais amplo do que é hoje, em relação a suas definições políticas, que eram mais vagas na defesa apenas do antiproibicionismo e que hoje estão aliadas a concepções mais definidas de nosso lugar nessa luta

– a partir do anticapitalismo e do movimento autônomo -, por outro lado a Marcha da Maconha passou nesses anos por um processo de abertura e consolidação da horizontalidade bastante interessante e rico, levando ao seu contexto atual.

Esse processo surge a partir da forma como a própria Marcha da Maconha nasceu e se desenvolveu nacionalmente: não como uma entidade ou organização, mas como uma rede, onde cada coletivo tem autonomia para definir a sua marcha e as suas ferramentas organizativas. Não por acaso, em seu novo livro *O novo tempo do mundo* o filósofo Paulo Arantes cita, de passagem, a Marcha da Maconha e a Marcha das Vadias como "herdeiras diretas dos protestos antiglobalização de 2000": fazemos parte dessa nova onda de movimentos sociais, surgidos por influência dos protestos antiglobalização e do levante zapatista de 1994, que tiveram em junho sua máxima expressão e que rejeitam velhas, hierárquicas e burocratizadas formas de organização, refutando de lambuja o viés institucional e eleitoral da luta.

Consolidada nacionalmente com estes princípios, a Marcha permite que coletivos locais como o nosso possam aprofundar essa concepção experimentando possibilidades práticas de efetivação da horizontalidade, se distanciando de discussões pretensamente nacionais que buscam subjugar a diversidade a posicionamentos unitários, se tornando mais abstrações úteis para a disputa de projeção e de militantes do que armas para a transformação social.

Melhor pensar caminhando pelas instigações levantadas por exemplo por John Holloway, que vê uma desobediência contida em cada obediência e propõe a luta a partir do particular, de onde estamos, do aqui e agora: "Criemos espaços ou momentos de alteridade, espaços ou momentos que caminham na direção oposta, que não se adequam. Façamos aberturas na nossa própria criação reiterada do capitalismo.

Criemos fissuras e deixemos que se expandam, deixemos que se multipliquem, deixemos que ressoem, que fluam juntas".

Nascido a partir de ativistas da Marcha da Maconha mas também juntando gente com alguma experiência em lutas estudantis e sociais, boa parte delas com uma bela dose de decepção com estes contextos, o DAR tem aversão ao clima de disputa presente em algumas articulações e espaços de militância, e consolidou seu posicionamento antiproibicionista-anticapitalista-autônomo exatamente querendo manter sua especificidade frente à diversidade de causas e formas de atuação presentes no movimento antiproibicionista.

Com o tempo e com a prática, critério da verdade como diz a citação que já virou clichê, percebemos que às vezes pode ser grande a diferença entre o que queremos e o que outros possíveis parceiros querem, entre o que entendemos como a melhor forma de atuar coletivamente (distante da cooptação do Estado e do mercado, sem envolvimento financeiro, sem relação com partidos, sem lideranças, sem falar em nome de ninguém, sem perder de vista as outras causas e lutas, cultivando nossas relações internas, etc.) e o que outros entendem, entre os nossos objetivos e os de outros grupos e pessoas também antiproibicionistas. Sem gerar uma disposição para o enfrentamento ou para o isolamento, esse entendimento nos leva a uma busca por uma atuação que conjugue e equilibre a proteção dos nossos princípios com as necessidades da política concreta, que requer alianças e sabedoria para saber trabalhar com os diferentes e com a diferença.

Nesse sentido nos parece que a forma consensual e horizontal com que a Marcha trabalha é bastante interessante para garantir tanto a pluralidade das ideias presentes no movimento quanto sua viabilidade. Afinal, precisamos ter claro até onde podemos caminhar juntos, e pra isso temos que discutir bastante, mas não podemos nos imobilizar nesse processo e passarmos mais tempo olhando pra dentro do que agindo pra fora.

Ao invés de querer convencer grupo a ou b de coisas que eles já estão bem convencidos do contrário, o exercício no nosso caso tem sido o de discutir até que ponto, e de que forma, podemos caminhar juntos. O que não cabe não gera motivo para a briga, só deve ser executado individualmente pelos que não conseguiram gerar o consenso.

Simples, não? Nem um pouco! Não podemos nos gabar de termos evitado discussões inúteis ou papos tortos de interesses nem sempre declarados, mas certamente podemos vivenciar nessa forma organizativa uma maior abertura para o diálogo e para novos participantes. Figura roots na história da Marcha, o autoproclamado Profeta Verde nos trouxe, a partir de sua participação no ativismo em defesa do Parque Augusta, uma regra deles que nos serve como inspiração: se você propôs algo, tem que ajudar a fazer. Pode ser sozinho ou arrumando mais pessoas, mas não pode haver espaço para os vetos que não constroem ou para a famosa cagação de regra.

Se dizemos que estamos abertos, temos que estar para a diferença, para o olhar específico daquele que chega, que nunca é igual ao do que já estava. Ok, esse é um lado. Mas o outro é que isso só rola de fato – e o ideal para todos é que role – se o que chega tem o empenho e a disposição de consolidar suas ideias. A definição inicial de ninguém falar em nome dos outros evita disputas, mas também traz em si a mensagem de que ninguém fará valer as vontades suas ou de seu grupo. Se você propôs algo, para que aconteça você tem que fazer – e o coletivo precisa criar condições pra acolher, estimular e aprofundar isso, não limitar. Não se trata de uma regra levada ao pé da letra, já que também não queremos limitar o espaço de quem por algum motivo simplesmente não pode tocar aquela ideia mas quer expressá-la, e tampouco queremos abrir brecha para uma hierarquia baseada na disponibilidade de cada um. Mas é, na real, uma ideia que, se enquadrando mais no âmbito do bom senso do que de uma regra, tem permeado essa forma de funcionar da Marcha.

***

É verdade que a abertura e a horizontalidade da Marcha traz dificuldades. Além de algumas ações ou discussões que queríamos fazer terem sido atravancadas, podemos citar aqui um nó que não conseguimos desatar muito bem esse ano, o equilíbrio entre segurança e horizontalidade. As reuniões da Marcha são abertas, qualquer um cola. E a partir daí, as comissões também estão abertas pra quem quiser. Entre elas, a da segurança. Como fazer da comissão de segurança (que, aliás, precisa de bastante gente para ser efetiva) um espaço aberto e horizontal para a participação de todos interessados e ao mesmo tempo garantir que todos que estão ali são de confiança?

Em tempos de inquéritos, prisões, proibição de máscaras e vinagre, mandados de busca e apreensão na casa de militantes, etc., não é paranoia querer debater as nossas questões de segurança entre rostos conhecidos. Está aí uma dificuldade que não soubemos resolver direito.

Por outro lado, essa concepção de horizontalidade e autonomia para os diferentes grupos que compõem a Marcha expressarem suas atividades e discursos se mostrou bem-sucedida não só na realização do nosso objetivo principal, a Marcha do dia 26, mas também na construção da Semana pela legalização da maconha que realizamos entre 18 e 24 de abril e na efetivação dos blocos durante a manifestação. Transbordou também para que deixássemos de designar pessoas específicas para falar com a imprensa ou para nos representar em debates: para todos tudo, nada para nós. Cada um fala por si, todos são a Marcha.

Pensados desde o ano passado como forma de incluir diferentes visões e contribuições auto-organizadas na Marcha, os blocos espalharam sua lógica para a Semana, que teve inscrições abertas para qualquer um que quisesse realizar um evento e também foi organizada no interior da Marcha dessa mesma forma dos blocos e do "propôs, realiza".

Assim, tivemos eventos em diversos lugares da cidade e com diversos enfoques, do Grajaú à Praça Roosevelt, da Casa Fora do Eixo à Tattoo Circus (feira de tatuagem anarquista), da academia ao feminismo e à desmilitarização, do auditório da Cásper Libero com 400 pessoas à conversa com o pessoal da Cracolândia. Se você compõe a Marcha e não está satisfeito com uma atividade anarquista, do Fora do Eixo ou do PSOL, melhor que ficar tentando fazer com que eles façam algo como você queria, o que certamente não vão, é você se mexer e se articular de outra forma para garantir o seu ponto de vista, a sua concepção de ativismo e de luta política, e no fim das contas isso não só é mais saudável, pois poupa brigas intermináveis, como também mais efetivo, já que o resultado final em geral é melhor, mais potente e diverso.

Ensinamentos como os que aprendemos em nossas ações e articulações na Cracolândia ou na defesa da desmilitarização da polícia também nos são fundamentais nesse sentido. O Churrascão que ajudamos a organizar no começo de 2012 em protesto contra a "Operação Dor e Sofrimento" de Kassab e Alckmin foi um momento importante em nossa trajetória, afinal participamos durante aquele processo de duas mobilizações: uma pensada junto com os usuários e frequentadores da região, que foi o Churrascão, e foi um sucesso; e outra feita com parcerias e negociações com movimentos mais tradicionais, com carro de som, palavras de ordem, discursos e pouca ou nenhuma efetividade. Percebemos a partir daí o quão importante é ouvir a voz daqueles que queremos defender e estar ao lado e o quão odioso é falar em nome dos outros – odioso e inútil, pois o Churrascão teve impactos no desenrolar menos repressivo que as ações governamentais tiveram naquele momento, ao contrário do outro ato, que ninguém lembra mais.

***

Citado por Carl Hart em sua palestra na Unifesp, o escritor estadunidense James Baldwin dizia que ser negro ou ter consciência social em seu país significava passar grande parte do tempo com raiva. O Brasil-il-il de 2014, dos megaeventos, pós junho, com toda a merda relacionada à Copa do Mundo, toda a militarização das periferias e a estigmatização dos pobres que são a cara do país, é uma ilustração perfeita dessa afirmação. Você não precisa nem estar disposto a enfrentar nada, pode estar saindo do cinema e tomar uma bala de borracha na cara, por exemplo, ou querer fumar sua pedra como os bacanas tomam whisky e por isso te meterem num cercado a la Guantánamo.

Para piorar, 2014 é ano eleitoral, nunca se sabe se determinados punhos fechados estão visando atacar o poder ou só se tornar ele. Se até aí é sem novidade, braços abertos para os investidores e punho fechado para nós todos que temos tanto para cobrar, não parece provável que nesse ano as coisas sejam as mesmas depois de tudo que rolou ano passado. Os ataques podem até estar mais pesados, mas certamente estão desorientados com o tamanho e a diversidade das ações.

Se a política das ruas e dos gabinetes mudou bastante depois de junho, com governos recuando e movimentos avançando por todas as partes, no cenário específico das políticas de drogas os avanços já se visualizavam desde outro mês também bastante importante para a gente, o maio – nesse caso de 2011, ano em que o STF julgou inconstitucional a repressão à livre expressão da Marcha da Maconha. De lá para cá saímos da defensiva e fortalecemos o debate em escala nacional, debate este cada vez mais estimulado pela entrada em cena de novos atores e pelas mudanças internacionais em curso, das quais os processos de legalização da maconha nos EUA e no Uruguai constituem o carro chefe.

Essa decisão do Supremo teve uma importância que vai muito além da Marcha: a liberdade de manifestação que o STF reafirmou em 2011 está de novo ameaçada nesses tempos de "urgência" militarizada que a Copa impulsiona. Com uma canetada do Congresso, a ação política das ruas, dos movimentos populares, pode ser nomeada "terrorista", e já não haverá "bons manifestantes" para contar a história. Em relação a isso, podemos fazer pouco além de nos somar ao caldo, além de gritar que não vai ter Copa – sabendo que para os operários mortos, famílias despejadas e ambulantes proibidos, moradores de rua expulsos e mulheres exploradas, enfim, para manifestantes reprimidos e criminalizados o Mundial já aconteceu. Assim como também já está rolando para tantos setores do trabalho popular e sindical que estão conseguindo suas vitórias.

Com cada vez mais eventos e espaço nas mídias e no cotidiano das pessoas, a discussão antiproibicionista está consolidada no cenário político brasileiro – e crescendo. Organizados e fazendo apelos emotivos à sociedade, os pacientes de maconha medicinal estão cada vez mais perto de, com apoio dos ativistas, forçarem a Anvisa a regulamentar o uso medicinal da erva muito em breve. Partidos políticos e personalidades cada vez mais defendem a legalização, e até no Congresso já tramitam projetos de lei sobre o assunto, o que era impensável há três ou cinco anos atrás.

Se em relação à maconha a discussão está mais para quando e como se dará a legalização do que se ela irá acontecer, em relação às outras drogas, sobretudo o crack, o cenário é menos animador no que diz respeito às discussões institucionais e às constantes – e legitimadas – violações dos direitos e da dignidade dos usuários pobres. Podemos encarar os ataques de bancadas evangélicas, da bala e similares como reação ao nosso crescimento, e também pensar na legalização da maconha como porta de entrada para se pautar o fim do proibicionismo e da guerra às drogas de forma mais ampla, mas não é possível cairmos num discurso otimista e esquecermos de todo o obscurantismo que ainda ronda o tema, e do tamanho e da força dos nossos inimigos e de seus interesses.

Especificamente em relação ao debate de alternativas à proibição, também já em curso e que coloca na mesa opções bastante diferentes, como a legalização pelo livre mercado, a estatal ou a via cooperativas, este é igualmente um flanco bastante importante para amplificarmos o debate antiproibicionista para a sociedade e para qualificá-lo internamente, encarando dilemas táticos e estratégicos até hoje ainda não plenamente enfrentados. Certamente essa bagagem de articulação e busca por consensos nos ajudará a fazê-lo de forma construtiva, e talvez já tenhamos alguns elementos de onde partir, como a discussão própria da autonomia da qual tanto falamos e tendo em mente também mais uma das coisas que o MPL nos ensinou, a de que não cabe ao movimento social ser ou querer ser gestor público.

As reflexões desse texto são menos propostas do que pontos de partida, para pensarmos a partir do nosso contexto específico de forte mobilização e discussão de alternativas, afinal nossa geração já percebeu há muito a falta de necessidade de fórmulas prontas só esperando a revolução chegar para serem aplicadas e também os riscos da teia de aranha institucional sempre louca pra transformar nossa energia militante em corda pra nos enforcarmos. Conjugando sempre que possível o caminhar com o pensar e o perguntar, seguiremos: se disso saírem dias mais livres, que bom. Se sair um outro mundo, melhor ainda.

*São Paulo, junho de 2014*

*devia ser proibido*
*contar a vida dos mortos*
*devia ser proibido*
*falar da vida dos outros*
*devia ser proibido*
*ter a corda no pescoço*
*devia ser proibido*
*essa ponta de desgosto*
*podia estar permitido*
*ser livre em todo sentido*
*podia estar permitido*
*ser suspeita estar sujeita*
*podia estar permitido*
*o dito pelo não dito*
*podia estar permitido*
*aquilo junto com isto*

(Carol Ribeirinha)

## Desmilitarizar as polícias: um bom começo[3]

*Movimento Independente Mães de Maio e Coletivo DAR*

No dia 5 de outubro, completaram-se 25 anos da promulgação da Constituição Federal. Ao contrário dos que se recordaram da data para celebrar a "Constituição cidadã" ou um suposto início de uma nova etapa de democracia e liberdades civis no país, para nós essa ocasião foi de protesto – assim como o dia 2 de outubro, aniversário de 21 anos do Massacre do Carandiru.

Essas duas datas têm mais do que o começo de outubro em comum. Elas estão tão imbricadas quanto violência e desigualdade social, autoritarismo e racismo, Estado penal e capitalismo: fazem parte de um olhar sobre a história de nosso país que invariável e inevitavelmente nos remete ao sofrimento dos de baixo e ao autoritarismo excludente dos de cima – desde que o Cabral era outro e os Amarildos caminhavam descalços por nossas matas ainda preservadas.

Nosso texto constitucional, no papel até relativamente avançado e garantidor de direitos, deveria ser a consolidação legal de uma transição que poria fim ao ordenamento jurídico e político constituído durante os 21 anos da ditadura civil-militar iniciada em 1964. No entanto, se há algo que os de baixo sabem mais do que ninguém é que o papel e as campanhas políticas aceitam tudo e que a prática é que é o critério da verdade. Será que o legado autoritário e ditatorial foi concretamente superado? Aonde nos levará o eterno discurso do "aprofundamento da democracia"?

---

3 Esse texto foi originalmente publicado no Le Monde Diplomatique de novembro de 2013.

Somente em maio de 2006, durante ofensiva do estado paulista contra a população pobre, justificada por uma suposta reação a ataques do PCC, foram executadas e dadas como desaparecidas mais pessoas do que todos os assassinatos políticos oficialmente contabilizados durante o regime civil-militar brasileiro, que teria ceifado 426 vidas de ativistas políticos (os números certamente são maiores e estão em constante revisão).

Se a brutalidade de maio poderia soar como exceção, na verdade ela não passa da regra. Entre 2001 e 2011, o número oficial de mortos por policiais militares em serviço apenas no estado de São Paulo é de 5.591. A média é de 508 mortos por ano, apenas em um dos 26 estados brasileiros! E nós sabemos que os números são bem maiores, posta a prática cada vez mais comum das chacinas por policiais à paisana, em carros pretos com insulfilm ou em motos com garupa – um modus operandi com inúmeros indícios da participação de agentes da lei, a começar pelo emprego de munições de uso restrito em muitos casos. A polícia brasileira é uma das mais letais do mundo, além de ser uma das mais violentas, corruptas, racistas e desacreditadas. Inclusive para seus próprios membros, situação que fica explicitada pelo alto número de suicídios entre integrantes da corporação.

"A polícia sempre dá o mau exemplo/ lava minha rua de sangue/ leva o ódio para dentro", cantavam os Racionais MC's nos anos 1990, e de lá para cá o desprezo das classes populares pelos funcionários do Estado que deveriam garantir sua segurança não teve um motivo sequer para diminuir.

A irracionalidade fardada que ocupou os telejornais e as ruas durante os protestos de junho pelo Brasil afora só serviu para recolocar na agenda pública um debate que, apesar de sempre urgente, ainda não foi encarado de forma suficientemente consequente por nossa sociedade: até quando vamos tolerar ser vigiados, perseguidos, controlados, encarcerados e violentados pelas forças do Estado? Que alternativas há para mudar esse quadro?

### *Lógica de guerra para gerir os trabalhadores pobres*

Levantamento realizado pelo próprio Instituto Sou da Paz – entidade que tem convênios com o governo estadual e é, portanto, insuspeita de inflar as estatísticas – mostra que 93% dos mortos em supostos tiroteios com a Polícia Militar de São Paulo entre 2001 e 2010 moravam na periferia da cidade. Cinquenta e quatro por cento eram negros ou pardos. Os números mostram um quadro que é o mesmo desde as 111 mortes comandadas pelo coronel Ubiratan e pelo governador Fleury em 1992, no Carandiru: é assim que os pretos e os quase pretos de tão pobres são tratados, como bem narra a canção de Caetano e Gil.

O militarismo que historicamente se instaurou nesse processo chamado Brasil não é só uma forma de repressão ou de proteção da propriedade privada. É uma maneira de gerir populações. A novidade é que agora nossos presos, mortos e desaparecidos têm nome, deixaram de ser estatísticas ou "efeitos colaterais" de planos de valorização imobiliária ou de grandes eventos esportivos e comerciais. Deixaram de ser "o traficante", "o elemento suspeito de cor padrão" "que tinha passagem", "o bandido que trocou tiros com a polícia", para ser o ajudante de pedreiro que ganhava R$ 300 por mês, o funcionário terceirizado que buscava restabelecer sua vida depois do período passado no cárcere etc. A indignação pelas mortes de Ricardo e Amarildo vai além da revolta contra a tortura, os assassinatos e os desaparecimentos forçados; ela é a gota d'água para escancarar uma realidade com a qual cada vez menos pessoas podem aceitar conviver – sob pena de serem as próximas vítimas.

A Polícia Militar brasileira se organiza e trabalha historicamente sob a lógica da guerra e vê nos pobres e nos divergentes os inimigos a serem combatidos, exterminados. Não é à toa que o discurso mais usado para legitimar os extermínios praticados pelas forças estatais é o de "combate ao tráfico". A guerra às drogas não é, apesar do nome, uma guerra contra substâncias. Guerras são contra pessoas. Vivemos todos, portanto, em uma guerra, como qualquer outra, com ocupações militares, mortes, prisioneiros de guerra, botim de guerra, contrainformação. E com uma característica peculiar: o Estado a dirige contra (alguns de) seus próprios cidadãos – que "custam menos que a bala que os mata", nas palavras de Eduardo Galeano.

### *"Querem controlar, mas são todos descontrolados"*

De acordo com a Anistia Internacional, em 2011 foram executadas 276 pessoas em vinte países que adotam a pena de morte. No Brasil, onde a legislação não dá ao Estado o direito de tirar a vida de ninguém, durante o mesmo período foram oficialmente mortas 961 pessoas em ações policiais. "Eram traficantes". Parece ser a saída mágica para legitimar a aplicação da pena de morte no país. Existem algumas categorias sociais que simplesmente são matáveis. Assim, a proibição das drogas e a lógica militar se retroalimentam, com o mercado ilegalizado, a fim de seguir existindo, mimetizando a militarização que o combate.

A Polícia Militar é, ainda, altamente hierarquizada e intransigente com seus escalões inferiores, que transferem para os cidadãos a lógica de medo e desumanidade à qual são submetidos desde seu primeiro dia de treinamento. Para coroar o quadro, a PM oferece péssimas condições trabalhistas a pessoas que, por meio de seu poder, podem influir em mercados ilegais altamente lucrativos, o que gera um nível de corrupção só comparável ao do Congresso Nacional.

Em relação aos "abusos", a resposta é o descontrole. A justiça militar permite que os crimes cometidos por policiais sejam julgados por seus próprios pares, e a enorme maioria dos integrantes do Poder Judiciário (exceção feita às ainda frágeis defensorias públicas) é conivente, legitimadora e até incentivadora da violência policial que deveria controlar externamente. Sem qualquer controle independente ou confiável, a PM emerge de maneira autoimune.

Pessoas são agredidas em manifestações, torturadas em delegacias e chacinadas em bares de suas quebradas, e as respostas oficiais são sempre da mesma ordem de cinismo: "A polícia está investigando os fatos e os possíveis responsáveis serão punidos". E "que se foda minha mãe", como canta Mano Brown.

Passados mais de 25 anos da proclamada Constituição cidadã, o Estado brasileiro ainda não formulou nenhuma política efetiva de assistência e reparação às vítimas e seus familiares (covítimas) da violência policial, conforme determinam o artigo 245 do texto magno e diversas resoluções internacionais das quais o país é signatário – por exemplo, a Declaração dos Princípios Básicos de Justiça Relativos às Vítimas de Abuso de Poder, da ONU.

### *Desmilitarizar as polícias*

Evidentemente, as causas que levaram o Brasil a ser tão violento, excludente e discriminatório são antigas, diversas e complexas. No entanto, é igualmente claro que a constatação do tamanho do problema não pode significar imobilidade diante do imperativo de enfrentá-lo, mesmo que seja por meio de medidas parciais, paliativas. Iniciais.

Uma delas, que surgiu depois de junho como bandeira de diversos movimentos e setores sociais, é a desmilitarização das polícias, algo que para nós faz sentido dentro de um projeto mais amplo de desmilitarização do conjunto da vida social e, no limite, de resistência e transformação. Se para atingirmos o mundo que buscamos é necessário muito mais do que uma polícia desmilitarizada, certamente ele não é sequer imaginável dentro do atual cenário.

Diante do imenso desafio de pensar soluções concretas, vamos caminhando com perguntas, exigências mínimas, e temos bastante claro o que não queremos. Não visamos ao fortalecimento de um policiamento civil. Tampouco nos faz diferença que coloquem a palavra "paz" no nome da polícia, que continua perpetuando as ocupações de territórios, os extermínios e os desaparecimentos em plena "democracia". Precisamos da desconstrução de uma lógica e de práticas, não de aulas de direitos humanos em meio ao treinamento de capitães nascimentos.

Por estar estabelecida na Constituição, a militarização legalmente precisa ser revertida por meio de proposta de emenda constitucional. Como movimentos autônomos, não temos esperanças que partam do Estado as mudanças que o desestruturarão. Mas acreditamos na pressão e na força dos de baixo, e, nessa caminhada rumo a uma mudança de mentalidade ampla, que abarque o militarismo das instituições e também de nosso cotidiano e vida, vemos algumas medidas concretas como necessárias e urgentes a curto prazo.

É preciso fortalecer o controle externo pela sociedade civil da atividade policial e judicial, bem como a autonomia das perícias criminais. O fortalecimento da Defensoria Pública da União e das defensorias públicas estaduais, além da criação de outros mecanismos de assessoria jurídica popular autônoma, igualmente se fazem prementes.

Outras medidas importantes seriam a criação imediata de mecanismos de combate à tortura (incluindo limitações às armas menos letais), a melhoria das condições das prisões e instituições de medidas socioeducativas, começando pelo reforço de amplos mutirões carcerários que avancem no desencarceramento imediato das pessoas ilegalmente presas (provisórios tornados permanentes; presos em regime fechado quando deveriam estar em semiaberto etc.), e a criação emergencial de uma Política Nacional de Reparação Integral às Vítimas Torturadas e às Famílias de Vítimas do Estado Brasileiro (reparação psíquica, moral, física e material).

Defendemos ainda o fim do crime de desacato e a aceleração de medidas para a federalização (deslocamento de competência) dos crimes de maio de 2006 no estado de São Paulo e o avanço no direito à memória, verdade e justiça para as vítimas do Estado, da ditadura e de hoje, com a possível criação de uma Comissão Nacional da Verdade e Justiça para os Crimes do Estado Democrático.

No entanto, como dito anteriormente, seria ingenuidade ou má-fé acreditar que apenas um controle externo e a desmilitarização das práticas policiais resolveriam o problema da violência estatal em nosso país. Assim como a cultura do cárcere transborda cada vez mais para fora dos muros da prisão, dado o imenso e crescente índice de encarceramento, também a militarização das práticas institucionais abarca uma série de outros âmbitos da vida, contra o que são necessários muito mais avanços e transformações do que ajustes legais e institucionais urgentes como os que propusemos anteriormente.

A questão do encarceramento em massa e da generalizada lógica penal-punitiva (inclusive entre pessoas "de esquerda") é, inclusive, crucial nessa discussão. Desde o Massacre do Carandiru, nos dois lados dos muros, os massacres contra a juventude negra só aumentaram. Muro adentro, a população carcerária cresceu mais de 300% de 1992 para cá, contra aproximadamente 30% de crescimento da população em geral. Hoje são quase 600 mil pessoas presas em celas superlotadas, cerca de 270 mil apenas em São Paulo, sem acesso às assistências médica, social e jurídica, nem a qualquer oportunidade de estudo ou trabalho. Mais de 60% da população carcerária é formada por negros e jovens, 90% nem sequer completou o ensino médio e cerca de 80% está presa por acusação de crimes contra o patrimônio ou por pequeno tráfico de drogas. Mais punições e prisões resolverão o quê?

De tão evidente, chega a ser redundância falar em já basta. Junho de 2013 foi só mais um passo na explicitação dessa digna raiva, que tem raízes muito mais fortes do que quaisquer desses discursos que se importam mais com (determinadas) vidraças do que com (determinadas) vidas. Outra redundância? Vândalo mesmo é o Estado, "respeito é pra quem tem". Desmilitarizá-lo é um passo para pelo menos equilibrar um pouco a luta cotidiana por dias melhores.

## Visitei um clube canábico no Uruguai e devia ter ficado por lá[4]

*Por Danilo Mekari*
Jornalista e membro do Coletivo DAR

Quem ama a verdinha de verdade já deve ter pensado em dormir abraçado com sua Maria Joana germinando no vaso, ou decorado o passo-a-passo do cultivo caseiro, ou até sonhado com o grande dia da colheita. Mas aqui no Brasil, plantar cannábis pode ter um preço salgado: o risco de ir em cana é alto – isso se não sobrar uma arma apontada na sua fuça.

Logo ali, no Uruguai, a realidade é outra, bem mais favorável aos seguidores da ganja. Plantar em casa é um dos três jeitos permitidos pelo governo de se obter a erva, que também será vendida em farmácias ou produzida em clubes de cannábis, ideia que me soa tão simpática quanto o próprio Pepe Mujica dirigindo um fusca de sandália franciscana.

O CLUC é um desses clubes. O nome já diz muito: *Cultivando la Libertad, Uruguay Cresce*, formado por 45 parceir@s de vida e de luta na capital uruguaia, Montevideo. A paixão pela maconha era apenas uma das razões para eles construírem a cooperativa em conjunto; grande parte dos integrantes pertence a algum coletivo que batalha pela mudança de mentalidade em diversos temas.

Quem me conta isso é Martin, um dos integrantes do *Proderechos* que me apresentou o CLUC. A outra era uma garota muito bacana que não lembro o nome, talvez por conta do infinito baseado que fumamos ali mesmo, no quintal da casa, ao lado de dezenas de pés de maconha.

4 Publicado originalmente em nosso site no dia 10 de junho de 2015

O *Proderechos* é um coletivo que surgiu em 2006 e atua em causas que consideram excluídas da agenda governamental e dos espaços de participação popular. Para além da regulamentação da cannábis, o grupo também discute questões como direitos reprodutivos, diversidade sexual e gênero. Recentemente, endossou a campanha *No a la baja*, que saiu vitoriosa do referendo sobre a diminuição da maioridade penal no Uruguai – onde casamento homossexual e legalização do aborto também viraram leis.

Permear por essas frentes é construir o que eles chamam de "punho único" contra o Uruguai conservador. Martin usa o futebol para explicar melhor que eu. "Somos um típico camisa 5, aquele volante clássico que *hace todo en la cancha*: buscamos o diálogo com a sociedade civil, o Estado e os movimentos sociais".

É até estranho entrar em um lugar daquele sabendo que não se trata de zona rural. Estamos em plena Montevideo e, assim que adentro o clube, vejo centenas de galhos secando, pendurados em uma rede acima da minha cabeça. Mais à frente, outras plantas recém-colhidas estão descansando perto do teto. O cheiro é estupendo, me sinto nadando em um mar de skank.

Ali fora, no quintal, há o espaço das plantas recém-nascidas, outro com os pés do tamanho de um jogador de basquete, já prontos para serem colhidos, e mais uma área, vazia, onde o processo intermediário acontece. A lei uruguaia permite que até 45 pessoas se unam para formar um clube cannábico, sendo que cada uma terá direito a colher 480 gramas da erva por ano – ou 20 gramas por mês. Tudo isso sob uma taxa de participação mensal de aproximadamente 65 reais. Tá bom ou quer mais?

*"Estoy realizando un sueño de pibe!"*, comemora German, um mano escalado para ser o cultivador do espaço autônomo. Percebo que seu sorriso é quase permanente. Certamente é verdade o que diz. Enquanto tentamos finalizar aquele beck infinito, German me fala do sistema virtual criado para galera avaliar a qualidade da erva de determinadas sementes e trocar

ideia sobre seus efeitos. São várias maneiras de fazer essa classificação: gosto, cheiro, força e intensidade e duração da brisa.

O CLUC já importou sementes da Holanda, Espanha e do Canadá, e German dá uma longa risada ao contar de como isso mudou a dinâmica de fumo do pessoal: muito mais potentes se comparadas às sementes paraguaias, as primeiras safras das plantas estrangeiras derrubaram geral.

Para Martin, os diversos clubes que surgem no país vizinho estão desenvolvendo as melhores práticas de cooperativismo. Vira e mexe há troca de sementes e de ideias sobre como melhorar o cultivo. Até o início de maio, 17 clubes estavam inscritos para conseguir a habilitação formal perante o Ministério da Educação e Cultura (MEC) uruguaio. Enquanto não chega, as plantações e colheitas vão rolando.

Martin e Romina (lembrei seu nome!) acreditam que a lei cumpre o objetivo de regular o mercado, apesar de não trabalhar o consumidor como um sujeito de direitos. "Os distintos modos de produção são muito pouco flexíveis, afetados pela necessidade de controle e paranoia de segurança".

O CLUC está localizado a poucas quadras do estádio Centenário, palco onde o Uruguai venceu a Copa de 1930. É para lá que vou, assistir ao clássico montevideano Peñarol e Wanderers, válido pelo campeonato local. Eis que surge como que do nada Josefa Sativa com uma bandeja que poderia ser o presente de aniversário do Bob Marley: pequenos pedaços de bolo de chocolate feito com manteiga cannábica, recheado com *dulce de leche canábico* e salpicado com coco ralado, que caiu mal por ser o único ingrediente sem o gosto de ganja.

*Carajo!* Que coisa maravilhosa! Me arrependo até hoje de ter comido só dois pedaços. Podia ter virado a bandeja inteira. Antes de nos despedirmos e depois de me presentear com um punhado da erva do CLUC, Martin emendou: "*Ahora sí*, a partida vai parecer final de Champions League!".

PELO FIM DA
GUERRA AS DROGAS
4:20
LUTA

## Com quantas mães desesperadas se faz uma favela pacificada?

*Rafael Presto*
Formado em Artes Cênicas pela ECA-USP. Teatrista do Coletivo de Galochas e membro do Coletivo DAR.
Autor do livro didático Mosaico Arte (Scipione, 2015), aprovado no edital PNLD 2017, e do livro Conversas da Menina com o Mundo (Conecta Brasil, 2016), com ilustrações do autor.

*Com quantas mães desesperadas*
*Se faz uma favela pacificada?*
*Quantas crianças educadas*
*Pelos esculachos fardados*
*Fuzis blindados*
*Pela pedagogia do tapa na cara?*
*Com quantos corpos nas vielas*
*Com quanto estrago se faz*
*Para construir com carne negra e pobre*
*Todo esse Império da Paz?*
*Quanta revolta oca*
*Quanta fé sem sentido*
*Qual a matéria vem a reboque*
*Para justificar o próximo extermínio?*
*Na Era das Chacinas*
*Entre caviares e estatísticas*
*Brindam os empresários do Estado*
*Entre carreiras de pó e carros de grife.*
*Por aqui*
*O lucro é medido em toneladas*
*De sangue e sonhos*
*Escorrendo pela calçada.*

*Mataram uma criança de 10 anos*
*Mas isso não é nada demais –*
*Nada que fuja do padrão*
*Do mais comum dos telejornais.*
*Sem esperança possível*
*Sem descanso no fim do dia*
*Sem nenhuma falsa alegria.*
*O mito da superação individual*
*Não cabe nessas esquinas.*
*E entre o toque de recolher*
*E o açoite da farda*
*Segue a vida*
*Em permanente estado de alerta*
*Desperta*
*Entre crônicas desiguais*
*Desse permanente tempo de guerra.*
*Mais uma Dona Maria chora.*
*Em nome da Paz*
*Exterminaram*
*Seu filho*
*Que ainda aprendia a sonhar.*
*Com quantas mães desesperadas*
*Se faz uma favela pacificada?*

QUEM SERÁ
O PRÓXIMO?
PESSOAS que são CONTRA A MACONHA SÃO AS QUE MAIS PRECISAM DELA!
CATCH A FIRE
Nossos Mortos Têm Voz!
LEGALIZE

Jardins
Marg. Pinheiros
Sto. Amaro
QUEM SERÁ
@ PRÓXIM@?
MÓRIA A@S NOSS@S MORT

# Parte III

# Da noite para o dia

*Paulo Eduardo Arantes.*
Filósofo, professor aposentado do Departamento de Filosofia da Universidade de São Paulo (USP), onde lecionou entre 1968 e 1998.

## *Começo de conversa de um antigo camarada careta com o coletivo DAR*

Com certeza algo mudou. Quem sabe até eu, que nasci careta como todo o marxismo ocidental uspiano, no qual me formei. Está aí um bom começo de conversa.[1] Se é verdade, como vocês mesmos dizem, que a minha "compreensão do antiproibicionismo se deu aos poucos e à distância", e ponha distância nisso, talvez não seja demais remontar àquele marco zero. Como se há de recordar, um marxismo cujo foco estava mais nos impasses da industrialização brasileira do que na ruptura propriamente anticapitalista, como observou Roberto Schwarz ao dar um balanço no Seminário Marx, na esteira da eleição presidencial de um de seus membros. Sim aquele mesmo que muitos anos depois estrelaria um filme de coloração antiproibicionista, mais exatamente em sua variante terapêutica, já que não se pode em sã consciência criminalizar quem precisa ser tratado, não é mesmo? Lembram-se dos "inimpregáveis"? Pois é, quem acha que pode viver de brisa deve ser mesmo ruim da cabeça. Verde por verde, também noutro filme para quebrar tabus, seu coleguinha Al Gore advogaria a causa do capitalismo des-

1 Que infelizmente ficou por aí mesmo. O roteiro prometia, mas.

carbonizado, por assim dizer desintoxicado. Resta saber se esse ligeiro sopro de esclarecimento resistirá à onda tenebrosa da atual maioria conservadora quando chegar a hora de fechar o pacote do *impeachment*. Logo saberemos.

Voltemos à minha formação, quer dizer, à formação dos meus maiores, revista agora por esse prisma inusitado. Espero não estar armando um falso problema, mas pensando bem, nada mais "careta" do que a obrigação, herdada de uma longa tradição construtiva, de encontrar uma "saída" para o Brasil, tirar nosso "atraso" relativo, mesmo quando repensado em termos de forças produtivas e relações sociais de produção, afinal era preciso "dar certo" como dera certo o capitalismo nos países "avançados". Sei que além de esdrúxula e abusiva, tal desqualificação pode soar anacrônica, pois as objeções da contracultura à paranoia militante são bem posteriores, mesmo assim uma espécie de caretice *avant la lettre* parecia aflorar em todo aquele empenho em se integrar no universo da alienação bem sucedida, pelo menos no núcleo orgânico do sistema. Digamos que para efeito de argumentação estou acrescentando um ingrediente extemporâneo ao paradoxo básico de nossa Tradição Crítica, o extenso arco de reflexão e providências práticas em torno das incongruências colossais de uma sociedade periférica: convivendo numa espécie de plataforma viva de objeções à barbárie capitalista, a começar pela invenção moderna da mercadoria-escravo, uma dimensão afirmativa de acatamento do processo de modernização no seu conjunto, exprimindo-se antes de tudo na instituição de dispositivos de governo destinados em princípio a extirpar as raízes coloniais de nosso capitalismo torto e tosco. E assim sendo, por mais críticos e subversivos que fossem nossos surtos de inconformismo, estávamos condenados ao espírito encasacado da construção nacional a qualquer preço, que poderia bifurcar tanto à esquerda quanto à direita, sem perder por isso seu congênito *esprit de sérieux*. Uma ética do trabalho, em suma, e como tal, expressão de uma vocação tácita para a responsabilidade. Essa a caretice originária. Da qual não escapariam nossos virtuais "camaradas caretas" do marxismo ocidental uspiano. Nem haveria nada que pudessem fazer a respeito. Era esse o preço a pagar por um marxismo que só poderia ser de cátedra numa Faculdade "séria" como era a nossa e tanto mais séria quanto só assim seria levado cientificamente a sério seu modesto radicalismo de classe média, como Antonio Candido descreveria o impulso anti-oligárquico que presidira sua fundação por dissidentes daquele mesmo establishment que se oferecera o luxo do transplante de uma escola europeia. Nem em sonho um *chatoboy*, como escarnecia dos rapazes muito estudiosos da revista *Clima* Oswald de Andrade, abriria as portas da percepção à maneira do contemporâneo Aldous Huxley, salvo com intuitos etnográficos, isto é, sérios. Seria bom ressaltar que tampouco Oswald era antropófago em tempo integral mas também pai de família fora do expediente, assim como Mário de Andrade não era só desvairio futurista mas igualmente o cidadão esclarecido à frente de iniciativas de utilidade pública como um Departamento de Cultura, só para lembrar a abrangência, e o caráter entranhado como um destino, da dualidade básica da referida Tradição Crítica, um pé do contra, outro a favor, como assinalou certa vez o mesmo Antonio Candido. Um sociólogo Presidente da República não é assim um desvio de conduta, nem conversão libertária aliviar a barra dos usuários criminalizados por motivo de um "vício" outrora elegante.

O revertério de 64, que apanhou toda a esquerda no contrapé, por assim dizer trancafiou-nos a sete chaves em nossa caretice estudiosa. Quem não levava jeito para luta clandestina aliviava a consciência estudando em dobro, contribuição anônima ao esforço de guerra. Nestes círculos da imigração interior, "desbundar" era como baixar o nível. Ética do trabalho intelectual na veia. Nem mesmo um filósofo da nova sensibilidade como Marcuse deixava barato: atenção, se é verdade que a revolução será ao mesmo tempo uma revolução da percepção ou não será nada, salvo novamente socialismo de caserna, não é menos verdade que a dissolução do Eu moldado pela ordem estabelecida será tão artificial e efêmera como a própria viagem em que tal alteração acontece, sem falar no recalque contracultural das grandes narrativas teóricas e o correlato extravio da prática na névoa do êxtase *en petit comité*. Mas àquela altura, meados dos anos 1960, já era uma evidência até para Marcuse o fracasso político da nova esquerda, com a ressalva decisiva de que o produtivismo dos ortodoxos também se tornara página virada na imaginação das gerações refratárias vindouras.

Mas voltemos ao apogeu do contraponto Velha Razão Sociológica/Nova Sensibilidade. Penso por exemplo em como nos encaixaríamos nas duas colunas antitéticas que arrematavam o manifesto *hippie* de Luiz Carlos Maciel, "Você está na sua?", publicado em janeiro de 1970 n'*O Pasquim*, e comentado por Júlio Delmanto no seu estudo sobre drogas e esquerda no Brasil depois de 1961, cujo título há pouco me serviu de carapuça, "Camaradas caretas". Está claro que nos reconheceríamos na coluna da esquerda, apesar de um inexplicável Guevara extraviado na lista oposta, comprimido entre um "místico" e uma "flor", incompreensivelmente "na sua" em Ipanema e na Bahia. À luz das restrições de há pouco, nos deparamos sem muita surpresa com um Marcuse careta, na óbvia companhia do "sombrio" Lenin, ouvindo de "gravata" num "bar" a batida "bossa nova" de um "violão". Fora a incongruente gravata, até que dá para entender. O contraponto é um claro decalque da tabelinha famosa de

Brecht na qual, num mesmo Isso versus Aquilo se defrontam os traços antagônicos do épico (o progresso) e o dramático (regressão). Como mandava o figurino de nossa *Aufklärung* materialista, Brecht por certo era um dos santos da casa, aliás santo careta, como se pode verificar com o termo pelo qual fulmina o drama musical wagneriano: pura narcose. Sem contar que o épico era por excelência um gênero "sóbrio", por mais enfumaçado que fosse o seu palco preferencial, um cabaré ou uma arena de boxe.

Vejam então como são as coisas, ou melhor, eram. Não havia dúvida nem remorso, que na cosmologia *underground* do *Pasquim*, ou pelo menos na coluna de Luiz Carlos Maciel, aliás histórica em mais de um aspecto ao qual logo me refiro, nossa caretice se encontrava, e como disse, se reconhecia, acima de tudo no pacote boêmio que juntava, entre outros ingredientes clássicos, bar, álcool, tabaco, ateísmo, e muito discurso, mas sobretudo *à noite*, a rigor uma Noite com maiúscula, que tudo transfigurava e, em São Paulo, desde os tempos de Álvares de Azevedo até Vanzolini e João Antonio, passando por Adoniran Barbosa e o cinema de Valter Hugo Koury, para completar a galeria constituída por Antonio Candido ao estudar a dimensão noturna do teatro e da prosa narrativa do Álvares de Azevedo em questão, meio difícil de inscrever sem mais no rol dos caretas, a começar por seu culto, inocente é verdade, de todas as transgressões byronianas. Aos quais ninguém hesitaria em juntar um membro desgarrado do famigerado Seminário Marx, o filósofo e poeta bissexto Bento Prado Jr., ao qual devemos justamente uma espécie de invenção da noite filosófica paulistana. Pois é. Vá saber de onde vinha tamanha implicância com os boêmios, a bem dizer com quase toda a literatura brasileira clássica. Chega a ser estapafúrdio. Por exemplo, Lima Barreto careta? Por flertar com a morte e a doença quem sabe? Coisas de "não" enfim, ao passo que o desbunde anunciava um enorme Sim? Aí a coisa complica, não vou nem mencionar a onda francesa do momento, que associava ao espírito de contradição (e a confiança política na dita contradição), que sempre animou a tradição marxista, a um cortejo de paixões tristes, começando pelo ressentimento e terminando obviamente no Gulag. Ainda mais estapafúrdia aquela marcação por abraçar a mesmíssima prevenção da esquerda, ortodoxa ou não: boemia e pequeno-burguesia não só rimavam pobremente, como a execração da segunda visava de preferência as variações intelectuais e políticas da primeira. Não menos esdrúxulo é pensar que tanto comunistas e assemelhados, quanto os amigos do fumo e do ácido, que se destratavam mutuamente, nem por estarem fora da resistência armada deixavam de ser caçados pela Ditadura. Nem seria muito difícil encontrar a equivalente linha justa para a clarividência profética do amigo *hippie* que teria avisado Gabeira, já em plena clandestinidade: "se vocês puxassem fumo, veriam que essa revolução não vai dar certo".

Sei que o *underground* dos tempos do torneio Caretice versus Liberação é peça de museu e objeto de estudo, mesmo assim toca num ponto, um ponto histórico de virada precisamente. Então. Àquela noite de nossa vigília, dita careta por se preferir tabaco e álcool aos correspondentes vetores da contracultura, o Manifesto Hippie em questão opunha a manhã solar da Nova Sensibilidade, obviamente com muita praia e brisa, uma evidência carioca mas não tão evidente assim a luz, não a praia e o sol de Ipanema, mas essa luz tão enfática e substantiva irradiando pouco mais de um ano depois do regime se fechar de vez num terror de tipo novo. Terror e Êxtase em regime de parede-meia? Curioso esse par antitético Noite/Manhã Solar, arbitrado pela droga "destabuizada" (Gilberto Freyre) em favor da luz do dia, ponto por ponto uma oposição recorrente que remonta ao combate não menos estereotipado entre a razão justamente desentorpecida pelas luzes da maioridade conquistada a duras penas pelo esforço de autogoverno (Kant sem tirar nem pôr, com o qual Foucault fez as pazes no fim da vida) e o abandono agoniado dos sonhos noturnos da obscura e regressiva alma romântica. Clichês, sem dúvida. Por isso nem me atrevo a evocar sua ironização por Thomas Mann, o duelo entre a luz mediterrânea do liberal palavroso e oco Settembrini e o soturno, e noturno por contraste, Naphta, como se há de lembrar o jesuíta *defroqué*, cujas alucinações de extirpação espiritual do capitalismo diz-se que parodiam o amálgama do primeiro Lukács entre Dostoiévski e a ditadura bolchevique. Ainda no capítulo das bolas trocadas, o supracitado careta mor Brecht fazendo Galileu saudar a "manhã dos inícios" contra a noite tenebrosa dos aparelhos da Inquisição. De resto, por que escolher? Filosoficamente, Bento Prado Jr. suspendia o juízo como um sábio antigo, entre a "noite rainha nascida destronada" das odes de Fernando Pessoa, e a luminosidade da dicção engajada da poesia *a palo seco* de um João Cabral, não abria mão nem do preto nem do branco. Era preciso escolher sim, porque na visão anticareta do titular da coluna *underground* do *Pasquim* estávamos diante de um processo, uma verdadeira passagem histórica para ser exato, graças à qual, ao bater no seu limite, a velha razão entorpecida pelo seu dogmático sono noturno engendrara uma nova sensibilidade. Nossa noite boêmia de vigília careta simplesmente chegara ao fim.

Relida há quase meio século de distância, a abertura do Manifesto Hippie de Luiz Carlos Maciel ainda impressiona, com certeza muito mais do que os contemporâneos nocauteados pela pancada do AI-5: "Seguinte: o futuro já começou". Nada mais, nada menos. Esse o ponto de virada que me interessa salientar. Um recado claro como o sol, bem como seu certificado de origem: se vocês puxassem fumo, veriam que a noite acabou e o futuro começou. Inequivocamente a noite boêmia não só cheirava a passado como também exprimia uma relação vencida da política com o tempo, ou por isso mesmo. Nossa Educação pela Noite, abusando um pouco da fórmula pela qual Antonio Candido resumiu, por analogia com a Educação pela Pedra, de João Cabral, um traço recorrente na imaginação estética paulistana que Álvares de Azevedo, como lembrado, inventou ao estilizar a energia que transbordava de uma geração de moços enclausurados num buraco provinciano como a São Paulo de seu tempo, e se prolongaria até os vários "noturnos" de Mário de Andrade, entre outros altos personagens. Pois declarava-se então encerrada nossa Educação "boêmia" pela Noite, a seu modo uma iniciação política não menos antiburguesa que a luta propriamente dita travada à luz do dia. Educação pela Noite, Educação pela Espera: pois naquelas noites brancas, não só se sonhava acordado como sobretudo se esperava, e nos anos 1950, até quando se puxava uma angústia, como se dizia então, não por acaso substituída pela "paz" quando sobreveio a reviravolta contracultural. Desarmou-se o conflito que empurrava o tempo para frente – com perdão da recaída careta. A favor ou contra, não se trata de um equívoco. O dito Manifesto, que anunciava a chegada do futuro, percebera muito bem que a experiência brasileira estava mudando de registro, e não falo de atrofia para não dar bandeira de bom mocismo progressista. Não é mais nada disso. A vitória de uma contrarrevolução preventiva em 1964 simplesmente cortara em dois o tempo brasileiro. Na outra margem, os salvados da travessia contracultural curtiam o novo barato de um Presente sobre o qual não pesava o fardo de nenhuma Expectativa que não fosse ele mesmo. Essa a enormidade que estou querendo sugerir. O desenrolar de uma história intelectual e política de sucessivos horizontes de expectativa bem que poderia ser visto por esse ângulo de ataque, os estados alterados de consciência por algo que se poderia chamar de pedagogia das drogas, e vice-versa, entender tais estados de expansão e contração como tantas outras experiências do tempo vivido nas dimensões do mundo, a "droga" enfim como um poderoso motor de Expectativas.

Tento me explicar melhor mais adiante, mas já deu para perceber que estou rodeando por outros meios o fecho conclusivo dos *camaradas caretas* do Júlio, a saber, que no fundo não encerraríamos a matança desencadeada pela maldita guerra às drogas, mitigações melhoristas à parte, para não falar nas demais "guerras" contemporâneas de controle, se não ganhássemos para a Revolução as forças do êxtase de uma iluminação profana, à qual certas drogas poderiam, ontem como hoje, servir de propedêutica. Não, não vou comentar pela enésima vez o Haxixe em Marselha e demais protocolos benjaminianos da experiência com drogas nos anos 1930 surrealistas. Basta mencionar um dos últimos que li, por seguir um roteiro análogo, "Droga(s) ao(s) quadrado(s)", do Marildo Menegat (2004). Depois de devolver a plausibilidade dos experimentos de Benjamin às grandes expectativas do Alto Modernismo de entreguerras e seu leque de "antecipações do que ainda não era", Marildo corta para os anos 1970 brasileiros e o desalento do escritor Caio Fernando Abreu diante do sinal fechado pela Ditadura: ou exílio, para o qual lhe faltavam meios; ou as drogas, que o assustavam pela devastação que observava à sua volta; ou então sua rota pessoal, dormir, "andei dormindo até quinze horas por dia", embora igualmente desesperada, a seu ver a "fuga mais saudável", porém fuga, como as demais alternativas. Está claro que não é essa a equação de Marildo, droga

= fuga, no caso, de uma realidade de fato aterradora, o lugar comum para o qual convergiram mais de uma geração de "camaradas caretas" segundo Júlio. Pelo contrário, decorre de sua hipótese muito mais original acerca da funcionalidade da droga posta fora da lei, a saber, o mais-valor que só um circuito ilícito propicia numa época em que a produção de mercadorias viu encolher drasticamente sua matriz legalmente medida pelo trabalho vivo, decorre portanto desse hipótese, a convicção de que a experiência com drogas não é mais em sua acepção enfática uma "experiência" e que como tal até a graça do "êxtase" se perdeu. Fica a dúvida, que aliás poderia ser estendida à mesma experiência de Educação pela Noite, ontem e hoje, isto é, antes e depois daquela mutação radical na experiência do tempo brasileiro. Em meio à névoa de tanta *fumerie*, a incerteza: teria afinal se alargado o horizonte como sugeria o novo estado de consciência, algo da ordem da "graça gratuita" de que falara Huxley e Júlio volta a evocar, uma "visão sacramental da realidade" cujo lastro seria justamente um "presente perpétuo criado por um apocalipse em contínua transformação"?Trocando em miúdos bem miúdos, quem àquela altura puxava fumo também não queria deixar o orgasmo para depois da revolução. Numa palavra, desandara nossa Educação pela Espera.

Pondo novamente a bola no chão, o que se queria dizer, e de fato se disse, e o Júlio trouxe de volta para a berlinda, é que chegara um momento na vida, mas foi preciso um golpe catastrófico para que a revelação ocorresse, em que as pessoas simplesmente cansaram de esperar, "pô, não tenho saco para esperar", atravessar o longo prazo em que estaremos todos mortos que é o tempo de maturação das cada vez mais difíceis de citar sem vaias condições objetivas e claro subjetivas de um não menos desacreditado (pelo Golpe?) processo disso ou daquilo: uma explosão de impaciência em suma, com as mediações infindáveis, as correlações duras de reverter mesmo com a História supostamente a nosso favor e por isso sempre grafada com maiúscula. Curiosamente (ou, a esta altura, paradoxalmente?), o primeiro grande registro dessa fratura no tempo brasileiro não se deveu, ou pelo menos não alegou nenhuma consulta ao Oráculo das Drogas, como seria corrente adiante ("se vocês puxassem um fumo, veriam..."), tampouco seria preciso pois seu responsável parecia movido por "droga" própria, um psicoativo que ainda não entrou em nosso enredo, na base da identificação ligeiramente paranoide de um indivíduo singular com o destino do seu país, que passaria então a ser decifrado, tal destino, graças às manifestações de um temperamento profético talhado na justa medida das grandes expectativas nacionais, ou de sua brutal reversão, como foi então o caso. Estou é claro me referindo ao transe político de Glauber Rocha, cujo santo baixou no filme no qual vemos nossa "teleologia", como gostam até hoje de falar os tropicalistas, ir pelos ares, não com o júbilo da explosão que encerra *Zabriskie Point*, mas como uma queda sem fim, não só pela repetição indefinida do trauma maior de nossa época, a catástrofe na origem do presente expandido desde então, interminável pela estrutura circular do filme, como Ismail Xavier acho que foi dos primeiros a analisar, a verdadeira desordem do tempo brasileiro provocada pelo buraco negro de 1964. Também não vou comentar pela enésima vez as muitas portas que *Terra em transe* fechou ou abriu, e para quem (o mundo dos que entraram pela porta das oportunidades certas veio abaixo quando Roberto Schwarz identificou o marco zero da saída tropicalista, a conversão de um tremendo desengano político em alforria ideológica e apoteose pessoal: igualmente antevisão de quem puxara um fumo?), a entrada em cena da distopia num cinema tão assertivo como o nacional uma vez que o sertão decididamente não ia mesmo virar mar etc.

Mais uma vez de volta ao ponto que estamos rodeando. Para todos os efeitos, o horizonte do mundo encurtara e mais ainda o horizonte brasileiro de expectativas imaginadas desde que se procura desentranhar uma sociedade de um entreposto colonial, e no entanto uma geração cansada de esperar embarcava numa "viagem" redonda de volta ao futuro que acabara em fim de chegar, mas não o futuro careta da construção nacional que daria certo, ou mesmo o futuro de um encontro marcado com a Revolução, neste último sentido a esquerda contracultural literalmente anunciava uma esquerda "sem futuro" ou ainda sem "espera" enquanto função utópica. Noutras palavras, se é fato e não equívoco ideológico que encolhemos com a chegada do futuro (então era isso?), que a embriaguez e o êxtase experimentados no encontro surrealista com as drogas são eles mesmos categorias históricas cujo regime caducou juntamente com a energia utópica que as alimentava, como sequer pensar em reativá-las agora, meio século depois de uma estreia tão ambígua? Dúvidas caretas? Pelo menos tão procedentes quanto essa mescla insólita que estamos revolvendo agora de drogas e filosofia da história, inaugurada no entreguerras do século passado por um marxismo herético a ponto de reconhecer nesse junção a própria cifra anticapitalista da utopia. Bloch, que acompanhou pessoalmente alguns experimentos de Benjamin em 1928, chegou inclusive a estabelecer distinções entre as drogas segundo suas funções utópicas, tonificantes, ou debilitantes, enaltecendo as visões canábicas e a do haxixe em particular, desviando-se em contrapartida do fantasma dos opiáceos, sua argumentação é longa e envolve muita discussão com o descabido privilégio freudiano do sonho noturno.

Outros tempos? Nem tanto, ainda ontem (2013), Jonathan Crary, à procura de novas capacidades insurgentes, em quais espaços ou temporalidades podem ocorrer, agora que o mundo 24/7 apresenta a ilusão de um tempo sem espera, de uma disponibilidade instantânea, depois de assinalar os limites da privatização freudiana do sonho, bem como sua desconfiança dos estados de transe, anda tentando por sua conta recuperar os vínculos, ameaçados pelo projeto empresarial de erradicar a necessidade do sono e do direito à noite pela exposição perpétua à luz, à visão do céu noturno, por exemplo, vínculos entre a esperança noturna, a ausência temporária daquele que dorme enquanto antecipação de um despertar que poderia trazer em si algo imprevisto, e a imaginação prática da vida sem capitalismo E, embalado pela perspectiva de uma restauração dessa potencial via de acesso ao anseio de mudança, evoca uma passagem extraordinária de Breton imaginando Paris vista do alto ao amanhecer e por assim dizer convocando num gesto propiciatório os "anseios e poderes coletivos latentes de uma multidão de indivíduos adormecidos", captando "no limiar entre escuridão e luz, entre a restauração do sono e o dia do trabalho, uma colaboração ainda por vir entre trabalho e sonho que animará a eliminação do mundo capitalista". Seria possível voltar a imaginar uma cena assim numa periferia qualquer do planeta favela de hoje? Além do mais em guerra, e a droga no meio do redemoinho? Livre esta última do cativeiro que se sabe, qual o lugar dos seus paraísos artificiais? Não é pergunta que um careta intermitente possa responder.

Enquanto as dúvidas fermentam no caldo de sabor careta que lhes servi até agora, um outro desvio, desta vez pela supracitada fonte e combustível da imaginação profética glauberiana, a verdadeira "droga" que é a matéria brasileira vista de perto. O referido artigo pode ser encontrado na Farmácia do José Miguel Wisnik, um genérico cujo princípio ativo, ou melhor, psicoativo, seu criador denominou droga-Brasil. Como o pato/coelho do jogo bem conhecido da ambivalência indecidível de uma imagem-teste gestáltica, o gigantesco *pharmacon,* que uma hábil desconstrução (a farmácia é de manipulação) do caráter nacional revelaria, como seu modelo platônico, pendula entre o veneno e o remédio, sendo o país ora melhor do que ele mesmo, ora pior. Como o farmacêutico, nas suas próprias palavras, "sofre da tendência incurável de ver sentido em tudo", não é difícil adivinhar qual dos polos costuma prevalecer, bem como imaginar em qual das colunas do nosso Luiz Carlos Maciel estariam Caio Prado Jr. e toda a sociologia uspiana. Não vou é claro entrar no mérito, que aliás nem sequer expus, era só o que faltava. Apenas um breve aviso aos navegantes. Tanto o marxismo ocidental uspiano, de cujas idiossincrasias partimos, quanto as interpretações do Brasil peneiradas por José Miguel, seja pelo crivo do Brasil-identidade, ou do Brasil-problema, são galhos do mesmo tronco, a dita Tradição Crítica brasileira, uma exclusividade nativa como a jabuticaba, ela mesma espécie de um gênero que só floresceu na periferia do capitalismo (um similar inglês ou francês seria um rematado disparate), como a russa, para dar um exemplo que nos deixou para trás, pois deu em revolução enquanto a nossa, na conciliação de sempre, muito embora tivéssemos encontro marcado mais à frente nos dois colapsos de nossas respectivas modernizações, uma antissistêmica, outra prósssistêmica, pois a dita Tradição, relembro, pode ser identificada justamente pela preponderância da referência nacional. Mesmo quando nos seus momentos de radicalismo advoga sem mandato a causa do povo (Nabuco na Abolição, por exemplo, onde tudo começou, ou Celso Furtado contra o Nordestre proprietário), ou se declara antiimperialista quando as restrições externas sufocam além da conta, mobilizando pela enésima vez o país que precisa encontrar uma saída. A crise atual aliás é isso mesmo, a crise da busca de um caminho para mais uma vez sair da crise. Por essas e outras foi curtíssimo o verão petista, cujo foco de nascença era a democracia (coisa inédita no Brasil) e a afirmação autônoma da classe trabalhadora (idem): sua recaída desenvolvimentista foi o princípio do fim que o reiterado sucesso eleitoral encobriu. Assim sendo, no interior dessa tradição que afinal também se findou, só gente muito sem noção pensaria contra o Brasil. De fato, para quem o Brasil não faz mesmo sentido? Quem sabe só índio, e olhe lá. Não é para menos, pois até onde a vista e a memória alcançam, aprender a pensar entre nós sempre foi refletir sobre o desconjuntamento local, um desconcerto que não cabe em qualquer das tradições disponíveis no mundo das ideias ditas avançadas, esforço que por sua vez emenda nas tentativas bem ou mal sucedidas dos que foram ficando no caminho, cujo encadeamento forma então o que estamos chamando aqui de Tradição Crítica.

Tudo isso dito, relembro que o livro do José Miguel é um ensaio sobre o milagre do futebol brasileiro (segundo o autor, da mesma ordem de grandeza que o milagre machadiano), tudo repassado pelo prisma da droga-Brasil, cuja genealogia acabamos de evocar. Não custa especular. E se a tal droga-Brasil fosse mesmo a dita-cuja? Veneno ou remédio? Onde a batida mais forte do pêndulo? Pergunta fetichista, resposta idem? E se a entrada em cena da droga-droga alterasse de tal modo os quadros da consciência dita nacional a ponto de fazê-la voltar-se contra o país, ou melhor, alhear-se de vez desse perene falso problema? Ou ainda: e se o sentido do Brasil fosse completamente outro, a ponto de nos fazer perder o sentido? Pois é aqui que o Alto Modernismo brasileiro, pelo menos em imaginação e nas brechas do aconchego patriarcal, andou ciscando, especulando filosofias selvagens da história com muita droga no meio.

Para encurtar. Droga-Brasil sim, mas ao pé da letra, como figuração tão intensamente buscada que poderia se tornar literal. Para ser preciso, estou pensando num episódio específico ruminado durante uma boa temporada por Mário de Andrade e só muito mais tarde reconstituído num ensaio igualmente inspirado de Dona Gilda de Mello e Souza, que passo em seguida a glosar. Antes, uma preliminar. Quem disse que dispensava as drogas pois no período da luta clandestina tomava utopia na veia, e mesmo depois de encerrado o dito período continuou batendo na mesma tecla do quanto mais utopia, menos droga, por certo ignora que houve um tempo, "modernista" por excelência, em que, no horizonte brasileiro de expectativas, aqueles dois estados alterados de consciência chegaram a ser praticamente coextensivos, já na sua acepção poética mais corriqueira. Como se há de recordar, em Pasárgada tem de tudo, e como é outra civilização, sobretudo "tem alcaloide à vontade". Mas não era preciso ir embora pra Pasárgada, bem à mão havia o Túmulo dos Faraós, que numa crônica o mesmo Manuel Bandeira descreve como um porão aberto aos salvados da noite e onde "se cheirava cocaína vendida livremente a três mil-réis a grama". Seria obrigatório mencionar a libertinagem mística de Jayme Ovalle e seus "irmãozinhos" pelas ruas e becos da Lapa noturna, capítulo incontornável da Educação carioca pela Noite, e àquela altura, sendo carioca era nacional – mas vou é claro me abster.

Pois bem. No auge modernista o Brasil só faria sentido se fosse realmente, como a "droga" que de fato era parecia prometer, uma outra civilização. É o que Mário de Andrade descobre numa viagem ao Norte e ao Nordeste, de fato duas, uma em 1927, outra em 1929, cujos relatos reuniu no *Turista aprendiz*. Viagem mesmo. Vamos então ao roteiro de Dona

Gilda. À medida que o navio avança rumo ao Norte, e depois penetra no continente pelo rio Amazonas, Mário vai rigorosamente se drogando, e a droga é o Brasil mesmo. Sente aos poucos que vai perdendo o Sul de sua personalidade, vai se "desoperarizando", como ele mesmo diz, e logo veremos o alcance desse desmanche específico induzido pelas "delícias refinadas da tonteira". A caminho de Manaus, confessa em carta a Manuel Bandeira que já não tem controle sobre si mesmo e está se deixando abater pela "volúpia" e pelo "êxtase". Digamos que os "protocolos" de Mário de Andrade, em vez dos rodamoinhos do haxixe, vai registrando com o mesmo rigor metódico o gosto das frutas, a variedade dos cheiros e dos calores amazônicos, o branco da luz que penetra pelos olhos, pelas narinas, pelos poros. E por aí vai, "hesitando em contar certas coisas, com medo de que não acreditem". Pois é numa dessas tardes incomparáveis de "pasmaceira e êxtase", como ele as define, que numa curva do rio Madeira se dá o encontro com o moço do terno de linho branco cuja pele morena e muito pálida traía a maleita. Dessa visão, que a rigor não aconteceria sem as ondas acumuladas ao longo de sua viagem iniciática, extrairá as sensações elementares que comporão toda uma "filosofia da maleita", com perdão da palavra, diz ele, ao introduzir assim a ideia de uma civilização inteiramente outra graças às virtudes mediadoras da droga-Brasil, por assim dizer um remédio para o veneno produtivista que deixará para trás junto com sua antiga personalidade, digamos assim, "futurista", na pior acepção do moderno enquanto máquina disso ou daquilo. Filosofia da história sim, porém concentrada em um único e extravagante desejo, "desejo de maleita", que não se resume ao acesso de febre nem se vincula ao sofrimento, mas um desejo mais elevado de ser maleitoso em outro lugar que não na incipiente civilização paulistana da máquina-trabalho.

Mas onde viver bem a prostração que sucede aos acessos periódicos da febre, seu "aniquilamento assombrado, cheio de medos sem covardia, a indiferença, a semimorto igualitária"? Antes de tudo, viver "duma vez sem trabalho nenhum", porém num ambiente em que se possa resistir aos apelos do mundo "num igarapé do Madeira com seus jacarés, ou na praia de Tambaú com seus coqueiros, no silencio, rodeado de deuses, de perguntas, de paciências". Paciência todavia em que nada amadurece ou se acumula, pura monotonia contemplativa, indiferente a tudo em redor, a começar pelos tais melhoramentos da vida moderna. Nirvana vislumbrado num vertiginoso relance de impregnação pelo cheiro social de um país desconhecido que aflora de repente saído da névoa de antigas visões do paraíso.

Até onde sei, Roberto Schwarz foi o primeiro a notar que aí tinha coisa, uma intuição verdadeiramente histórica cuja força nossa atual esqualidez política não consegue mais sequer imaginar, a ideia de que "uma nova sociedade, ao mesmo tempo espontânea e avançada, isenta dos males da civilização do presente", criando um exemplo revolucionário para o mundo, surgiria da junção dos lados simpáticos de nossa informalidade pré-burguesa com a experimentação libertária das vanguardas artísticas, fusão utópica que só uma hora marcada pelo derretimento da ordem liberal submetida ao fogo simultâneo do fascismo e do bolchevismo tornara enfim pensável, e desejável como o Nirvana de Mário de Andrade. Uma hora portanto de definições iminentes de rumo, à qual responde a excitação própria das descobertas modernistas, que não seriam tais sem a contribuição da embriaguez espontânea daquele estado de inocência e disponibilidade perceptiva que Dona Gilda surpreendeu num Mário de Andrade deixando-se abater pelo êxtase de uma desaceleração amazônica. Quase um século depois, e uma sociedade capitalista que só se reproduz de colapso em colapso, a quantas anda o reservatório de utopias da droga-Brasil? Antes de responder um pouco rápido demais: no volume morto, valeria a pena reconsiderar a curiosa evidência de que na utopia da preguiça organizada pelo imaginário da maleita em Mário de Andrade, o eclipse mágico do trabalho dos tarefeiros deste mundo está associado a uma alteração por assim dizer "nacional" da consciência, cuja "química", como estamos vendo, não deixa de ser surpreendente.

Fico pensando. A imaginação utópica no Brasil, e ela existe, acabamos de ressuscitar um capítulo, qualquer que seja o seu conteúdo de classe, popular como no "mundo sem culpa" do Sargento de Milícias segundo Antonio Candido e corrigido por Edu Teruki, ou de classe média, como no universo musical "amadorístico" da Bossa Nova, segundo Lorenzo Mammi, sempre correu pelo trilho do trabalho, seja para fugir dele, seja como tábua de salvação, como por exemplo no mito varguista da carteira assinada. Pelo menos a circunstância muito singular de Mário de Andrade sugere quem sabe uma outra dimensão, a presença intermitente de um catalizador oculto à procura do qual deveríamos sair agora que justamente o deserto cresce. Penso ser essa uma saída plausível para a mencionada hipótese final de Júlio Delmanto. Redescobrindo intuições para trás, quem sabe reaprenderíamos a ler os sinais de alguma virada pairando no ar.

Dou logo um exemplo do qual certamente a nova geração talvez nem notícia tenha, ainda mais se convencida da caretice congênita da velha guarda. Penso no capítulo do Éter no romance *Quarup*, de Antonio Callado, aliás exatamente contemporâneo de *Terra em transe*. Não por acaso, a cena igualmente é uma outra farmácia, a fabulosa Farmácia Castanho, uma farmácia *belle époque* encravada no coração de Copacabana e conservada como um museu de cera por seu herdeiro, que adora remédios e coleciona antiguidades médicas, além do hábito mental de repassar a história da luta da humanidade sofredora que se esconde por trás dos rótulos, das caixas, dos vidros. O personagem, que pretende escrever uma biografia da farmácia, para variar é uma máquina retórica encostada numa sinecura ministerial qualquer dos tempos do segundo Getúlio. O som político ao redor é a crise do regime. O desfecho de agosto de 1954 a caminho, ensaio geral abortado do Golpe de 1964, ao qual o romance é uma das primeiras respostas literárias de envergadura. Um romance de formação, por sinal, no caso, de um padre católico que vai deixando aos poucos a batina a caminho da luta armada que se dará depois do fim do livro. Camilo Torres já morrera em combate mas o Che ainda estava vivo sem que se soubesse por onde e como. Curioso caminho aliás: muito fervor espiritual na iniciação amorosa do "herói", por sua vez tomado pela ideia fixa de encontrar o centro redentor do país em meio aos índios na selva do Alto Xingú, transferida depois para a luta camponesa das Ligas. Em torno do futuro biógrafo, que aliás imagina a obra como um Retrato do Brasil, nos moldes de Paulo Prado, gira uma pequena sociedade de amigos do éter, e não apenas pelo hábito carnavalesco do lança-perfume. Cheirar todos cheiram apaixonadamente, embora não pelas mesmas razões de alta doutrina. Para o dono da casa, para o qual a saúde não é nada, não leva a nada, e a doença quase uma vocação e sinônimo de elevação espiritual, seria preciso ir fundo, muito além da fase eufórica do éter, lá mesmo onde pulsa a dor de viver (não se deixava por menos em tempos de Educação pela Noite); no outro extremo, o auto-conhecimento coletivo, "devíamos fazer um oleoduto de éter pelo Corcovado acima que fosse dar numa bisnaga na mão do Cristo que esparziria o frio e delicioso conhece-te-a-ti-mesmo sobre os cariocas". Por fora, um amigo dos amigos mas inimigo daquele porre de grã-finos que estavam contrabandeando para a festa do povo, o inevitável camarada careta, o grilo falante comunista da Era Vargas, tipo: por que não param de cheirar essa porcaria que deprime e vicia, como todas as drogas cujo consumo só aumenta num Ocidente em fuga diante de sua imagem no espelho etc. Nada demais se não fosse uma etapa, o segundo degrau mais exatamente, no caminho de uma redescoberta revolucionária de um país cujo povo dispunha dessa capacidade única de se drogar por pura alegria de viver. E se fosse o mesmo ar de família, o mesmo desejo de maleita do poeta modernista? Conforme progride a educação do personagem político de agora, mais intenso vai se tornando seu "estranho desejo de éter", tinha saudade até do cheiro do dzim-dzim que precedia as visões coloridas. Até a "filosofia" anti-terapêutica da dor que alivia parece se encaixar, o éter não veio para curar coisa nenhuma, "são técnicas de barragens cromáticas, detém-se e represam-se ondas de dor, uma nirvanização local e não uma extinção boçal". É muita convergência pra não ter um fundo de verdade. Enfim, toda revolta há de ter sua cachaça, se o autor não disse, deve ter pensado. Pois assim foi. Mas e agora? Encerrada a Era das Grandes Esperas, quando imaginávamos com razão a história pacientemente correndo a nosso favor, como ficamos? O que seria uma esquerda realmente "sem futuro"? E se o futuro não é mais o mesmo, por onde andaria a função utópica que os modernos desentranharam da experiência da droga? Mas novamente isso não é pergunta que um careta de nascença possa responder.

Embora não lhe escape uma última ironia, a rigor terminal. Estou pensando mais uma vez numa heresia recente, mais precisamente na metáfora através da qual um dissidente do *establishment* europeu imagina a agonia do capitalismo, cujo fim no entanto concebe como um processo e não como um acontecimento, revolucionário por exemplo, como sempre esperamos durante dois séculos de vigília. O autor em questão (Wolfgang Streeck, nada menos do que o diretor do Instituto Max Planck para o Estudo das Sociedades) descreve tal estado terminal como resultado de uma convergência de cinco doenças sistêmicas. Isso mesmo, doenças. A saber: estagnação sem fim, redistribuição oligárquica, pilhagem do setor público, corrupção e caos geopolítico generalizado. Sua crise não é de ontem (2008), mas se arrasta por várias décadas desde que em meados dos anos 1970 se declarou uma incurável crise fiscal do Estado, graças a qual converteu o Estado dos Impostos num Estado da Dívida e este enfim, num Estado da Austeridade sem fim. O sistema não passará assim desta para melhor por morte súbita, embora seu estado seja crítico e a doença, sem dúvida mortal. O quadro clínico é assim o de uma inequívoca degradação imunológica. Um a um seus mecanismos de resistência vão sendo destruídos, a começar pelo lastro material das três mercadorias fictícias segundo Karl Polanyi, os anticorpos fundamentais, trabalho, natureza e dinheiro, que carecem de instituições inibidoras do dano para sobreviver enquanto valores de uso. Com a agravante de que as desordens nessas três áreas, trabalho, terra e dinheiro, convertidas em zonas de crise permanente, são simultâneas, sintomas concomitantes reforçando-se mutuamente.

O diagnóstico de morbidez avançada comporta ainda a constatação mais sombria de que a progressão da doença foi se encarregando de agravar os danos através do instinto adaptativo dos futuros afogados: trabalhadores que consideram um desafio competitivo estimulante um regime que lhes consome cada vez mais tempo e mais vida; cidadãos que reelegem governos cada vez mais "austeros" no corte dos gastos sociais e privatizações de serviços públicos; cada vez mais pessoas se "acostumam" com a razoabilidade da desigualdade, intolerável noutros tempos, como aprendem a conviver com a degradação ambiental porque lhes parece mais lenta em comparação com a própria vida humana etc. Um organismo enfim empenhado metodicamente no desmantelo crônico de qualquer trava que pudesse significar limites aos seus excessos por assim dizer naturais. Numa palavra, ao rifar suas faculdades de auto-comando, nelas incluídas as alternativas reformistas ou revolucionárias, instalando-se na anomia, o capitalismo tornou-se a bem dizer autoimune. O teorema moderno por excelência segundo o qual uma formação histórica só se extingue quando uma outra superior estiver à vista caducou, daí o transe de uma morte anunciada que não se consuma, apenas decorre. Esse o diagnóstico e seu sistema de imagens, das quais obviamente abusei um pouco. Tal a forte impressão de que o autor, malgrado ele mesmo, simplesmente descreveu o estágio terminal do capitalismo como um flagrante e descomunal processo de drogadição, sem tirar nem por. Aliás nos termos convencionais consagrados com que se caracteriza de modo geral o dispositivo das compulsões contemporâneas. O que ele está dizendo no fundo é isso mesmo: o capitalismo está morrendo, vai morrer é de overdose, e a droga é ele mesmo. A crise propriamente dita já aconteceu, e lá atrás, e tal qual ensina sua acepção clássica, enquanto ponto de virada num horizonte carregado de expectativas, quando escolhas dramáticas eram possíveis, e o sistema por assim dizer escolheu a incapacidade de escolher, para poder melhor continuar, como se diz, no "vício", no caso, consumir até o osso o "valor" que não está mais produzindo. Vai daí que um estudioso tem observado que o *dopping*, não por acaso, podemos acrescentar, permite uma espécie de rendimento sem trabalho. Como um "intoxicado anônimo", o capitalismo perdeu qualquer condição de controlar sua compulsão a se drogar.

O fim da política tal como a conhecemos tem a ver com essa escalada da drogadição, pois a antiga política de classe, liberal-burguesa ou social-keynesiana, pressupunha um grau de controle sobre nosso destino comum que o atual dispositivo das compulsões engoliu. Ou melhor, a ele juntou-se o complemento gestionário desse mesmo capitalismo dopado: o sistema das "moderações", analisado no ótimo estudo de Leandro Siqueira sobre o indivíduo compulsivo contemporâneo. Uma espécie de auto-vigilância sanitária igualmente dura, contrabalançando e controlando os transtornos do excesso, todo o universo desregrado das adições. De que resulta, dessa dupla compulsão, excesso patológico por um lado, moderação não menos patológica do outro. Um quadro clínico, para manter a metáfora, só aparentemente dissonante. Essa morte-processo, e não morte-acontecimento, não transcorre no ambiente tecnológico de assepsia máxima de uma UTI, mas no ambiente não menos saturado de dispositivos técnicos porém ostensivamente "sujo" de uma guerra interna de intervenção contínua nos mais variados âmbitos, e tal qual a agonia do sistema, guerra-processo, o fluxo contínuo das novas guerras, e não mais guerra-acontecimento das que "estouravam" entre entidades políticas movidas segundo a fórmula trinitária de Clausewitz (Estado/Povo/Exército) e cujo desfecho mudava o curso do mundo por serem antes de tudo também uma "espera" se agravando no horizonte. Nessa UTI a céu aberto, o mesmo capitalismo morrendo de overdose de si mesmo, move assim mesmo, ou por isso mesmo, uma guerra às drogas conduzida em duas frentes geminadas, à imagem e semelhança das compulsões de duas faces que acabamos de evocar, uma em que se encarcera e mata, outra que "cura" doentes igualmente ameaçadores, para si mesmos como para os demais. Mesma lógica de fluxo contínuo na guerra ao terror, conduzida no atacado por um

Estado por sua vez terrorista no varejo. Mesmo transe final nas demais guerras do presente, é só verificar. As desintegrações se sucedem na forma de "governo". É só reparar, para dar um exemplo recém saído do forno, no Estado Islâmico, restauração museológica da origem do Estado como crime organizado, extorquindo proteção contra a ameaça que ele mesmo representa, tal como seus congêneres bem sucedidos da comunidade internacional.

Mas voltemos à metáfora geradora do diagnóstico fechado apresentado por Wolfgang Streeck. Daria para cavar mais fundo a hipótese da agonia capitalista por *addiction*, sendo ele mesmo sua própria droga, restando é claro discutir se é essa a palavra final sobre a "experiência-droga" contemporânea. Penso no circuito metafórico da expressão *burnout*, percorrido por exemplo num estudo recente de Pascal Chabot. Na minha ignorância careta fiquei sabendo que ela ressuscitara nos anos 1970 graças à experiência de um psiquiatra numa clínica nova iorquina de atendimento a "dependentes" químicos, seja prevenindo overdoses ou reparando os danos de *bad trips*. Pescado obviamente no inglês coloquial, o termo começou a ser empregado pelo clínico em questão para descrever o estado dos pacientes derrubados pelo abuso de drogas pesadas, e logo mais, a virada semântica decisiva. Refletindo sobre a presença do fogo na expressão *burnout*, ela mesmo sugerindo algo como um incêndio da pessoa, notou que os "cuidadores" estavam apresentando os mesmos sintomas dos pacientes, como se também eles estivessem "intoxicados": é assim que nos sentimos, "*burned out*", e por um mesmo excesso tóxico, no caso uma demasia de investimento pessoal no trabalho de atenção e cuidado com pacientes estourados, trabalho enfim com a experiência envenenada alheia da droga. Mais do que simples fadiga, por assim dizer um cansaço novo, como se as chamas de um fogo houvessem consumido todas as energias de uma pessoa esvaziada até a alma, levando-a por fim, fechando o capítulo, a se "dopar" para aguentar o tranco e disfarçar a queda, na compulsão para variar.

Da experiência limite com a droga, a síndrome do indivíduo *burned out*, esvaziado, extenuado, incapaz de descansar e se recuperar, deu um passo lógico a mais e se instalou de vez na terra arrasada do trabalho intensificado numa "sociedade do cansaço" (Byung-Chul Han). A esse ponto chegou a doença *do* trabalho, uma doença pelo sufoco perante o excesso, tal como a toxicomania. O colapso da sociedade do trabalho, da organização empresarial do trabalho abstrato, converteu os sobreviventes no "emprego" em outros tantos *burned out* no âmbito de uma toxicomania de massa, restando comprovar, para fechar a equação do fim do capitalismo por overdose, se no outro extremo, o dos sujeitos monetários sem dinheiro, ou ex-proletários virtuais, no varejo das biqueiras mundo afora ("boca também é trampo, só que mais embaçado"), trabalhadores nesse ramo de um arranjo maior, o "dispositivo das drogas" (Paulo Malvasi), se "adrenalina, atenção e vigília constantes" também não queimam, no próprio e no figurado, como os colegas legais igualmente condenados a arcar com todos os riscos da firma. Se era metáfora involuntária, deixou de ser.

Resta saber, no quadro ainda desse mesmo diagnóstico terminal, que fim levou a Educação pela Noite, que para mal dos meus pecados evoquei a título de contraponto ao decálogo solar da contracultura que anunciava a chegada do futuro e o fim das expectativas boêmias, se adotarmos os parâmetros e a periodização do Alto Modernismo. É que a noite também está sendo confiscada pelo capitalismo 24/7, entre outros expedientes expropriatórios, primeiro pelo atual esforço militar de produzir esquadrões da morte de soldados resistentes ao sono, segundo o estudo mencionado de Jonathan Crary, certamente os precursores do trabalhador ou do consumidor sem sono. Desta vez, identificar o circuito neuronal e obviamente a síntese química funcional, não para estimular a vigília como pensavam os nostálgicos dos paraísos artificiais, mas para reduzir a necessidade de sono. E o que nele, sono noturno, produz escândalo num universo 24/7 iluminado e sem sombras. Primeiro, por ser uma interrupção no roubo de nosso tempo pelo capitalismo, um intervalo de tempo que não pode ser colonizado, pois nenhum valor pode ser extraído do sono, e segundo, a ser assim, continua o raciocínio de Jonathan Crary, vá que se volte a reconhecer virtualidades insurgentes nas pessoas subtraídas à acumulação pelo sonho-sono, como se deram conta os surrealistas, algo como uma sublevação dos "escravos da luz sem misericórdia", como observou certa vez Robert Kurz, pensando por sua vez nas condições de libertação da noite, do sono e do sonho, liberação do cárcere em que os aprisionou o programa capitalista de transformação da noite em dia, a fantasia destrutiva do mercado que nunca dorme. Novamente a caminho da auto-destruição pela exaustão, a grande queima do capitalismo, da energia fóssil ao motor humano, num *burnout* total. A isso levaria a indistinção entre noite e dia, claro e escuro, ação e repouso, ainda segundo Crary, uma zona de insensibilidade, de amnésia, de tudo que impede a possibilidade de experiência, que compara a um estado de emergência transformado em condição permanente: na sua analogia, o planeta repensado como um local de trabalho ou consumo ininterruptos se assemelharia a um vasto campo em que, aparentemente em resposta a uma circunstância extrema, um conjunto de refletores é repentinamente aceso no meio da noite e assim permanece indefinidamente num estado no qual "a produção, o consumo e o descarte ocorrem sem pausa, apressando a exaustão da vida e o esgotamento dos recursos". Noite e Dia.

Esse o ponto por onde começamos, e encerro, agora que sabemos ser o da overdose do capitalismo. O da noite desencantada e expropriada pela lógica da compulsão 24/7, e que não obstante tudo isso, à contracorrente mesmo, em seus começos de explosão libertária, a certa altura do novo tempo do mundo (pois é disso mesmo que se trata, um novo "regime de historicidade", como falam os teóricos franceses da história do presente enquanto gênero com epistemologia própria), lá por volta dos anos 1900 e 2000, voltou pedindo nova inscrição, voltou reencantada por duas potências do êxtase, a droga 2.0 e a música *techno*, voltou dando a volta por cima, como herdeira legítima da virada contracultural dos anos 1960/70 e suponho que por esta não esperava o nosso amigo Luiz Carlos Maciel, deslocando inteiramente para a noite inimiga da produção diurna o centro da existência de toda uma geração. Esse o ponto de partida do estudo de Tales Ab'Sáber, que nem em sonho penso remexer à cata das observações preciosas que contém, sobre a confluência *fin de siécle* entre noite, música eletrônica e alcaloides jamais imaginados em Pasárgada, o conjunto desenhado em suas três dimensões para não acabar nunca, nem a noite, nem o pulso musical infinito, muito menos a liga química entre os dois. Só que o argumento vai na contramão da esperança utópica pressentida pelos *clubers*. Tal dispositivo também gira em torno de um esgotamento, mais um, precisamente um "esgotamento das energias utópicas", cabendo lembrar que o autor desta frase que correu o mundo só a enunciou para melhor corrigi-la, afirmando que era sim uma utopia que se esgotava, mas a da emancipação pelo trabalho, e que outra já ocupava a cena, a do reconhecimento social... Não se passa um bastão desses assim. Nem o trabalho a rigor era utopia de ninguém. Aliás o que se viu foi uma tremenda ampliação da jornada com a indistinção de noite e dia. Por onde começa o Teorema de Tales, a saber, que a verdadeira "jornada" ocorre à noite, sem hora para começar, a qualquer momento do dia, nem acabar, salvo quando principia a cessar o efeito da droga, abrindo uma pausa para respirar entre um turno e outro. A mobilização portanto voltou a ser total, como noutros tempos, a da guerra e a do trabalho, de resto uma puxando a outra. Só que a energia mais do que consumida à noite, devastada, esvazia a experiência do dia seguinte, na explicação de Tales. Porque já não tinha mais objeto o êxtase noturno. No limite, um dispositivo de governo das forças do êxtase. Mas a notícia real é a de que elas andaram por ali. Por isso esse estudo sobre a experiência contemporânea da droga, realizada num dos grandes laboratórios do tempo presente, em que a demanda política parece não se dirigir sobre nada, em que se festeja o fato de não haver mais nada a festejar, na verdade é um inventário minucioso de um tremendo desperdício. Naquelas casas ocupadas em Londres e Berlim em meados dos anos 1980 era para acontecer uma formidável festa pós-burguesa, e no entanto, interessa menos ao autor a evocação das potências utópicas próprias deste mundo *pop*, que julga intenso e criativo, mas procurar saber de que modo essas intensidades noturnas da droga e da música foram desperdiçadas. Mas que foi uma outra Educação pela Noite, foi, ou deve ter sido pois minha condição não permite mais do que fantasiar em torno daquele mundo de música, química e computadores que o Tales conseguiu mapear sabe-se lá como.

## A gênese do proibicionismo moderno e o ponto de inflexão atual

*Henrique Carneiro*
Mestrado e doutorado em História Social pela USP onde é professor de História Moderna. Desenvolve pesquisas em História da Alimentação, das Bebidas e das Drogas.

O que é uma proibição? Por que se proíbe algo?

Não me refiro ao que se proíbe em relação ao direito de cada um não ser violado na sua pessoa, posses ou reputação por outra pessoa. Isso diz respeito às proibições em relação a outrem. Está subentendido que qualquer vida social é inseparável do exercício de certos direitos (independentemente da consideração da sua justeza ou da sua natureza de privilégios) e da proibição de sua violação. Mas, como se pode proibir algo de alguém para consigo próprio?

Proibir vem do latim *prohibire* e significa "manter afastado, impedir". A palavra impedir vem também do latim e significa literalmente "amarrar os pés".

O exercício do direito de escolha sempre foi balizado pelo espaço da licitude em que os critérios sacerdotais estabeleceram a jurisdição sobre o domínio de si como algo exterior ao próprio indivíduo.

Os usos do corpo, assim, sempre foram tolhidos no seu nível mais primário e biológico: o nascimento, a educação, a alimentação, a sexualidade, a terapêutica e o morrer são esferas da existência corporal, submetidas a sistemas normativos baseados no estabelecimento da proibição como tabu.

Os controles biopolíticos podem ser sutis e consentidos ou brutais e impositivos. O despotismo biopolítico sempre inscreveu o corpo em uma determinação proscritiva ou prescritiva de certas ingestões.[2]

Há coisas que se podem consumir, outras que se devem, e finalmente, há aquelas que são interditas para se ingerir.

Os sistemas de pureza e contaminação por meio dos tabus alimentares ou psicoativos, de conteúdo religioso e hierárquico governaram os hábitos alimentares nos períodos antigo e medieval. Nessa época, praticamente não havia qualquer postulado de autonomia decisório sobre o corpo ou a mente (à exceção de correntes filosóficas perseguidas e marginalizadas, como o epicurismo, por exemplo). Opiniões, crenças ou estilos de vida eram restritos ao normativo estrito.

A gestão das ingestões, a definição daquilo que se come ou se bebe (ou se inala ou se unta na pele) eram atribuições remetidas à esfera do sagrado. As normas vetero-testamentárias regiam critérios estritos de separação e distinção que conferiam pureza ou, ao contrário, contaminação simbólica.

A laicização cultural proposta na época moderna abrangeu a esfera pública, estabelecendo um critério não religioso no consumo alimentar. Os tabus alimentares, as restrições ritualísticas, os jejuns regulares se tornaram uma esfera da vida privada, na qual apenas os crentes se obrigam ao cumprimento dos seus preceitos.

A liberdade de consciência foi o pressuposto fundamental da ideia moderna da liberdade.

O ser humano, dizia Pico de la Mirandola, ao final do século XV, no *Discurso sobre a Dignidade do Homem*, é um camaleão. Pode se transformar em anjo ou besta. Não possui uma característica intrínseca própria a não ser a sua própria autoplasticidade. Por meio de seus talentos e instrumentos se torna o que deseja tornar-se, como um demiurgo de si próprio.

2 Normas prescritivas são aqueles que a sociedade incentiva, enquanto normas proscritiva descrever as atividades que a sociedade desencoraja.

Escolher, o sentido do termo *heresia*, se torna um direito. Eleger sua religião, ler e escrever com liberdade de expressão, ter a liberdade do pensamento e do corpo como fundamentos da noção da autonomia humana e da autodeterminação do próprio destino são os temas que estão em questão no debate sobre o proibicionismo.

O advento contemporâneo do proibicionismo é um movimento retrógrado em relação aos fundamentos renascentistas, reformistas e iluministas que estabeleceram essa noção moderna do direito à liberdade de consciência.

Ao menos três raízes se encontram no dispositivo contemporâneo do proibicionismo. Uma delas vem da China, com o despotismo da nova Dinastia Manchu, governante no trono imperial após a derrota dos Ming. O puritanismo tártaro mongol se impôs sobre os refinamentos da cultura do ópio para tentar erradicá-lo por razões morais.

Outra vem da autocracia russa imperial, que após crescer sob as rendas de um álcool-estado durante séculos, decidiu, em 1914, proibir a vodca.

A terceira, e mais importante, é a raiz americana do proibicionismo puritano evangelicalista que, desde o início do século XIX, alterou a dogmática cristã mais tradicional para abdicar do vinho não só na eucaristia como em toda a vida social.

O movimento abstinentista evangélico, de forte origem metodista, mas generalizado para diversas outras denominações teria sido apenas um fenômeno curioso do puritanismo, com sua abdicação de todos os prazeres e prática de castidade, jejum e recusa a qualquer alterador de consciência, sejam as bebidas alcoólicas, o café, o chá, o chocolate, e mesmo os temperos, as guloseimas, assim como o consumo das carnes, caso ele não houvesse se tornado o lobby mais importante da história política estadunidense, chegando à grande vitória da aprovação da lei federal da Proibição de todas as bebidas alcoólicas, após várias aprovações locais e estaduais.[3]

O álcool foi proibido de ser fabricado e comercializado, mas não de ser consumido. No interior do lar, era possível consumir os estoques acumulados. Mas a produção, mesmo caseira, era proibida e, assim, só o contrabando e a produção clandestina passaram a abastecer a sede por álcool que nenhuma lei conseguiu aplacar.

O sistema policial criado para impor a proibição se tornou um setor específico, desvinculado do serviço público e altamente corrompido. As destilarias e cervejarias e seus estoques foram compradas ou dominadas por grupos do crime organizado. Cresceu a violência, o crime, o aprisionamento e, acima de tudo, aumentou o número de vítimas de álcool contaminado com metanol.

O fim da proibição do álcool, o "maior experimento social da história", nas palavras do presidente Calvin Coolidge, foi substituído por outro experimento ainda maior: a proibição global de certas drogas, incluindo as três plantas psicoativas mais tradicionais do mundo: a *Coca*, a *Cannabis* e a *Papaver somniferum*. Cocaína, maconha e opiáceos se tornaram os objetos do dispositivo proibicionista global contemporâneo.

Sob os pretextos raciais, xenofóbicos e eugenistas se obteve um maior disciplinamento da força de trabalho, um maior poder de controle e vigilância policial, uma esfera de rentabilidades hipertrofiadas por valores agregados pela própria proibição ao mercado ilícito, um bode expiatório conveniente para concentrar os mal-estares sociais e um

---

3 Lei Seca, também conhecida como "O Nobre Experimento", caracteriza o período de 1920 a 1933 durante o qual a fabricação, transporte e venda de bebidas alcoólicas para consumo foram banidas nacionalmente, como estipulou a 18ª emenda da Constituição dos Estados Unidos. A medida só seria revogada no governo de Franklin Roosevelt.

meio eficiente para estigmatização e pânico moral em relação aos pobres, estrangeiros, dissidentes e boêmios.

Esse sistema continua vigente, embora em crise. O paradigma proibicionista é corroído pelas legalizações da maconha obtidas no interior do próprio Estados Unidos, além de outros países, destacadamente o Uruguai. Por outro lado, fundamentalistas islâmicos sunitas ou xiitas, evangélicos ou cristãos ortodoxos e neo-stalinistas formam hoje o bloco reacionário da Arábia Saudita, Irã, Rússia, China, Japão e do próprio EUA que defende a vigência dos tratados internacionais proibicionistas que serão rediscutidos na Sessão Especial da assembleia geral da ONU, prevista para o primeiro semestre de 2016.

Diversos argumentos, desde o da redução de danos em relação aos usos abusivos, até o da cessação dos males da violência e do aprisionamento em massa de camadas oprimidas, além das vantagens da normatização mercantil com arrecadação de tributos e controles sanitários da qualidade, dosificação e pureza dos produtos, são esgrimidos no debate público sobre a política de drogas a favor de sua legalização.

Há, no entanto, um aspecto central, do ponto de vista ético e filosófico, que permanece pouco presente e que me parece necessário ressaltar. É o argumento da autonomia e da liberdade de si. Uma autodeterminação psicossomática deve dizer respeito às fronteiras do corpo, da volição e da ingestão.

É preciso literalmente que nos desamarrem os pés, nos desimpeçam de poder decidir sobre nossos próprios corpos. Como cuidar, como curar, como comer, como beber, como se consolar, como se alegrar, como viver e como morrer deveria ser domínio de um espaço de decisão pessoal íntima e inviolável.

O republicanismo pressupõe o direito de escolha popular como princípio da soberania do Estado, e assim, pressupõe também a autonomia sobre si, como esfera de opinião e de decisão corporal. O que se come, se bebe ou se veste é tão importante para a decisão pessoal como o que se pensa, o que se lê, o que se escreve e o que se pública. A esfera de uma expressão pessoal é, antes de tudo, a afirmação dos direitos individuais de soberania sobre si.

Distante tanto da corte como da vida doméstica e familiar, surgiu na época moderna um espaço de interação social relativamente mais igualitário e voltado para um exercício da circulação das informações e das opiniões. Esse espaço, identificado por J. Habermas, como o da *esfera pública* (Öffenlichkeit), se estabeleceu em torno do consumo em comum de drogas psicoativas em locais especializados para isso como os cafés, as tavernas, os salões.

As restrições proibicionistas aos consumos dos psicoativos não se assemelham às antigas leis suntuárias, mas muito mais aos tabus religiosos sobre os alimentos.

Esses alimentos da alma que são os psicofármacos passaram a ser objeto de controle estamental monopolizado. O direito não só à cura, mas ao cuidado, se torna uma reserva corporativa de mercado da medicina, e assim os arsenais do consolo e do combate à dor se transferem de alçadas sacerdotais para poderes farmacráticos.

O proibicionismo tem em si uma natureza anti-republicana, é um despotismo sobre os direitos de escolha fundamentais, aqueles que dizem respeito a si próprio. Uma soberania de si diz respeito à gestão das ingestões que nutrem o corpo e a alma em sua psicossomática dimensão de uma equação tóxica entre uma molécula e as expectativas placebo de resultado do indivíduo, somadas às simbolizações sociais.

Submeter esta relação entre o real molecular, o imaginário psicológico e o simbolismo social a uma polícia de conduta é querer policiar o próprio corpo, monitorar seus trânsitos intradérmicos e estabelecer interditos coercivos de comportamentos e estilos de vida.

Essa coerção, fundada pelo puritanismo ianque, associada ao despotismo tártaro manchu e tornada doutrina oficial do eugenismo industrialista fordista fascista erigido em biopoder global, se tornou uma megaindústria de acumulação financeira hipertrofiada, lucro mercantil exorbitante, máquina repressiva bilionária, despesas de endoregulação disfuncional com aprisionamento privatizado e burocracias policiais e jurídicas multiplicadas.

A disfuncionalidade endoregulativa do sistema proibicionista se tornou cataclísmica na geração de um politráfico acentuado e violento e zonas cinzentas de ilegalidade que trazem o descrédito a todo o edifício do sistema legal. Essas foram as mesmas razões que John D. Rockfeller Jr. manifestou em 1932 numa carta aberta sobre a necessidade da revogação da proibição do álcool. Hoje, amplos setores do sistema político global se dão conta da irracionalidade da proibição e proclamam a necessidade de sua reforma. Os clamores sociais, no entanto, não parecem dispostos a aguardar as reuniões das burocracias da diplomacia internacional e, na prática, o principal país signatário dos tratados proibicionistas já legalizou a maconha em metade dos seus estados.

A proibição vive o impasse do momento de inflexão, estamos no meio do ponto de clivagem entre uma época e outra, os fundamentos políticos, morais e científicos da proibição já desabaram, mas subsiste a sua funcionalidade central: produzir hipertrofia de lucros associada à hipertrofia de mecanismos de controle e coerção social.

As transições, por vezes, são demoradas. Não sabemos o ponto em que estamos, mas é certo que o despotismo proibicionista vai se tornar um anacronismo, a menos que o mundo caminhe de novo para uma barbárie totalitária. O fundamento de qualquer conceito de democracia exige se incorporar os direitos da autodeterminação sobre si, da autonomia psicoativa e psiconáutica.

Por que se pode comer carne de porco e não se pode comer ópio? Por que se pode fumar tabaco e não maconha? Por que não se come farinha de coca fora dos Andes, nem noz de cola fora da África equatorial, mas se toma coca-cola no mundo todo?

O critério laico sobre as ingestões deve ser considerá-las todas como legítimas conforme o gosto e a vontade de cada um.

Voluntariamente, tudo deve ser admissível, em tese, de ser consumível, inclusive os venenos, que são doses excessivas dos remédios. O ópio, por exemplo, além de melhor remédio disponível sempre foi também um eutanásico clássico. O que é inadmissível é sermos proibidos de exercer nosso direito de escolha no campo dos alimentos e dos medicamentos, mas sermos, ao mesmo tempo, impingidos involuntariamente com uma enorme lista de venenos que vão dos pesticidas aos metais pesados, do ar contaminado por derivados de carbono, ao plástico disseminado pelos mares. Das abelhas aos humanos, os efeitos de toxicidade ambiental aumentam.

O único critério de uma política pública sobre os produtos de consumo básicos deveria ser o da garantia do seu abastecimento conforme a demanda, inclusive com empresas estatais e a regulação dos seus preços de forma a também garantir o acesso, monitorar a qualidade e verificar a não adulteração do que é oferecido. Isso se aplica ao arroz, ao feijão, assim como ao café e à maconha. À cerveja, ao vinho e aos destilados. Aos remédios básicos e à cesta básica.

Os mercados de drogas são fortemente oligopolizados e forma grandes mercadorias na constituição do sistema-mundo colonial moderno. Hoje em dia, seus oligopólios controlam ramos poderosos da economia e possuem enorme influência política. A maior empresa brasileira, por exemplo, é a produtora de cerveja Ambev. A presença estatal é fundamental para limitar a voragem do domínio oligopólico do mercado. Isso já ocorre em muitos países. O álcool é estatal na Escandinávia, no Canadá, e em diversos estados dos EUA. O tabaco já foi estatal na França, na Espanha e no Japão.

Os circuitos de auto-produção, escambo, cooperativas, economia solidária, rede de varejistas, parafernálias e culturas de consumo devem ser estimulados, seja entre cervejeiros, vinicultores ou cultivadores de maconha, mas a cadeia produtiva industrial da grande produção e venda atacadista, tende objetivamente a ser dominada pelo grande capital, seja no mercado legal e, ainda mais, no âmbito do proibicionismo e do mercado clandestino. Entre os seus mecanismos mais insidiosos e eficientes está a propaganda que nasceu fortemente vinculada às drogas, bebidas e alimentos. Uma restrição muito estrita da publicidade sobre drogas também é um mecanismo indispensável de regulação estatal necessária.

O debate público sobre o proibicionismo será cada vez mais substituído por um debate regulacionista. A proibição fracassou, vai se tratar agora de deliberar como superá-la. Isso tem enormes consequências sociais, econômicas e culturais. A ação dos próprios usuários como agentes de um consumo que querem poder controlar tem se tornado um fator político relevante. O movimento antiproibicionista, cuja definição negativa permite reunir diversas positividades, se verá diante dos desafios da regulação, do regime de propriedade, da educação verdadeiramente temperante, ou seja, de cultivo de uma moderação que seja também moderada, e da diversidade de interesses diversos. Será um novo período histórico quando superarmos o paradigma proibicionista e se afirmar como um direito a ideia de que o que alguém leva à boca ou ao nariz ou a qualquer outro orifício do seu corpo por sua própria, bem-informada e determinada deliberação é algo que diz respeito, antes de tudo, ao próprio sujeito dessa ação.

# Alternativas à "Guerra às drogas"

*Maria Lúcia Karam*
Juíza de Direito (aposentada), Membro da Diretoria da Law Enforcement Against Prohibiton (LEAP)
Presidente da LEAP BRASIL

## *I- A proibição e a "guerra às drogas": violação a direitos fundamentais, fracassos e danos.*

Materializando-se na criminalização de condutas massivamente praticadas em todo o mundo; envolvendo hábitos cujas raízes remontam às origens da própria história da humanidade; contendo elementos permeáveis a campanhas moralizantes e à criação de fantasias e mistérios, a produção, o comércio e o consumo das selecionadas drogas, que, com a proibição, se tornaram ilícitas, tem servido como o principal instrumento de expansão do poder punitivo desde as últimas décadas do século XX, quando se intensificou a repressão aos produtores, comerciantes e consumidores das substâncias proibidas. Iniciada a proibição em âmbito mundial no início daquele século, foi nos anos 1970 que se introduziu a política de "guerra às drogas", formalmente declarada pelo ex-presidente norte-americano Richard Nixon, nos Estados Unidos da América, em 1971, e logo se espalhando pelo mundo.

Expressando-se, desde então, sem subterfúgios nessa política de "guerra às drogas", a proibição explicitamente associa o sistema penal às ideias de "combate" e de "guerra", construindo a moldura bélica que dá a tônica da expandida atuação do poder punitivo nas sociedades contemporâneas e das consequentes violações a direitos fundamentais decerto inseparáveis da própria ideia de guerra.

Com efeito, a proibição e sua política de "guerra às drogas", imposta nos vigentes dispositivos criminalizadores das convenções da Organização das Nações Unidas (ONU)[4] e leis internas dos mais diversos Estados nacionais, como a brasileira Lei 11343/2006, é, hoje, a maior fonte de violações a princípios assegurados em normas inscritas nas declarações internacionais de direitos humanos e nas constituições democráticas.

Os dispositivos criminalizadores que institucionalizam a proibição e sua política de "guerra às drogas" partem de uma distinção arbitrariamente feita entre substâncias psicoativas tornadas ilícitas (como a maconha, a cocaína, a heroína, etc.) e outras substâncias da mesma natureza que permanecem lícitas (como o álcool, o tabaco, a cafeína, etc.). Não há qualquer peculiaridade ou qualquer diferença relevante entre as arbitrariamente selecionadas drogas tornadas ilícitas e as demais drogas que permanecem lícitas. Todas são substâncias que provocam alterações no psiquismo, podendo gerar dependência e causar doenças físicas e mentais. Todas são potencialmente perigosas e viciantes. Todas são drogas.

Tornando ilícitas algumas dessas drogas e mantendo outras na legalidade, as convenções internacionais e leis nacionais, como a brasileira Lei 11343/2006, introduzem assim uma arbitrária diferenciação entre as condutas de produtores, comerciantes e consumidores de umas e outras substâncias: umas constituem crime e outras são perfeitamente lícitas; produtores, comerciantes e consumidores de certas drogas

---

4 São três as convenções da ONU sobre a matéria, vigentes e complementares: a Convenção Única sobre entorpecentes de 1961, que revogou as convenções anteriores e foi revista através de um protocolo de 1972; o Convênio sobre substâncias psicotrópicas de 1971; e a Convenção das Nações Unidas contra o tráfico ilícito de entorpecentes e substâncias psicotrópicas de 1988 (Convenção de Viena).

são "criminosos", enquanto produtores, comerciantes e consumidores de outras drogas agem em plena legalidade. Esse tratamento diferenciado a condutas essencialmente iguais é inteiramente incompatível com o princípio da isonomia, que determina que todos são iguais perante a lei, não se podendo tratar desigualmente pessoas em igual situação.

Não bastasse essa manifesta violação à isonomia, as convenções internacionais e leis nacionais criam crimes sem vítimas, ao proibir a mera posse das arbitrariamente selecionadas drogas tornadas ilícitas e sua negociação entre adultos, assim violando a exigência de ofensividade da conduta proibida. Conforme princípios inscritos nas declarações internacionais de direitos humanos e nas constituições democráticas, a criminalização de qualquer conduta deve sempre se referir a uma ofensa relevante a um bem jurídico alheio, ou à exposição deste a um perigo de lesão concreto, direto e imediato, nisso consistindo a exigência de ofensividade da conduta proibida. Essa exigência, derivada do próprio princípio da legalidade, significa que uma conduta só pode ser proibida se for capaz de causar dano ou perigo concreto de dano a um bem jurídico de um terceiro, isto é, quando impede a possibilidade desse terceiro, titular do bem jurídico, usar ou se servir (isto é, dispor) do objeto concreto relacionado ao bem jurídico (tais como a vida, a saúde, o patrimônio, etc.).

Em uma democracia, o Estado não está, portanto, autorizado a intervir em condutas que não envolvem um risco concreto, direto e imediato para terceiros, não estando assim autorizado a criminalizar a posse para uso pessoal de drogas, que, equivalente a um mero perigo de autolesão, não afeta qualquer bem jurídico individualizável. Também não está o Estado autorizado a intervir quando o responsável pela conduta age de acordo com a vontade do titular do bem jurídico, não estando assim autorizado a criminalizar a venda ou qualquer outra forma de fornecimento de drogas para um adulto que quer adquiri-las, conduta que, tendo o consentimento do suposto ofendido, tampouco tem potencialidade para afetar concretamente qualquer bem jurídico individualizável.

A proibição de uma conduta teoricamente lesiva de um direito de um indivíduo não pode servir, ainda que indiretamente, para tolher a liberdade desse mesmo indivíduo que a lei diz querer proteger. Intervenções do Estado supostamente dirigidas à proteção de um direito contra a vontade do indivíduo que é seu titular contrariam a própria ideia de democracia, pois excluem a capacidade de escolha na qual esta ideia se baseia. Enquanto não atinja concreta, direta e imediatamente um direito alheio, o indivíduo é e deve ser livre para pensar, dizer e fazer o que bem quiser. Essa afirmação, que reproduz o conteúdo do princípio das liberdades iguais, é uma conquista histórica da humanidade, proclamada nos ideais das revoluções francesa e americana do século XVIII.

As ilegítimas regras que criminalizam a produção, o comércio e o consumo das arbitrariamente selecionadas drogas tornadas ilícitas ainda se mostram inadequadas para atingir o objetivo declarado a que se propõem, isto é, a eliminação ou pelo menos a redução da disponibilidade das substâncias proibidas.

O fracasso da proibição na consecução de tal objetivo é evidente. Passados 100 anos de proibição, com seus mais de 40 anos de "guerra às drogas", não houve nenhuma redução significativa na disponibilidade das substâncias proibidas. Ao contrário, as arbitrariamente selecionadas drogas tornadas ilícitas foram se tornando mais baratas, mais potentes, mais diversificadas e muito mais acessíveis do que eram antes de serem proibidas e de seus produtores, comerciantes e consumidores serem combatidos como "inimigos".

Não bastassem, pois, as originárias violações ao princípio da isonomia e à exigência de ofensividade da conduta proibida, a insistência na aplicação das ilegítimas regras criminalizadoras da produção, do comércio e do consumo das arbitrariamente selecionadas drogas tornadas ilícitas ainda se revela contrária ao postulado da proporcionalidade, já na consideração do primeiro de seus requisitos – a adequação, a exigir que quaisquer medidas interventivas do Estado que restrinjam a liberdade dos indivíduos se mostrem aptas a atingir o objetivo pretendido.

Mas, mais do que a inaptidão para atingir o objetivo de eliminar ou pelo menos reduzir a circulação das arbitrariamente selecionadas drogas tornadas ilícitas, a proibição acrescenta danos muito mais graves aos riscos e aos danos que podem ser causados pelas drogas em si mesmas.

O mais evidente e dramático desses danos é a violência, resultado lógico de uma política fundada na guerra. Não são as drogas que causam violência. O que causa violência é a proibição. A produção e o comércio de drogas não são atividades violentas em si mesmas. Causa violênciaa ilegalidade que produz e insere no mercado empresas criminalizadas, simultaneamente trazendo a violência como um subproduto de suas atividades econômicas.

Não há pessoas fortemente armadas, trocando tiros nas ruas, junto às fábricas de cerveja, ou junto aos postos de venda dessa e outras bebidas. Mas isso já aconteceu. Foi nos Estados Unidos da América, entre 1920 e 1933, quando lá existiu a proibição do álcool. Naquela época, Al Capone e outros *gangsters* estavam nas ruas trocando tiros. Hoje, não há violência na produção e no comércio do álcool. Por que seria diferente na produção e no comércio de maconha ou de cocaína? A resposta é óbvia: a diferença está na proibição. Só existem armas e violência na produção e no comércio de maconha, de cocaína e das demais drogas tornadas ilícitas porque o mercado é ilegal.

As convenções internacionais e leis nacionais que discriminatoriamente proíbem condutas de produtores, comerciantes e consumidores das arbitrariamente selecionadas drogas tornadas ilícitas ilegitimamente criam "crimes sem vítimas", mas a proibição e sua guerra, como quaisquer outras guerras, são letais. A "guerra às drogas" mata muito mais do que as drogas.

No México, por exemplo, a partir de dezembro de 2006, a "guerra às drogas" foi intensificada, inclusive com a utilização das Forças Armadas na repressão aos chamados "cartéis". Desde então, as estimativas são de mais de 70.000 mortes relacionadas à proibição.[5] A taxa de homicídios dolosos no México no período de 2000 a 2006 se mantinha em torno de 9 a 10 homicídios por cem mil habitantes. Em 2009 chegou a 17 e em 2011 a 22,8 homicídios por cem mil habitantes.[6]

No Brasil, a taxa de homicídios é ainda superior à do México – aproximadamente 26 homicídios por cem mil habitantes.[7] Grande parte desses homicídios está relacionada aos conflitos estabelecidos nas disputas pelo mercado posto na ilegalidade. Grande parte desses homicídios está relacionada à nociva e sanguinária política baseada na guerra.

Produzindo demasiada violência e demasiadas mortes, a "guerra às drogas" traz ainda de volta ao cenário latino-americano a cruel e trágica prática corrente nas ditaduras do século XX, consistente no desaparecimento forçado de pessoas. Não foi apenas o Amarildo de Souza, morador da favela da Rocinha, no Rio de Janeiro, que desapareceu em meio à "guerra às drogas". Há muitas outras pessoas desapa-

---

5 Veja-se matéria do *The Observer* (08/08/ 2010), quando as mortes no México ainda estavam no patamar de 28.000. No início de 2012, o patamar subira para 50.000 mortes: *The Washington Post* (02/01/2012). Em 2013, já se falava em 70.000 mortes: *International Herald Tribune* (08/03/2013). A precariedade das informações conduz a que esses números se refiram a estimativas, podendo, na realidade, ser ainda maior o número de mortes.

6 Fonte: UNODC (2013).

7 Fonte: Instituto Sangari (2012).

recidas no Brasil, seja pela ação das forças repressivas, seja pela ação dos chamados "traficantes". Os 43 estudantes desaparecidos em Iguala, estado de Guerrero, tampouco são os únicos mexicanos desaparecidos. Estima-se que 25.000 pessoas desapareceram no México entre 2006 e 2012, em meio à versão mexicana da mesma sanguinária "guerra às drogas".[8]

De um lado, policiais são autorizados, ensinados, adestrados e estimulados, formal ou informalmente, a praticar a violência contra os "inimigos" personificados nos "traficantes". O "inimigo" é o "perigoso", a "não pessoa", o desprovido dos direitos reconhecidos apenas aos que se autointitulam "cidadãos de bem". Como se espantar ou se indignar quando policiais cumprem o papel que lhes foi designado por esses "cidadãos de bem"? Quem atua em uma guerra, quem é encarregado de "combater" o "inimigo", deve eliminá-lo. Jogados no front dessa insana, nociva e sanguinária guerra, policiais matam, mas também têm seu sangue derramado. Do outro lado, os ditos "inimigos" desempenham esse papel que lhes foi reservado. Também são ensinados, adestrados e estimulados a serem cruéis. Empunhando metralhadoras, fuzis, granadas e outros instrumentos mortíferos disponibilizados pela guerra incentivadora da corrida armamentista, matam e morrem, envolvidos pela violência causada pela ilegalidade imposta ao mercado onde atuam.

As mortes de policiais, as mortes de "traficantes", assim como as mortes de outras pessoas pegas no fogo cruzado, são faces de uma mesma moeda: a insana, nociva e sanguinária política de "guerra às drogas".

A "guerra às drogas" não é propriamente uma guerra contra drogas. Não se trata de uma guerra contra coisas. Como quaisquer outras guerras, é sim uma guerra contra pessoas – os produtores, comerciantes e consumidores das substâncias

8 Leia em matéria do *The Washington Post* (29/11/2012).

proibidas. Mas não exatamente todos eles. Os alvos preferenciais da "guerra às drogas" são os mais vulneráveis dentre esses produtores, comerciantes e consumidores das substâncias proibidas. Os "inimigos" nessa guerra são os pobres, os marginalizados, não-brancos, desprovidos de poder.

Após a declaração de "guerra às drogas", o número de pessoas encarceradas nos Estados Unidos da América por crimes relacionados a drogas aumentou em mais de 2.000%. Em duas décadas, entre 1980 e 2000, o número de presos norte-americanos passou de cerca de 300.000 para mais de 2 milhões, o que fez a antiga "*land of the free*" se transformar no país com a maior população carcerária do mundo. Mas nos cárceres dos Estados Unidos da América, sua população não está representada de maneira uniforme. A taxa de encarceramento nos Estados Unidos da América é de 716 presos por 100 mil habitantes, mas quando se consideram apenas os homens afro-americanos, essa taxa sobe para cerca de 4.700 presos por 100 mil habitantes.[9] O encarceramento massivo de afro-americanos nos Estados Unidos da América nitidamente revela o alvo e a função da "guerra às drogas" naquele país: perpetuar a discriminação e a marginalização fundadas na cor da pele, anteriormente exercitadas de forma mais explícita com a escravidão e o sistema de segregação racial conhecido como Jim Crow.

O alvo preferencial da "guerra às drogas" brasileira também é claro: os mortos e os sobreviventes presos nessa guerra – os "inimigos" – são os "traficantes" das favelas e aqueles que, pobres, não-brancos, marginalizados, desprovidos de poder, a eles se assemelham.

Além de provocar violência, mortes e discriminação, ao tomar a irracional decisão de enfrentar um problema de saúde com o sistema penal, o Estado agrava esse próprio problema de saúde. A proibição causa maiores riscos e danos à

---

9 Fonte: Bureau of Justice Statistics, US Department of Justice.

mesma saúde que enganosamente anuncia pretender proteger: entrega o mercado a agentes econômicos que, atuando na clandestinidade, não estão sujeitos a qualquer limitação reguladora de suas atividades; impede a fiscalização da qualidade das substâncias produzidas e comercializadas; estimula o consumo descuidado e não higiênico; constrói preconceitos desinformadores e obstáculos às ações sanitárias; dificulta a assistência e o tratamento eventualmente necessários, seja impondo internações compulsórias, que, além de reconhecidamente ineficazes, violam direitos fundamentais, seja inibindo a busca voluntária de assistência e tratamento, muitas vezes com trágicas consequências, como em episódios de *overdose* em que o medo da revelação da prática de uma conduta tida como ilícita paralisa os companheiros de quem a sofre, impedindo a busca do socorro imediato. A proibição ainda cria a atração do proibido, acabando por incentivar o consumo especialmente por parte de adolescentes.

A proibição e sua insana, nociva e sanguinária política de "guerra às drogas" provocam e/ou agravam danos ambientais. São danos diretos, com a erradicação manual das plantas proibidas e, ainda pior, com as fumigações aéreas de herbicidas sobre áreas cultivadas, como ocorreu na região andina, especialmente com o Plano Colômbia. Há ainda os danos indiretos, na medida em que a erradicação manual ou química não só provoca o desflorestamento das áreas atingidas, como as multiplica, levando os produtores a desflorestar novas áreas para o cultivo, geralmente em ecossistemas ainda mais frágeis. Além disso, como acontece na comercialização dos produtos proibidos, também no que se refere à produção na clandestinidade, provocada pela proibição, impede qualquer controle ou regulação, o que naturalmente eleva os riscos e danos ambientais. Agindo na ilegalidade, produtores das substâncias proibidas, além de terem de evitar maior exposição à repressão, não estão submetidos a quaisquer restrições, despejando os resíduos tóxicos nos lugares que lhes forem mais convenientes, sem qualquer atenção para com o ambiente.

A amplitude do mercado posto na ilegalidade faz da produção e do comércio das arbitrariamente selecionadas drogas tornadas ilícitas a principal oportunidade de lucro vindo de negócios ilícitos e, consequentemente, o maior incentivo à corrupção de agentes estatais. São bilhões de dólares em circulação. A Organização das Nações Unidas (ONU) estimou o valor desse mercado em US$ 320 bilhões no ano de 2003.[10] Assim como a violência, a corrupção também é um acompanhante necessário das atividades econômicas que se realizam no mercado posto na ilegalidade.

Vulneráveis à corrupção e, além disso, colocados no *front* da repressão equiparada à guerra, policiais se expõem cada vez mais a práticas ilegais e violentas e a sistemáticas violações de direitos humanos. Como aponta o Inspetor Francisco Chao, porta-voz da LEAP e integrante da Polícia Civil do Estado do Rio de Janeiro, "essa guerra, mais do que a nossa força laborativa, sacrificada em investigações ou operações policiais, mais do que o risco de vida, mais do que as vidas dos que tombaram pelo caminho, está deturpando nossos princípios e valores mais elementares".[11]

A missão original da polícia de promover a paz e a harmonia assim se perde e sua imagem se deteriora. Naturalmente, os policiais não são nem os únicos corrompidos, nem os principais responsáveis pela violência produzida pelo sistema penal na "guerra às drogas", mas são eles os preferencialmente alcançados por um estigma semelhante ao que recai sobre os selecionados para cumprir o aparentemente oposto papel do "criminoso". Juízes, promotores, políticos,

10 Fonte: UNODC (2012).

11 CHAO, F (2011).

legisladores, integrantes das camadas privilegiadas da população, se veem e são vistos como superiores, respeitáveis, por isso, com raríssimas exceções, são praticamente intocáveis.

### *II- O fim da proibição e sua substituição por um sistema de legalização, regulação e controle de todas as drogas.*

É preciso promover uma profunda reforma das convenções internacionais e das legislações internas, para pôr fim à ilegítima, insana, nociva e sanguinária política de "guerra às drogas", que, além de não funcionar em sua inviável pretensão de salvar as pessoas de si mesmas, produz demasiada violência, demasiadas mortes, demasiadas prisões, demasiadas doenças, demasiada corrupção, demasiadas discriminações, demasiada opressão, demasiadas violações a direitos humanos fundamentais.

É preciso legalizar e consequentemente regular e controlar a produção, o comércio e o consumo de todas as drogas.

Não basta descriminalizar a posse para uso pessoal ou legalizar apenas uma ou outra substância considerada mais "leve", como a maconha. Tais reformas parciais, já concretizadas em alguns países, com a legalização da produção, do comércio e do consumo de maconha no Uruguai e alguns estados norte-americanos, como Colorado, Washington, Oregon e Alaska, e a descriminalização da posse para uso pessoal de todas as drogas em Portugal, constituem passos significativos, mas insuficientes. Essas reformas parciais ainda se situam no âmbito da ilegítima, inadequada, falida e danosa proibição.

A mera descriminalização da posse para uso pessoal mantém a ilegalidade do mercado e o monopólio criminalizado da produção, do comércio e dos lucros, assim deixando intocadas as consequências mais danosas da proibição e de sua política de "guerra às drogas", isto é, a violência; as mortes; o encarceramento massivo; a corrupção; a falta de controle e impossibilidade de regulação e assim o aumento dos riscos e danos à saúde; o racismo e outras discriminações; a humilhação e a submissão impostas aos pobres, marginalizados e desprovidos de poder; a adoção do paradigma da guerra pelo sistema penal com sua criação de "inimigos"; a violação a princípios garantidores consagrados em normas inscritas nas declarações internacionais de direitos e constituições democráticas. Não é apenas a criminalização da posse para uso pessoal das arbitrariamente selecionadas drogas tornadas ilícitas que viola direitos fundamentais. Tão ilegítima quanto a criminalização da posse para uso pessoal é a criminalização da produção e do comércio das substâncias proibidas, que igualmente viola normas inscritas nas declarações internacionais de direitos e nas constituições democráticas, a começar do próprio princípio da isonomia, como antes aqui apontado.

A mera legalização da produção, do comércio e do consumo de maconha, além de reproduzir a arbitrária e discriminatória diferenciação entre drogas lícitas e ilícitas, que está na base da proibição e sua política de "guerra às drogas", despreza o fato de que quanto mais perigosa uma droga em seus efeitos primários (efeitos derivados de sua própria composição), maior a necessidade da legalização. Como já assinalado, todas as drogas, lícitas ou ilícitas, são potencialmente perigosas e viciantes. Seus efeitos mais ou menos danosos dependem, em grande parte, da forma como quem as usa se relaciona com elas. Não existem drogas "boas" ou "más", mas apenas formas mais ou menos saudáveis ou mais ou menos danosas de usá-las. Mas certamente há drogas mais e menos potentes em seus efeitos primários e que assim podem ser consideradas mais ou menos perigosas. Embora tendo uma mesma natureza ou uma mesma essência, cada droga (não importa se lícita ou ilícita) tem características e efeitos primários diferenciados, o que acontece também dentro de uma mesma espécie de droga (pense no álcool: as características e os efeitos primários do uísque, do vinho ou da cerveja são, certamente, bem diferentes entre si). Nesse sentido, quanto mais perigosa uma droga, maiores razões para que seja legalizada, pois maior a necessidade de controlar e regular sua produção, seu comércio e seu consumo. E controle e regulação só existem em um ambiente de legalidade. Não há como controlar ou regular algo que é ilegal. É preciso que a produção, o comércio e o consumo de todas as drogas venham para a luz do dia, para assim se submeterem ao controle e a regulação.

Legalizar não significa permissividade ou "liberação geral", como insinuam os enganosos discursos dos arautos da ilegítima, falida e danosa proibição. Ao contrário. A legalização significa o fim do mercado clandestino e, assim, o começo de um sistema de regulação de todas as drogas. Legalizar significa exatamente regular e controlar, o que hoje não acontece, pois, um mercado ilegal é necessariamente desregulado e descontrolado. Legalizar significa pôr fim ao "tráfico", afastando do mercado os descontrolados agentes que agem na clandestinidade e devolvendo ao Estado o poder de regular, limitar, controlar, fiscalizar e taxar a produção, o comércio e o consumo dessas substâncias, da mesma forma que o faz em relação às drogas já lícitas, como o álcool e o tabaco.

A regulação, consequente à legalização da produção, do comércio e do consumo de todas as drogas, não deve ser imposta uniformemente, devendo sim ser discutida e ajustada pelos diversos Estados nacionais, de acordo com suas particulares opções econômicas e políticas e situações sociais e culturais, diferentemente do que autoritariamente preconizam as proibicionistas convenções da ONU ainda vigentes, fundadas no modelo de "tamanho único" (*one size fits all*) e no discurso de "voz unificada", modelo e discurso que se afastam do necessário reconhecimento e respeito a particularidades, autonomias e diversificação de opiniões e vozes, que são parte indissociável da ideia de democracia.[12]

Tampouco deve existir um modelo único para todas as substâncias, devendo sim ser levadas em conta as características específicas de cada uma delas. As opções de controle e a regulamentação, tornadas possíveis com o fim da ilegítima, falida e danosa proibição, poderão variar de acordo com as diferentes características e efeitos primários de cada uma delas. Um determinado conjunto de regulamentações e controle para uma substância pode não ser a regulamentação e o controle adequados e suficientes para outra substância, devendo sim ser consideradas diferentes modalidades de regulação. Certamente, hão de ser também levadas em conta tradições culturais e hábitos de cada grupo de consumidores, o que faz das opções locais de controle (formal e informal) a melhor forma de regulamentação.

Limitações reguladoras podem ser visualizadas, com clareza, no próprio âmbito das drogas já lícitas, bastando pensar nas diversas restrições legais a que estão submetidos a produção, o comércio e o consumo de tais substâncias psicoativas. Por exemplo: as diferentes modalidades de regulação e controle das bebidas alcoólicas e do tabaco; o modelo que opera com a iniciativa privada, aprovado nos referendos que culminaram na legalização da produção, do comércio e do consumo de maconha nos quatro estados norte-america-

---

12 A Law Enforcement Against Prohibition (LEAP) elaborou um modelo de emenda às vigentes convenções proibicionistas da ONU, que, pondo fim à proibição e rompendo com a arbitrária distinção entre drogas lícitas e ilícitas, garantiria também a autonomia de cada Estado nacional para definir um modelo baseado em mercados regulados, programas inovadores, cooperação internacional e regulação e controle nacionais e voluntários de todas as substâncias psicoativas. Ver Law Enforcement Against Prohibition (2014).

nos antes mencionados; o modelo estatizante adotado pelo governo do Uruguai também em relação à maconha.

Com efeito, a regulamentação, o controle e a fiscalização das substâncias a serem legalizadas, inclusive no que diz respeito à sua qualidade, devem seguir linha similar à já praticada na regulamentação, controle e fiscalização da produção e do comércio de medicamentos e suas substâncias ativas, bebidas (alcoólicas ou não), cigarros e outros produtos derivados do tabaco, alimentos e quaisquer outros bens e produtos que eventualmente envolvam risco à saúde.

Medicamentos, bebidas alcoólicas, cigarros e outros produtos derivados do tabaco, em diversos Estados nacionais, sofrem restrições à sua propaganda, à distribuição gratuita ou à comercialização em determinados lugares (por exemplo, em estabelecimentos de ensino e de saúde), geralmente devendo trazer em suas próprias embalagens advertências sobre o risco que causam à saúde. Essas medidas, naturalmente, podem e devem ser aplicadas às substâncias a serem legalizadas.

Formas de responsabilização podem recair sobre produtores e comerciantes de mercadorias potencialmente nocivas à saúde de seus consumidores. Por exemplo, criando-se uma obrigação específica de contribuir para o custeio do sistema de saúde pública, mantendo-se, porém, o equilíbrio na taxação, já que impostos e/ou outras obrigações tributárias excessivas acabam por incentivar, seja a sonegação fiscal, seja a criação e o desenvolvimento de um mercado ilegal paralelo.

No que concerne ao consumo, há bons exemplos em leis que vedam o uso de cigarros e outros produtos derivados do tabaco em recintos coletivos fechados, assim evitando efeitos eventualmente danosos ou indesejáveis para terceiros, e, ao mesmo tempo, respeitando a opção individual, com a reserva de área, devidamente isolada e com arejamento conveniente, destinada exclusivamente ao fim de uso daquelas substâncias psicoativas.

Remarque-se que, em determinadas hipóteses de consumo abusivo de drogas já lícitas, o controle social formal se faz através da própria intervenção do sistema penal (embora decerto não seja esta a melhor forma de controle), sem que isto afete a legalidade da produção, do comércio ou do consumo não abusivo daquelas substâncias psicoativas, como acontece com leis criminalizadoras da conduta de quem dirige veículo, em via pública, sob a influência de álcool, expondo perigo a incolumidade de terceiros.

No caso de drogas cujos efeitos primários podem ser mais potentes e danosos, como o crack, há muito que se aprender com as experiências de fornecimento supervisionado e gratuito de heroína, desenvolvidas pioneiramente na Suíça e presentes em outros países como a Holanda, a Alemanha e a Dinamarca. Nas chamadas salas de consumo seguro, usuários de heroína podem entrar e injetar a droga, com seringas limpas, sob a supervisão de médicos e/ou enfermeiros. Lá também se fazem presentes assistentes sociais, educadores e especialistas em mercado de trabalho, tentando ajudar seus clientes a deixarem a heroína e construindo uma relação de confiança com eles. Os resultados constatados na pioneira experiência suíça foram a inocorrência de qualquer morte por *overdose*, a menor taxa per capita de AIDS e hepatites dentre todos os países da Europa, e até mesmo o declínio no número de novos usuários em heroína.[13]

É nessas linhas já atuantes que podem e devem ser visualizados o controle e a regulamentação da produção, da distribuição e do consumo de todas as drogas.[14] Além disso, afastada a ilegítima, falida, e danosa proibição, encerrada a nociva e sanguinária "guerra às drogas", diversas moda-

---

13 Ver NORDT, C. e STOHLER, R. (2006).

14 Em trabalhos da Transform Drug Policy Foundation (2009) (2013), há numerosas e detalhadas sugestões para a regulamentação da produção, do comércio e do consumo das diversas drogas.

lidades de controle social, formal ou informal, além das mencionadas, certamente poderão surgir.

Legalizar não significa que haveria um aumento incontrolável do consumo, como insinuam os enganosos discursos dos arautos da falida proibição. Leis não são um dado significativo para levar as pessoas a usar mais ou menos drogas. A realidade demonstra que leis mais duras e condenações mais severas não necessariamente levam menos pessoas a usarem drogas, assim como o abrandamento de leis não necessariamente aumenta o número de usuários de drogas. Em todos os países que estão se inclinando para a redução das intervenções criminalizadoras, como Portugal, por exemplo, o uso das arbitrariamente selecionadas drogas tornadas ilícitas não tem sido maior ou menor do que em países comparáveis com leis mais severas. A proibição do álcool nos Estados Unidos da América, no período de 1920 a 1933, não diminuiu a bebida. Sua legalização tampouco provocou um aumento desenfreado do consumo.

Aliás, caberia indagar quem seriam todas essas pessoas que os enganosos discursos dos arautos da ilegítima, falida, insana e danosa proibição dizem que iriam começar a desenfreadamente usar as drogas legalizadas. Dados concretos indicam que esse divulgado temor de um aumento desenfreado do consumo situa-se apenas no mundo da fantasia e do engano. Em pesquisa do Zogby, realizada em dezembro de 2007, abrangendo todos os estados dos Estados Unidos da América, foi registrado um percentual de 99% de respostas negativas à indagação sobre se, uma vez legalizadas drogas como cocaína ou heroína, os entrevistados passariam a consumi-las, assim se projetando um consumo de tais substâncias em proporções semelhantes às já ocorrentes.

Vale notar que a única diminuição significativa no consumo de drogas, em diversos países, nos últimos anos, foi de uma droga legalizada: o tabaco, cujo consumo, inclusive no Brasil, se reduziu pela metade.[15] Esse resultado foi obtido sem proibição, sem guerras, sem prisões. Ninguém foi morto ou preso por produzir, vender ou usar tabaco. Ao contrário, foram instituídos muito mais eficientes programas educativos e regulações (vedação de publicidade, restrições ao consumo em lugares públicos, maior divulgação dos danos provocados pelo tabaco), além de todo um esforço de desconstrução do *glamour* do cigarro.

Por outro lado, é preciso ter claro que a legalização não significa que todos os problemas estarão solucionados. A legalização não é, nem pretende ser, uma panaceia para todos os males. No campo das drogas, existem duas ordens de problemas: uns gerados pelo consumo abusivo e outros gerados pela proibição. Os graves problemas gerados diretamente pelo consumo abusivo de drogas existem sob a proibição e continuarão a existir após a legalização. A legalização não é; não pretende; e nem pode ser solução para tais problemas. A necessária legalização apenas porá fim aos riscos e aos danos criados e/ou agravados pela proibição.

A necessária legalização – e consequente regulação – da produção, do comércio e do consumo de todas as drogas removerá, por exemplo, uma grande parcela de violência e de mortes, o que já significa enorme conquista para o bem-estar social e a segurança pública. Com efeito, não há como se ter "guerra às drogas" e segurança pública ao mesmo tempo. Preocupações verdadeiras com a segurança pública também estão a exigir o fim da proibição.

Eliminando a violência provocada pela falida e ilegítima proibição e sua nociva e sanguinária política de "guerra às drogas", a legalização também eliminará a maior fonte de renda advinda de atividades ilícitas. Os rendimentos gerados nas atividades de produção e comércio das drogas legalizadas se integrarão às finanças legais, como são integrados os

15 Fonte: Ministério da Saúde do Brasil (2009).

rendimentos obtidos com a produção e o comércio das drogas já lícitas. Impostos serão pagos e recebidos pelos Estados, da mesma forma que são pagos e recebidos os impostos devidos pelos produtores e comerciantes das drogas já lícitas. E os Estados ainda economizarão o dinheiro gasto com a repressão e com suas consequências. Os recursos econômico-financeiros assim redirecionados poderão ser investidos em programas e ações voltados para a promoção da saúde e da educação, para a construção de moradias decentes, para a criação de postos de trabalho, para a preparação profissional, enfim, programas e ações efetivamente úteis socialmente.

Como Jack A. Cole, presidente da Law Enforcement Against Prohibition (LEAP), costuma dizer em suas apresentações, os 70 bilhões de dólares anualmente gastos pelos Estados Unidos da América na "guerra às drogas", com o fim da proibição, poderiam ser redirecionados para programas que oferecem esperança para o futuro das pessoas. Diz ele: "Ao invés de pensar em gastar esse dinheiro em sentenças condenatórias mais rigorosas do tipo *mandatory minimum*, imaginemos um mundo onde legalizamos as drogas hoje e, no próximo ano, gastamos 70 bilhões de dólares para criar uma *mandatory minimum* educação para todos, *mandatory minimum* programas de saúde para todos. E que tal pensar em alguma forma de moradia básica para todos, treinamento profissional e emprego para todos aqueles que desejarem trabalhar? E ao invés de falar em salários mínimos, vamos falar em salários decentes".[16]

16 COLE, J. A. (2013). Essas suas palavras: "(...) Instead of thinking in terms of spending that money on harsher mandatory minimum prison sentences, imagine a world where we legalized drugs today and next year spent 70 billion dollars to create mandatory minimum education for everyone, mandatory minimum health care for everyone. How about thinking in terms of some form of basic housing for everyone, job training and employment for all those who want to work. And instead of talking about minimum wages let's talk about livable wages (...)".

Decerto, é preciso pensar na economia pós-proibição e no que fazer para integrar ao mercado legal pessoas que hoje dependem do mercado ilegal. Com efeito, muitas pessoas dependem economicamente do mercado das arbitrariamente selecionadas drogas tornadas ilícitas. Mas, o duro e arriscado trabalho oferecido pelo mercado ilícito não poderia ser acenado como razão para manter a falida e danosa proibição. No Brasil, no século XIX, antiabolicionistas, talvez até bem-intencionados, argumentavam que a libertação dos escravos os deixaria sem a segurança do trabalho e da moradia.

O fim da insana proibição às arbitrariamente selecionadas drogas hoje ilícitas libertará muitas pessoas do arriscado, duro e letal trabalho no mercado ilegal. A legalização da produção e do comércio criará novos empregos no mercado que então será legal, aumentando a oferta de fontes de renda lícitas, o que poderá atrair boa parte dos que hoje só conseguem viver de ganhos ilícitos. No estado norte-americano do Colorado, por exemplo, a legalização da produção e do comércio de maconha tem gerado novos empregos. Estimando-se que, de janeiro a julho de 2014, cerca de dois mil postos de trabalho foram criados com essas novas atividades econômicas legais.[17]

Talvez nem todos encontrem oportunidades ou queiram passar a viver na legalidade. Mas, outras tão temidas atividades ilegais, como roubos ou sequestros, não têm a característica empresarial e massiva proporcionada pela ilegalidade em que é posto um mercado de enorme dimensão, como é o mercado das drogas. Roubos e sequestros são atividades isoladas e não produtivas, sem potencialidade para envolver grandes contingentes.

As preocupações com a economia pós-proibição e com o que fazer para integrar ao mercado legal pessoas que hoje dependem do mercado ilegal, na realidade, não é algo que

17 Ver matéria doWall Street Daily (11/07/2014).

diga respeito apenas à legalização e à economia pós-proibição. Nesse campo, é preciso se preocupar desde já com os existentes fatores econômicos e sociais que impelem tantas pessoas a arriscar sua liberdade e suas vidas trabalhando ou negociando em um mercado ilegal, ou realizando outras espécies de atividades ilegais para sobreviver, ainda que não consigam se manter livres ou mesmo vivos por muito tempo. É preciso sim, desde já, se preocupar com o que fazer para assegurar que todas as pessoas vivam em condições decentes e tenham oportunidades de obtenção legal dos rendimentos necessários a seu bem-estar material.

A realidade e a história demonstram que o mercado das drogas não desaparecerá, nada importando a situação de legalidade ou ilegalidade em que este se encontre. As pessoas – e especialmente os adolescentes – continuarão a usar substâncias psicoativas, como o fazem desde as origens da história da humanidade. Com o fim da proibição, essas pessoas – e especialmente os adolescentes – estarão mais protegidas, tendo maiores possibilidades de usar tais substâncias de forma menos arriscada e mais saudável.

Uma maior tolerância com as diferenças, que permita a compreensão de que nem tudo que se desconhece ou que majoritariamente se rejeita é necessariamente mau, bem como a percepção de que eventuais adições – não só a drogas – são fatos da vida que devem ser enfrentados, não com o sistema penal e com guerras, mas com soluções nascidas da convivência, da solidariedade e da aproximação ao conflito, criarão condições para uma efetiva redução dos riscos e dos danos que eventualmente possam resultar de um consumo excessivo, descuidado ou descontrolado de quaisquer drogas.

A insistência na inevitavelmente fracassada proibição e sua política de "guerra às drogas" revela a ausência de um mínimo de racionalidade, fazendo lembrar o conhecido aforismo que define insanidade como fazer a mesma coisa repetidamente e esperar diferentes resultados.18

Com efeito, como já pude ressaltar anteriormente,19 a falida proibição às arbitrariamente selecionadas drogas tornadas ilícitas, materializada na nociva e sanguinária política de "guerra às drogas", se apoia em um verdadeiro entorpecimento da razão.

Somente uma razão entorpecida pode crer que a criminalização das condutas de produtores, distribuidores e consumidores de algumas dentre as inúmeras substâncias psicoativas, arbitrariamente selecionadas para ser objeto da proibição e assim se tornarem drogas ilícitas, sirva para deter uma busca de meios de alteração do psiquismo que tem raízes nas próprias origens da história da humanidade.

Somente uma razão entorpecida pode admitir que, em troca de uma ilusória contenção desta busca, o próprio Estado fomente a violência, que, sempre vale repetir, só se faz presente nas atividades de produção e comércio das arbitrariamente selecionadas drogas tornadas ilícitas porque seu mercado é ilegal.

Somente uma razão entorpecida pode autorizar que, sob este mesmo ilusório pretexto, se imponham restrições à liberdade de quem, eventualmente, queira causar um dano à sua própria saúde.

Somente uma razão entorpecida pode conciliar com uma expansão do poder punitivo que, explicitamente fundada na guerra, crescentemente desrespeita clássicos princípios garantidores, assim ameaçando os próprios fundamentos da democracia.

Já é tempo de recobrar a razão e repudiar esta ilegítima, falida e insana proibição. Já é tempo de pôr fim à nociva e sanguinária política de "guerra às drogas". Já é tempo de le-

---

18 Embora tal definição de insanidade seja frequentemente atribuída a Albert Einstein, não é certo que tenha sido efetivamente ele seu autor.

19 Ver, dentre outros escritos, KARAM, M. L. (2009).

galizar e, consequentemente, regular e controlar a produção, o comércio e o consumo de todas as drogas.

## Referências bibliográficas

CHAO, Francisco (2011). "Legalização das Drogas: Porque eu digo sim". http://www.leapbrasil.com.br/textos

COLE, Jack A. (2013). "You Be the Judge: Comparing Relative Categories at the Beginning of the War on Drugs with those Same Categories today".

http://www.leap.cc/wp-content/uploads/2013/12/You-Be-The-Judge-2.pdf

Instituto Sangari (2012). Mapa da Violência. http://mapadaviolencia.org.br/pdf2012/mapa2012_web.pdf

International Herald Tribune. "Adding Absurdity to Tragedy" – 08/03/2013

http://latitude.blogs.nytimes.com/2013/03/08/a-memorial-in-mexico-city-adds-absurdity-to-tragedy/?ref=drugtrafficking

KARAM, Maria Lucia (2009). Escritos sobre a Liberdade, vol.3: Proibições, riscos, danos e enganos: as drogas tornadas ilícitas. Rio de Janeiro: Editora Lumen Juris.

Law Enforcement Against Prohibition (2014). Propuesta de LEAP de Enmienda a los Tratados de Drogas de la ONU.

http://www.leap.cc/wp-content/uploads/2014/06/FINAL-3-Spanish_LEAP-Treaty-Amendment_5.27.14-1.pdf

Ministério da Saúde do Brasil (2009). Estudo Saúde Brasil 2008. http://portal.saude.gov.br/portal/arquivos/pdf/saude_brasil_2008_web_20_11.pdf

NORDT, Carlos; STOHLER, Rudolf (2006). "Incidence of heroin use in Zurich, Switzerland: a treatment case register analysis." Lancet; 367: 1830-34.

The Observer: "War on drugs: why the US and Latin America could be ready to end a fruitless 40-year struggle" – 08/08/2010.

http://www.guardian.co.uk/world/2010/aug/08/drugs-legalise-mexico-california

The Washington Post: "In Mexico, 12,000 killed in drug violence in 2011" – 02/01/2012.

http://articles.washingtonpost.com/2012-01-02/world/35441712_1_drug-violence-drug-killings-drug-gangs

___________________: "Mexico's crime wave has left up to 25,000 missing, government documents show" – 29/11/2012.

http://www.washingtonpost.com/world/the_americas/mexicos-crime-wave-has-left-up-to-25000-missing-government-documents-show/2012/11/29/7ca4ee44-3a6a-11e-2-9258-ac7c78d5c680_story.html?hpid=z1

Transform Drug Policy Foundation (2009). After the War on Drugs: Blueprint for Regulation.

http://www.tdpf.org.uk/campaign/after-war-drugs

______________________________(2013). How to regulate cannabis: a practical guide. http://www.tdpf.org.uk/resources/publications/how-regulate-cannabis-practical-guide

UNODC (2012). World Drug Report.

http://www.unodc.org/unodc/en/data-and-analysis/WDR-2012.html

_________ (2013). Global Study on Homicides 2013.

http://www.unodc.org/unodc/en/data-and-analysis/homicide.html

US Department of Justice. Bureau of Justice Statistics. http://bjs.ojp.usdoj.gov/

Wall Street Daily: "Colorado's legalization plan going well" – 11/07/2014.

http://www.wallstreetdaily.com/2014/07/11/colorado-marijuana-legalization/

## Por um antiproibicionismo sem os vícios proibicionistas

*Maurício Fiore*
Antropólogo, pesquisador do Centro Brasileiro de Análise e Planejamento (Cebrap) e coordenador de Promoção e Disseminação do Conhecimento Científico da Plataforma Brasileira de Política de Drogas (PBPD).

O paradigma proibicionista, hegemônico ao longo do século XX, está fissurado. Na prática, permanece sendo o modelo global para tratar parte das substâncias psicoativas, mas já não é a via única em algumas leis nacionais, no debate público e nas ruas. Na verdade, o proibicionismo, como um dos feixes principais do dispositivo que constituiu a questão das drogas na contemporaneidade, sempre foi atravessado pela sua negação. As drogas proibidas não deixaram de ser produzidas, vendidas e consumidas. E foram progressivamente tematizadas. Esses feixes, agora, romperam enquanto fissuras e o fim do paradigma pode ser previsto. Impossível saber quando, o que importa é saber como, ou melhor, que outros paradigmas ocuparão seu lugar.

Este artigo não ambiciona discutir o processo de consolidação histórica do proibicionismo, apenas apontar alguns dos pressupostos que o sustentam para, então, vislumbrar algumas armadilhas que os modelos que podem substitui-lo escondem.

Há dois pressupostos lógicos principais que sustentam o empreendimento proibicionista do ponto de vista formal. O primeiro é o de que algumas substâncias psicoativas – aquelas que foram chamadas normalmente de drogas – são intrinsecamente danosas para os indivíduos e para a sociedade e, portanto, o Estado tem legitimidade para impedir que os indivíduos as possuam ou consumam. O segundo pressuposto, que só faz sentido em decorrência do primeiro, é o de que é possível eliminar ou minimizar os danos causados pelas drogas proibidas por meio da criminalização de todos os envolvidos na sua cadeia de produção, distribuição e consumo, estabelecendo uma implacável perseguição penal. Esse segundo pressuposto assumiu sua forma bélica definitiva quando uma "Guerra às drogas" foi declarada pelo governo norte-americano no início dos anos 1970 e, então, alçada como *slogan* global do proibicionismo.

Ambos os pressupostos são injustos e equivocados. Uma das principais contribuições civilizatórias dos estados contemporâneos é o princípio da liberdade individual, pelo qual os cidadãos podem agir como quiserem desde que não acarretem prejuízo ou produzam um risco inaceitavelmente grande de causar danos coletivo. Ainda que alguns hábitos tenham potencial nocivo, e o consumo de drogas está entre eles, o papel do Estado seria o de promover práticas menos danosas por meio de disseminação de informações e regulação de acesso.

As terríveis consequências do segundo pressuposto, que é fazer como principal política a perseguição penal e militar às pessoas que produzem, vendem ou mesmo consomem drogas são amplamente conhecidas. Ao ignorar que o consumo de substâncias psicoativas é inerente à história humana, colocá-lo na clandestinidade acarretou em um mercado ilícito hipertrofiado. Disputas no interior desse mercado, e dele com as forças estatais, são caracterizadas por diferentes níveis de violência e de corrupção. Há países com grandes mercados de substâncias ilícitas, como a Inglaterra e a França, e com baixos níveis de violência. Já em países desiguais e violentos, como Brasil e México, o tráfico de drogas ilícitas se associa diretamente à engrenagem criminosa que alimenta conflitos armados, formando um mercado atrativo para grandes contingentes populacionais. Seu combate estatal, pouco eficaz em todo o mundo, resulta em confronto violentos, colaborando para a estatística de seis pessoas assassinadas pela polícia por dia, que também tem um morto em suas fileiras diariamente.[20]

Enquanto a maior parte dos crimes que ameaçam e/ou eliminam vidas não é sequer investigada, mais de duas centenas de milhares de pessoas estão presas em nome do "combate às drogas". Com a seletividade penal das polícias e do poder judiciário, encarcera-se normalmente os setores mais vulneráveis da população: jovens pobres e não brancos, além de um número crescente de mulheres.[21] Não se sabe ao certo a proporção da influência do tráfico de drogas na violência, mas se estiver relacionada a dez por cento dos homicídios, estaríamos falando de mais de cinco mil mortos por ano, e de quase cem mil em duas décadas.

Haveria muito o que se discutir sobre outras e bem conhecidas consequências do proibicionismo.[22] A partir de agora, no entanto, apresentarei alguns dos vícios que aqueles que buscam reformar o atual modelo devem evitar reproduzir.

### *A promessa da solução*

O principal pressuposto do proibicionismo, citado há pouco, é de que o consumo das substâncias psicoativas tornadas ilícitas é inaceitavelmente danoso para a sociedade. Ele ignora que quase todos os dados disponíveis demonstram que a maior parte dos consumidores não faz isso de

---

20 Ver *Em 5 anos policia brasileira matou em média 6 pessoas por dia* (http://bit.ly/1ufyazZ)

21 Ver *Número de mulheres presas no Brasil cresce 567% em 15 anos* (http://bit.ly/1N2nMXC

22 Há inúmeros trabalhos sobre esse ponto. Escrevi um pouco mais sobre esse tema em "O lugar do Estado na questão das drogas: o paradigma proibicionista e as alternativas". Novos Estudos Cebrap

forma abusiva ou se torna dependente. O grande sofrimento desses consumidores e do seu círculo social mais próximo é retoricamente eleito, pelos defensores do seu proibicionismo, como uma tragédia inevitável, que partem daí para lastrearem sua promessa de livrar o mundo das drogas.

Desnecessário se alongar sobre a falácia dessa promessa. Não só as substâncias que já conhecemos continuarão sendo produzidas e consumidas, como novas substâncias serão (re)descobertas ou criadas. Os principais defensores das convenções da ONU que mantém o proibicionismo como paradigma global não puderam mais, a partir dos anos 1990, sustentar a viabilidade da promessa que faziam a cada nova década: a de "libertar" o mundo das drogas. Passaram a defender, então, que somente um proibicionismo rígido poderia manter essas daninhas substâncias sob controle, evitando o caos de uma expansão epidêmica de seu consumo.

O crescente descrédito dessa danosa utopia é muitas vezes conquistado a partir da reprodução dessas promessas vazias. De forma simplista, inverte-se o pressuposto proibicionista: se a guerra às drogas piorou, e muito, o uso nocivo e causou os efeitos colaterais do mercado clandestino, a legalização – regulação privada, controle estatal, cooperativista e etc., de acordo com a perspectiva de quem emite o discurso – resolverá o problema das drogas ou mesmo o da violência.

Trata-se de um equívoco. Deve-se reconhecer que o consumo de drogas não é intrinsecamente problemático para a maioria dos indivíduos, mas parte deles continuarão abusando e se tornando dependentes. Não importa qual o novo modelo substituirá o atual paradigma, todos eles deverão abarcar políticas que previnam o abuso, reduzam os danos e prestem auxílio aos que tiverem relação problemática com as drogas. Mesmo com as melhores legislações e políticas públicas, o abuso e a dependência não deixarão de existir, até porque o sofrimento é parte da condição humana. Não repetir a promessa inalcançável – talvez até indesejável – do proibicionismo é um imperativo ético, mas também estratégico. Quando novos paradigmas nortearem a política sobre drogas, "soluções" desejadas e não alcançadas podem se tornar um potente combustível para aqueles que desejarem a restauração das promessas proibicionistas.

## *A superação da dicotomia*

A confusão proposital sobre os papeis do Estado e da sociedade no que diz respeito às drogas resultou numa classificação dicotômica entre substâncias proibidas e liberadas, que encobre uma divisão moral e não fundamentada entre drogas "boas" e drogas "ruins". É verdade que há, no meio do caminho entre elas, aquelas substâncias psicoativas de uso terapêutico que são comercializadas sob prescrição médica. A forma de regulação dessas drogas escapa um pouco desse padrão dicotômico, mas as outras a que se atribui o chamado consumo recreativo, como a cafeína, o álcool, a cocaína, o MDMA e a maconha, por exemplo, estão apartadas por um estatuto jurídico simples: tem uma existência livre e pouco regulada pelo Estado ou sofrem pesada perseguição policial.

Dessa forma, o proibicionismo oblitera quase inteiramente as peculiaridades históricas, bioquímicas e culturais de cada uma dessas substâncias. Por exemplo, junta no balaio da proscrição drogas completamente diferentes como a maconha, a cocaína e o LSD. Isso traz impactos negativos para a disseminação de informações mais precisas e fundamentadas sobre as drogas, principalmente entre os mais jovens, que muitas vezes passam a ignorar a regulação de um Estado que proíbe uma droga que ele vê como não nociva enquanto sequer regula outras que podem trazer mais danos. E, assim, muitas vezes termina por achar que alguma droga pode ser completamente inofensiva.

A dicotomia simplista foi a tônica da política de drogas ao longo de todo o século passado e permanece sendo o fundamento da política de drogas do século XXI. A resposta dos Estados diante da descoberta (ou redescoberta) de alguma nova planta ou substância seguiu o esse rito sumário: proibi-la ou liberá-la, normalmente optando-se pela primeira opção. Entre inúmeros exemplos, destaca-se um mais recente, o da Salvia Divinorum, uma planta cujo consumo tem efeitos psicoativos: em 2012, sem pesquisas e evidências que sustentassem essa decisão, o Brasil se juntou aos países que "proíbem" a planta e, assim, aumento o balaio das drogas cujo extermínio foi tornado ação obrigatório dos Estados.

Todo ano são sintetizados ou redescobertos novos princípios psicoativos. É provável que o consumo de parte deles engendre consideráveis riscos à saúde e à vida social. Separá-las em dois grupos estanques não ajuda a produção de políticas públicas que possam diminuir os riscos e prevenir o abuso. A mesma advertência tem que informar aqueles que lutam por modelos alternativos ao proibicionismo. Mudar simplesmente as drogas de prateleira, tirando algumas delas da parte reservada às proibidas e colocando-as no espaço das "liberadas" será inútil se não colocar toda essa estante abaixo e produzir uma em que as drogas sejam entendidas em sua complexidade e não numa lógica dicotômica tacanha.

É evidente que mudanças não acontecerão instantaneamente e, portanto, que algumas substâncias devem sair primeiro da proscrição para progressivamente serem reguladas sob outros parâmetros. Todos os dados que temos sugerem que tal processo ocorrerá primeiro com a maconha. Isso se deve às características dessa droga e seus padrões de consumo menos associados ao abuso e a danos à saúde. Essa mudança vem significando uma fissura no paradigma proibicionista, mas, e isso é importante frisar, a luta política não deveria se restringir a uma ou duas drogas, abandonando todas as outras à simplista dicotomia que as divide entre "droga boa" e "droga ruim". Além de todos os danos causados pela manutenção das "drogas ruins" na ilegalidade, estimula-se que aquelas ainda consideradas "drogas boas", como o álcool, permaneçam pouquíssimo reguladas pelo Estado.

### *A adequação aos padrões de consumo e aos controles sociais informais*

Historicamente, o consumo de substâncias psicoativas foi cercado de interditos, tabus, proscrições e prescrições, com as mais variadas origens e sob inúmeras formas. Com a estabilização dos Estados como o modelo de organização política das nações, alguns desses códigos foram formalizados em normas jurídicas e o proibicionismo, como já mencionado, foi a transposição autoritária de alguns valores e preconceitos sobre determinadas substâncias para a esfera estatal. Entretanto, as mais efetivas formas de controle social e individual do consumo das substâncias psicoativas continuaram sendo as informais. São valores e regras que definem padrões de comportamento e atribuem sentido simbólico às coisas, às pessoas e aos seus hábitos. Tema amplo para a ambição desse texto, quero apenas ressaltar que esses controles são decisivos para a prevenção do abuso e da dependência de drogas.

Os controles sociais informais não são os únicos – os controles formais e as peculiaridades individuais e farmacológicas também cumprem papel importante – nem tampouco podem ser moralmente classificados como positivos, na medida em que também envolvem preconceito e preceitos religiosos radicais, por exemplo. Esses controles também não funcionam sempre; no entanto, sua efetividade pode ser bem exemplificada com os controles sociais que cercam o consumo das bebidas alcóolicas. Enraizado nas tradições culturais do Ocidente, maciçamente consumido – cerca de metade dos brasileiros o fazem[23] – e pouquíssimo regulado pelo Estado a partir de controles formais (limite à publicidade, preço, controle de venda etc.), o álcool está associado a extensos problemas de saúde pública. Ainda assim, por conta de diversas formas de controle social e individual, parte minoritária dos seus consumidores faz uso abusivo. O desejável aperfeiçoamento da regulação formal do álcool deveria ser planejada, portanto, levando-se em conta os principais padrões de consumo e o funcionamento desses controles informais, não ser feita em oposição a eles.

Uma política de drogas que caminhe no sentido oposto ao do proibicionismo, que cristalizou sob a forma da lei valores sociais de natureza autoritária ("*não gosto do que você faz e você deveria ser proibido de fazê-lo!*"), deve ter como um de seus pressupostos a mutabilidade dos padrões de consumo e manter-se permanentemente flexível à necessidade de adaptar-se aos padrões culturais de consumo das diferentes substâncias. Se hoje, por exemplo, esses padrões permitem que se estabeleçam determinados modelos de regulação de mercado de maconha sem que haja explosão de consumo, é possível que o cenário se altere nas próximas décadas, demandando dos Estados novas ações formais. Também por isso, os promotores dos modelos alternativos ao proibicionismo não devem cultivar a ilusão de que os controles formais têm capacidade mágica de "enquadrar" a realidade. Modelos de regulação centrados no monopólio estatal de produção e varejo, por exemplo, serão permanentemente desafiados pela comercialização privada. A defesa da produção

---

23 Laranjeira, R.{et. al.}. *II Levantamento Nacional de Álcool e Drogas*, Inpad, 2014.

cooperativista ou doméstica tem que lidar com a realidade de uma demanda massiva e que, numa sociedade capitalista, redundará em algum nível de interesse de lucro. E, para fechar os três exemplos de alternativas mais comuns, um mercado privado e regulado de drogas hoje ilegais deve ter mecanismos potentes e flexíveis para lidar com a exploração industrial da venda de substâncias potencialmente danosas e abusivas, evitando que ocorra algo parecido com a epidemia de consumo de tabaco na segunda metade do século XX.

A ampla disseminação do consumo das drogas hoje lícitas, como o álcool, ou substâncias psicoativas pretensamente controladas por prescrição médica, como as anfetaminas e os ansiolíticos, também são exemplos da necessidade de um debate profundo sobre novos controles e ações formais para prevenção e tratamento do abuso. Para tanto, pesquisas e debates permanentes, associados a uma escuta cuidadosa e tolerante dos consumidores de todas as drogas psicoativas, são imperativos para que se possam construir modelos de políticas públicas sobre drogas mais justas e mais eficazes.

## Maconha e Associativismo: modelo para o Brasil?

*Rafael Morato Zanatto*
Graduado, Mestre e Doutorando em História e Sociedade – UNESP-FCL Assis. Pesquisador associado ao Maconhabrás/CEBRID/UNIFESP. Editor do portal/jornal Cannabica - Queimando Mitos Acendendo Fatos.

*Nos enterraram, mas não sabiam que éramos sementes...*
(Anônimo)

Pôr os pés na estrada tendo em vista a experiência concreta tem lá suas vantagens. Pensando na experiência intelectual brasileira busquei sistematizar alguns conceitos gerais sobre as práticas associativas que estão se desenvolvendo no país, a começar pelas associações de pacientes de cannabis medicinal.

### *As associações de pacientes*

Da sociedade civil, associações como a AMEMM (Associação Multidisciplinar de Estudos sobre Maconha Medicinal), ABRACANNABIS (Associação Brasileira para Cannabis) e a AMA+ME (Associação Brasileira de Pacientes de Cannabis Medicinal) preparam-se para solicitar a autorização para o cultivo de espécies ricas em CBD, derivado da maconha autorizado pela ANVISA.

Desde que a Rede Compromisso eclodiu, no segundo semestre do ano passado, um velho mito se desfez: o Brasil não está preparado para passos tão largos se comparado ao presente proibicionista. A rede provou que possuímos o *metier* de fabricar derivados da maconha para fins medicinais, produzindo espécies de CBD e THC, ambas de uso medicinal comprovado, fabricadas por laboratórios como a G. W. *Farmaceuticals*.

Apesar das iniciativas associativas demonstrarem pela prática grande potencial para o país, elas precisarão ser replicadas em escala nacional para reverter o cenário atual: pacientes sem remédio adequado, indústria farmacêutica estrangeira enchendo a burra, indústria nacional em segundo plano, além do CFM (Conselho Federal de Medicina) manter uma posição bastante equivocada ao reconhecer as atribuições medicinais do Canabidiol apenas para pessoas de até dezoito anos. Mas o que isso significa? Nossos queridos especialistas parecem acreditar que usuários de cannabis usariam esta brecha para importar CBD do Colorado com o intuito de ficarem doidões. Quem, em sã consciência, importaria CBD quando temos em nosso solo cultivos bastante tradicionais, como os realizados nas ilhas fluviais do Rio São Francisco ou em outras localidades do Semiárido? Sem falar ainda na parceria histórica com o Paraguai, que fornece ao Sudeste, Sul e Centro-Oeste do país grande volume de maconha prensada – rios de dinheiro sem tributação, evasão de divisas, entre outros efeitos negativos. O CFM, acredita que apenas crianças epiléticas realizariam o tratamento adequado às moléstias que os afligem. Como resultado da ignorância notável destes especialistas, epiléticos adultos e grande diversidade de outros pacientes, entre eles os de esclerose múltipla e dores crônicas, padecem marginalizados, procurando encontrar a cura no mercado negro. Estes representantes dos laboratórios estrangeiros agem como o esperado. Estão mais interessados nas viagens ao Caribe regadas a *Margaritas*, um preço pequeno para empurrar goela abaixo dos pacientes, para eles esta grande clientela que acredita piamente no saber médico. Como ignorar o lobby dos laboratórios na escolha dos tratamentos por parte destes profissionais quando estão no bolso destas grandes corporações? O juramento de Hipócrates parece não valer mais nada!

Diante desta condição petrificada, o *modus operandi* ensinado nas escolas de medicina é confrontado pela iniciativa de pacientes, médicos, cultivadores e estudiosos do assunto. As associações de pacientes organizam seus estatutos internos, adequando-se aos requisitos legais para começar o cultivo de espécies de cannabis ricas em CBD.

### *Medicinal, espiritual e recreativo: Falso Problema?*

Afastando-se dos princípios associativos como modelo de produção, distribuição e consumo de cannabis medicinal, como pensar a viabilidade do modelo associativo que busque não apenas ampliar o acesso a terapias disponíveis, mas que estanque o sangue derramado todos os dias pelas ruas do país?

É comum nos depararmos com o argumento de que após o paradigma industrial, o uso de substâncias psicoativas passou a ser majoritariamente associado ao consumismo, havendo a degradação das formas ritualísticas ou de processos de cura. Ora, pensar o uso de substâncias psicoativas na atualidade reproduzindo o jargão de que os usos ritualísticos (sagrado) foram substituídos pela ascensão da recreação (profano) favorece, primeiramente, a concepção de que as fronteiras estabelecidas entre o sagrado e o profano são demarcadas por muralhas intransponíveis, quando na verdade, entre estas fronteiras podemos estabelecer grandes pontes, que sequer eram imaginadas antes do mundo contemporâneo (1789). O que seria de Baco sem os rituais embriagados, ou das vindimas eternizadas nas telas de Albrecht Dürer sem as festas alegres onde se honravam as forças da natureza? Podemos realmente estabelecer separações tão precisas entre ritual e recreação? O mesmo ocorre com os usos terapêuticos.

Os usos recreativos, terapêuticos e espirituais integram sistemas culturais bastante complexos, apenas analisados separadamente após a época das Luzes. Estas separações metodológicas propostas para entender e mesurar a vida foram pautadas por uma ciência ideologicamente profana, mas que na prática histórica sacralizou seus resultados, não agora em honra a Deus, mas ao Capital e ao Estado.

Paul Feyerabend[24] demonstrou há 45 anos que a derrota das terapias tradicionais pela medicina amparada na ciência, ou no método científico, decorreu mais da capacidade de conquistar mercados, esmagar seus opositores, aprovando legislações, etc., amparada no Estado, do que pautada em um procedimento científico isento: pelo contrário, as terapias tradicionais foram desacreditadas e banidas pela globalização das terapias industriais durante a *Era de Ouro do Capital* (1871-1915), tendo como ápice a Primeira Guerra Mundial. No Brasil, a maconha foi proibida em 1938, e, em 1941, foi aprovada a legislação que punia a prática ilegal da medicina, como ponto de chegada da ascensão das classes médicas e das terapias sintéticas no mercado, resultando no monopólio das terapias.[25]

Na Revisão Criminal n° 767,[26] apresentada pelo Desembargador Adelmar Tavares, ao julgar o caso de Pedro Caetano Gomes, preso com 25 cigarros de "feitura ordinária", encontramos na alegação do réu a denúncia de que estipularam sua sentença sem ouvir seu depoimento. Argumentou que se

24 FEYERABEND, Paul. A Ciência em uma Sociedade Livre. São Paulo: Editora Unesp, 2014.

25 ZANATTO, Rafael Morato. A fitoterapia e a indústria: histórico de um combate desleal. In: Boletim Maconhabrás n°4/ CEBRID – Centro Brasileiro de Informações Sobre Drogas Psicotrópicas/UNIFESP. São Paulo, 2015, p. 05-06.

26 In: Maconha: Coletânea de Trabalhos Brasileiros, 2° Edição. Rio de Janeiro: Serviço Nacional de Educação Sanitária/ Ministério da Saúde, 1958, p. 375-6.

a "posse momentânea" fosse crime, plantadores, químicos e farmacêuticos que pousam suas mãos sobre a maconha também seriam criminosos. Considerada irrelevante na época, hoje este fragmento nos fornece a pista de que a proibição da maconha para fins recreativos visou, entre outros fatores, alimentar a formação do sistema prisional e manicomial, além de lançar as bases para o monopólio exercido pela indústria farmacêutica amparada pela prática de médicos e farmacêuticos, distribuidores das terapias isoladas em laboratório.

Em decorrência, o uso medicinal surge para avalizar o combate a outras formas de usos, tanto ritualísticos, como terapêuticos e recreativos, impondo um padrão industrial, mas também cultural, sanando segundo um modelo pautado ideologicamente na eugenia, separando as terapias das práticas culturais para conquistar o mercado. A maconha foi apenas uma entre outras plantas condenadas, e o que amplia a dimensão de sua proibição é justamente seu uso cultural.

Algumas posições visam eliminar estas distinções inócuas como a de André Kiepper. O pesquisador sustenta a hipótese de que se os jovens iniciam o consumo de maconha na juventude, empregando-a na recreação, com a evolução da vida e o decorrente envelhecimento do corpo aparecem alguns problemas de saúde bastante comuns, como dores, enxaqueca, apetite reduzido, stress, etc. "É neste momento da vida que o usuário de maconha passa a empregar a planta mais por fins medicinais que recreativos". A própria definição do que consideramos medicinal ou não está associado ao modo como entendemos os processos de cura na atualidade, após a consolidação do monopólio das terapias isoladas em laboratório. Se a separação proposta entre os usos da maconha, como observamos no processo crime analisado, já restringia o uso medicinal como modo de excluir e perseguir classes marginalizadas da sociedade, deveremos então insistir neste falso problema que nos divide ou concentraremos nossos esforços para construir pontes sobre este abismo de incompreensão? Diante do cenário atual, deveremos fortalecer todas as frentes possíveis, sejam elas pautadas nos usos recreativo, medicinal ou espiritual, unificando o que o Capital e o Estado fragmentaram, dividiram para conquistar.

Como notamos nos clubes espanhóis, pacientes e usuários recreativos encontram-se associados aos mesmos clubes de cannabis. Se as associações de pacientes de cannabis medicinal no Brasil visam socorrer imediatamente pacientes negligenciados pelo Estado em todas as suas esferas, valendo-se da constitucionalidade da produção de maconha para pesquisa, os clubes e associações cannabicas centram seus esforços na questão cultural e em pesquisas, para paulatinamente, conquistar o direito de produção, distribuição, troca e consumo de maconha. Antes de nos debruçarmos sobre esta questão, trataremos primeiramente da história do associativismo, ponto de partida para a experiência cultural a que se propõe uma associação cannabica no Brasil.

### *Clubes e Associações*

Vislumbrando a formação de associações de pacientes e algumas questões que neblinam a visão, como a falsa contradição entre o medicinal e o recreativo, como pensar no cenário atual a formação de associações cannábicas que possam contribuir na reconstrução de uma sociedade devastada pelas políticas proibicionistas?

Os modelos comunitários estão na praça desde que descemos das árvores, mas sob a sociedade industrial, Robert Owen[27] foi um dos que mais avançaram na gestão da produção, ofe-

27 PETITFILS, Jean-Christian. Os Socialismos Utópicos. São Paulo: Círculo do Livro, 1977.

recendo modelos mais horizontais que os praticados pela burguesia e pelos gestores de sua época. As ideias de reforma social pairavam em sua cabeça, demonstrando que a morte de 500 mil tecelões manuais por inanição[28] decorreu mais da competição desumana entre homens e máquinas do que derivadas da crise pós-guerras napoleônicas (1803-15). Para resolver a crise que atingia diretamente os mais pobres, Owen propôs ao parlamento a formação de aldeias-modelo para concentrar os desempregados num modelo produtivo autossustentável, concentrando produção, distribuição e consumo num mesmo local, o que permitiria a prosperidade e melhorias significativas na produtividade, mediante a redução da jornada de trabalho e da construção de escolas para os filhos de seus operários. O modelo atraiu a atenção de distintos governantes do período, mas pouco a pouco o modelo que pretendia atenuar os efeitos da crise social se converteu em um dispositivo capaz de transformar as relações sociais de produção da sociedade, o que constituiu uma ameaça aos interesses dos grandes industriais, sucumbindo aos opositores e às experiências radicais que Owen procurou implantar nos EUA.[29]

Ao lado do modelo de Owen, direcionado a produção, circulação, troca e consumo, temos experiências na história dirigidas ao uso compartilhado de substâncias, como o consagrado *Clube dos Haxixins*, fundado duas décadas depois em Paris, momentos antes da *Primavera dos Povos* (1848). No clube fundado por J.J. Moreau de Tours, Gérard de Nerval e Téophile Gautier, participavam das reuniões artistas como Charles Baudelaire, Alexandre Dumas e Victor Hugo. Trajados de indumentárias do oriente consumiam haxixe para dar uma luz em suas produções artísticas.

---

28 DAVIS, MARK. Holocaustos Coloniais. São Paulo: Editora Record, 2002.

29 PETITFILS, Jean-Christian. Op. Cit.

No contexto brasileiro, país em que a iguaria não estava associada ao consumo das elites – pelo contrário, nestas paragens a maconha era coisa de curandeiros, libertos, índios e classes mais "ignorantes" – havia o *Clube dos Diambistas do Maranhão*, localizado no vale do Mearim, próximo a Pedreiras. Esta experiência chega aos dias de hoje graças ao texto de Francisco de Assis Iglesias (1918), publicado nos Anais Paulistas de Medicina e Cirurgia. Segundo Iglesias, "fumando maconha em assembleia ou confraria, os fumantes reúnem-se, de preferência, na casa do mais velho ou do que, por qualquer circunstância, exerce influência sobre eles, formando uma espécie de clube, onde, geralmente aos sábados, celebram as suas sessões".[30]

Em roda, todos sentados em cadeiras e vestidos de branco, com ou sem camisa, exalavam os vapores da diamba enquanto cantavam canções sem acompanhamento musical: "Ó diamba sarabamba! Quando eu fumo a diamba, fico com a cabeça tonta, e com as minhas pernas zamba".[31] Foi com surpresa que Iglesias notou que, apesar de tantos anos que os separavam da escravatura, ainda acompanhavam o vício da diamba termos vindo com ela das costas africanas.

O consumo cultural de cannabis no contexto estava associado à forma de produção, distribuição e consumo, próprios da tradição africana. Como pensar estes espaços no contexto atual? Como pensar a formação de clubes e associações num contexto em que a produção agrícola encontra-se concentrada em grandes e médios produtores, apesar das iniciativas que fomentam a produção na esfera familiar? Em que medida estes pequenos modelos podem atender as demandas do país, retirando esta planta do ciclo de violência em que foi

30 IGLÉSIAS, Francisco de Assis. Sobre o Vício da Diamba, p. 15-23. In: Maconha: Coletânea de Trabalhos Brasileiros, 2° Edição. Rio de Janeiro: Serviço Nacional de Educação Sanitária/ Ministério da Saúde, 1958,

31 Idem.

inserida? Eis que temos o piloto de uma associação cultural cannábica, inspirada por modelos que integrem produção, distribuição, troca e consumo, mediante a síntese entre estas experiências históricas.

Enquanto alguns liberais afirmam que a maconha é um hábito como tomar uma dose de Uísque, ou ainda que tudo o que estamos passando é uma adequação ao capitalismo, um enorme *business* está se formando e os mais conservadores não poderão frear.

Esta tese conformista sequer se aproxima de qualquer posicionamento reformista, pelo contrário, visa exclusivamente demonstrar a partir de uma análise do capitalismo global que o mercado de cannabis vai desembarcar ora ou outra em nosso litoral. Seremos mais uma vez colonizados pelos modelos estrangeiros? Onde repousará a memória de nossos mortos, de nossos presos, de parte fundamental da cultura de minorias bastante significativas, esmagadas por décadas de guerra as drogas? Eis a questão!

### *A Associação Cultural Cannábica de São Paulo*

Contra essa análise fatalista, em 2012 a ACUCA-SP (Associação Cultural Cannábica de São Paulo) iniciou suas atividades pautando a construção de um modelo singular, adequado ao contexto social brasileiro e pronto a ser copiado aos quatro ventos. Diante dos impedimentos legais para a produção de cannabis recreativa (seja lá o que isso signifique), o modelo adota o enfoque cultural como prática produtiva, visando contribuir em distintas frentes da luta antiproibicionista. A meta é lançar as bases para o surgimento de futuras associações que, formadas inicialmente por princípios político-pedagógicos, agregue forças na luta pela regulação do cultivo individual e associativo.

Diante da legislação vigente, o modelo associativo de enfoque cultural divide-se em quatro frentes: a primeira, pautada na organização burocrática da associação, embasada por um estatuto e por uma comissão diretiva, formada de um presidente, um secretário e um tesoureiro; a segunda pautada na produção de pesquisa e difusão de informações que favoreçam o florescimento do modelo a partir da publicação de material impresso e digital; a terceira frente se concentra na produção cultural, com a realização de eventos, debates, mostras cinematográficas, cursos de jardinagem, manifestações musicais e cênicas, geração de renda, ou seja, atividades que visem formar ativistas para as dificuldades atuais e as que virão; e, por último, o quarto e mais recente enfoque de uma associação cultural: a formação de uma assessoria jurídica, ou mais precisamente, a criação do EDUCannabis (Escritório de Defesa do Usuário de Cannabis), visando prestar serviços e informações aos usuários, preventivamente ou na hora do perrengue, espelhado no grupo de advogados SOS Maconheiro, atuante no início dos anos 1980.

Nestes quatro eixos, a associação cultural cannábica pode operar no trabalho de formação em grande diversidade de temas da cultura cannábica, investindo nos futuros quadros do antiproibicionismo. As reuniões são realizadas para tomar decisões quanto aos rumos e ações da associação, a partir de uma gestão democrática que pode encontrar correspondência nos círculos de cultura propostos pela teoria e ação revolucionária de Paulo Freire.

### *As relações de poder*

No interior da associação, as relações de poder são bastante horizontais, recolocando a questão: autogestão ou gestão democrática. Se Maurício Tragtenberg[32] apontou com precisão que o mero ato de mediar às relações sociais de produção implica na dominação e controle dos meios, ou seja, quem controla a gestão e os mecanismos detém o controle do empreendimento, formar uma gestão democrática é possível a partir da descentralização das atividades da associação. O acúmulo de poder acaba por florescer mediante o acúmulo de experiência na mediação dos assuntos referentes a cada uma das quatro ramas, esboçadas aqui, sendo nas reuniões gerais o espaço em que as quatro frentes se defrontam democraticamente, tomando coletivamente as decisões no interior da associação. Com a diversificação da geração de renda da associação e eventual prosperidade no acúmulo de recursos para a realização de atividades, prevemos a formação de um conselho fiscal que se responsabilizará pela conferência dos balancetes e relatórios da tesouraria.

### *Associações e Marchas da Maconha*

Para o empreendimento ser capaz de transformar ideias em práticas efetivas, as experiências associativas devem ambientar os espaços de discussão das Marchas da Maconha em nível nacional. Deste modo, as associações culturais cannábicas podem favorecer nestes espaços o debate de ideias e práticas cooperativistas, amparada em valores como o apoio mútuo e solidariedade. O modelo, em médio prazo, pode transformar-se em verdadeiro laboratório de práxis associativas no interior das Marchas da Maconha, propondo atividades pontuais que ampliem a difusão de ideias e práticas salutares ao desenvolvimento da cultura cannábica em todas as esferas, fator indispensável para o fortalecimento do ativismo.

---

32 TRAGTENBERG, Maurício. Burocracia e Ideologia. São Paulo: Editora Unesp, 2006.

Pensando na expansão deste modelo seguindo a ampliação das Marchas da Maconha, as associações podem fortalecer-se federativamente, como é o caso do modelo espanhol, que trataremos mais adiante. A formação de uma ou mais federações pode favorecer a disseminação de ideias e experiências que possam resultar na construção de modelos adequados à singularidade de cada região do país, ampliando a consolidação deste modelo alternativo, adubando a sociedade com informações, germinando cultura cannábica. Qual será a cultura cannábica que prevalecerá? A pautada no *business* ou na recuperação de uma tradição essencialmente brasileira, como a dos Diambistas do Maranhão, dos barqueiros do Rio São Francisco ou dos estivadores do porto carioca? Analisar o contexto brasileiro afastando da vista as inúmeras distinções que aqui existem de outras experiências do globo é pura insanidade, é jogar areia nos olhos. E chegamos ao problema vital: financiamento.

### *Geração e captação de recursos*

Existem diversas formas de financiar o ativismo cannábico direcionado na construção de modelos associativos. Existem possibilidades como estabelecer parcerias com a iniciativa privada, em forma de patrocínios das atividades veiculadas a imagens de produtos que integram a cultura cannábica atual, como sedas, dixavadores, sementes, e produtos para distintas formas de cultivo e consumo da planta. Pensando na remota possibilidade de financiamento estatal através de editais, a associação pode vir a funcionar como ponto de cultura, ou integrar um ponto, como é o caso da ACALP (Asociación Cannabica La Plata), que sobrevive através da relação de mutualidade que estabeleceu com a Casa Lúmpen, ONG amparada por edital. A associação ainda pode captar recursos gerando renda através da comercialização de livros, camisetas, broches, além de receber doações e contar com uma contribuição anual de seus membros, decidida coletivamente. Esse caixa inicial permitirá aos ativistas mais dispostos deter o ponto de partida econômico para o desenvolvimento de ações que revertam fundos para a associação, ampliando as possibilidades de ações formativas sem contrapartida, amplificando a difusão dos princípios associativos no país.

### *Clubes de Cannabis na Espanha*

Organizando as ideias em nível global, nos deparamos com os distintos modelos presentes em diferentes partes do globo. Pelas últimas andanças que realizei no velho continente, pude observar de perto como estão lidando com a cannabis em diferentes países.

Visitando alguns clubes de cannabis na Espanha, procurei recolher informações sobre o modelo associativo que atualmente vigora neste país. Chegando a Madri, realizei um levantamento sobre as organizações cannábicas da cidade, chegando rapidamente ao que de pronto me interessou: A A.M.E.C. (Asociación Madrileña de Estudios sobre el Cannabis).

Segundo Martín Barriuso, "(...) a experiência dos Clubes Sociais de Cannabis na Espanha começa em 1993. Foi quando a ARSEC, de Barcelona, envia uma carta ao fiscal antidroga de Catalunha, na qual afirma que, posto que já em 1974 (em plena ditadura de Franco), o Supremo Tribunal decidiu que o simples uso de drogas não é um delito, tampouco deveria sê-lo o de cultivar para o consumo pessoal. O fiscal reconheceu então que o cultivo de maconha em quantidade que não supere o consumo normal deveria ser considerado como não delitivo, mas que não se atreveria a se pronunciar 'na falta de feitos concretos'".[33]

33 BARIUSO, Martín. Os Clubes de Cannabis na Espanha: uma brecha no muro da proibição. Cannabica – Queimando Mitos Acendendo Fatos. N° 01 – Maio/2015, p. 08-09.

Logo os membros da ARSEC providenciaram os feitos concretos, alugando um terreno onde 100 membros da associação cultivaram 200 pés de maconha, sendo reprimidas pela intervenção da Guarda Civil. O caso foi arquivado, e as iniciativas se repetiram, formando o modelo associativo a partir desta brecha.

### *A.M.E.C. – Asociación Madrileña de Estudios sobre el Cannabis*

Com disposição para saber mais da experiência *madrileña*, desci durante a noite caminhando pela Calle Carretas em direção à Calle Salitre, endereço da A.M.E.C. No caminho, pude ver a sede da C.N.T. (Confederación Nacional del Trabajo), entidade anarquista que durante a Guerra Civil Espanhola, com seus mais de dois milhões de associados, lutou organizando milícias de trabalhadores contra o avanço fascista das tropas de Franco, vitoriosas após o auxílio bélico dos países nazistas e fascistas, transformando o país em um verdadeiro ensaio do que viria ser, três anos depois, a maior ofensiva aérea alemã vista até então: a aplicação do Blitzkrieg na conquista da Polônia e da França. A bandeira vermelha e negra parecia prenunciar que estaria a cair numa associação bastante inspirada pelas ideias libertárias.

A A.M.E.C. se declara uma associação de consumidores e estudiosos de tudo o que é relacionado com a cannabis e seus derivados, inclusive o cultivo. Fundada e registrada em 1995, a associação concentra seus esforços em denunciar abusos e restrições de direito inerentes à legislação proibicionista. A A.M.E.C. mantém entre suas diretrizes fundamentais a ação sobre os poderes públicos na construção de uma política de drogas mais justa e eficaz. Entre suas atividades culturais, está a organização de eventos, copas cannábicas com fins lúdicos e jornadas de estudos no interior da Universidad Complutense de Madrid.

Centrada no direito fundamental do ser humano ao próprio corpo e o direito ao acesso à uma verdadeira educação sobre drogas, a associação se contrapõe aos mitos inconsequentes disseminados pelos setores proibicionistas. Atualmente, a associação conta com 300 membros registrados, que colaboram com a associação realizando o pagamento de uma anuidade de 20 euros, recursos necessários para a manutenção do espaço comum da associação, onde seus membros podem levar ideias sobre ações diretas ou atividades internas, mantendo uma postura heterodoxa na análise de propostas e no planejamento de ações. Foi o que constatei no papo que se prolongou por horas a fio, regadas a flores e muita cerveja *Mahou*.

### *Na A.M.E.C.*

Chegando à Calle Salitre com alguns exemplares do *Cannabica* em mãos, fui recebido com bastante receptividade pelos membros da Associação. Apresentei-me e de pronto surgiram muitas perguntas sobre distintos temas, dos quais procurei experimentar ao contextualiza-los sobre o problema brasileiro. Da conversa, extrai a clara percepção de que debates como o que travamos aqui, sobre o uso de sintéticos ou flores naturais como instrumentos terapêuticos não é cogitada: estão bastante familiarizados com os efeitos medicinais dos terpenóides.[34]

Os baseados duravam apenas uma volta na roda, então era preciso puxar forte e encher os pulmões antes de passar um fumo verdinho, cultivado por um dos associados, que logo começou a me contar como funcionava o cultivo da associação: "(...) aqui não nos concentramos em produzir *Marijuana*. Interessa-nos mais iniciativas educativas, que proporcionem a regularização do cultivo individual ou coletivo desta planta.

34 Russo EB (2011). Taming THC: potential cannabis synergy and phytocannabinoid-terpenoid entourage effects. Br J Pharmacol. 163 (7): 1344-64.

No momento cada associado cultiva suas próprias plantas na esfera privada, porque não queremos funcionar como alguns clubes que em realidade se fundamentam por princípios econômicos, se mascarando de clube ou associação para funcionar como modelos de negócio". Deste modo, longe de concentrar-se na produção e no abastecimento dos associados, a entidade dirige suas forças para atividades formativas.

Ao ir ao banheiro após algumas cervejas constatei que o vapor de sódio ardia em um dos cômodos do imóvel: um pequeno cultivo a ser desfrutado pelos associados coletivamente, mas longe de atender as demandas mensais. A venda de cerveja era uma das principais fontes de capitação de recursos para o grupo, e continuamos a conversa ao som do *African Screen Contest*. Ao reconhecer o som e dizer o nome, um dos associados esboçou um sorriso genuíno, expressando um contentamento baseado no fato de que estamos conectados a partir de alguns fragmentos de nossa realidade. Estas conexões logo se aprofundariam ao começarmos a conversar sobre anarquismo, Guerra Civil Espanhola e a C.N.T., entidade que era membro.

Perguntei se todos os membros da associação desfrutavam das mesmas opiniões, e logo fiquei sabendo que no seio da associação ainda residem membros do *Podemos*, partido de extrema esquerda que busca oferecer uma saída para a política de austeridade no país. Perguntei se eles conheciam a história da passagem do militante anarquista Buenaventura Durruti pela América Latina, que desceu do México até a Argentina promovendo assaltos a banco, angariando fundos para os movimentos anarquistas locais. Ao esboçar passar pelo Brasil, o guerrilheiro e líder da célebre e mortal *Coluna Durruti* teria dito que aqui não dava revolução. Após assaltar o hipódromo de Buenos Aires, teria recebido a alcunha de *El caballero de las treinta monedas*, quantia irrisória encontrada após, já em alto mar, arrombar o cofre sequestrado.[35]

A conversa prosseguiu bastante animada, lembramo-nos dos livros de José Peirats sobre *A C.N.T. e os anarquistas na Revolução Espanhola*, discutindo os episódios mais marcantes da luta, como o cerco ao *Alcazár de Toledo*, as batalhas de Madri e o embate nas proximidades da *Generalitat* em Barcelona, onde caiu Francisco Ascaso, anarquista celebrizado pelo exemplo revolucionário.[36] Discutimos também sobre a ampliação do acesso de cannabis aos usuários espanhóis. Disseram-me que anteriormente não havia maconha disponível, mas haxixe proveniente do Marrocos, muitas vezes de baixa qualidade. Para os associados, a produção destas substâncias dentro do país favorece a descentralização da produção, reduz vertiginosamente a violência e agrega qualidade aos produtos, reduzindo os riscos e os danos aos usuários de cannabis. As inscrições nas paredes da associação denunciavam o tom libertário do grupo, com inscrições como "empapelamos para que no nos empapelen; libertad al cultivo, no somos delito e no a las leyes mordaza".

Os integrantes da associação demonstraram com afinco o rechaço a Ley de Seguridad Ciudadana e o novo Código Penal. Segundo a posição oficial da A.M.E.C., ambas reformas legislativas aprovadas pelo Partido Popular para restringir o direito à liberdade de expressão e reunião pacífica, supõe uma grave deterioração das liberdades de uma maneira que é contrária tanto às normas internacionais de direitos humanos como às diretrizes fundamentais aceitas pela Espanha em virtude do direito internacional.

---

35 BAYER, Osvaldo. Los Anarquistas Expropriadores y otros ensayos. Buenos Aires: Editorial La Página, 2009.

36 ENZENSBERGER, Hans Magnus. El corto verano de la anarquía - vida y muerte de Durruti. Trad. de Julio Forcat e Urike Hartmann. Barcelona: editorial Anagrama, 1998.

*Posições da F.A.C.- Federación de Asociaciones de Cannabis*

A A.M.E.C. integra a F.A.C. (Federación de Asociaciones de Cannabis), opõe-se às detenções de membros de *Clubes Sociais de Cannabis* e exige a regulação clara do auto cultivo, por não ver sentido nas prisões de membros de entidades devidamente registradas legalmente, o que demonstra a incompreensão sobre as atividades de clubes e associações por algumas entidades, ao passo que outras dirigem seus esforços em eliminar o modelo do país. Mesmo assim, há no país grande número de autos e sentenças judiciais que amparam as atividades dos clubes sociais de cannabis, destacando que a prática não constitui delito enquanto se respeitem certos limites, que ainda encontram-se indefinidos pela ausência de uma regulação clara do cultivo individual e coletivo, assim como a criação de mecanismos de controle preventivo que permitam fiscalizar a atividade dos clubes sem necessidade de recorrer às forças policiais.

Como posição oficial, a F.A.C reitera a demanda de criar um registro específico de associações para este tipo de entidade, onde seja possível auditar suas contas, assim como a elaboração de um protocolo de atuação policial que inclua mecanismos de supervisão de cultivo e transporte de cannabis por parte dos clubes. Segundo a visão da F.A.C., assim se poderia resolver qualquer dúvida sobre a legalidade ou não das atividades das associações sem recorrer a mecanismos de controle traumáticos e desproporcionais, como as detenções. Seguindo esta linha, a federação tem como pauta a despenalização total do tráfico, considerando que proporcionar cannabis a uma pessoa adulta não deve ser considerado delito, sendo esta prática orientada por fins lucrativos ou não, sendo substituídos por sanções de âmbito administrativo.

Diante destas diretrizes, fui entendendo que a F.A.C., segundo um de seus manifestos, "não aposta em um modelo liberalizador onde a produção e distribuição de cannabis se deixem nas mãos dos mercados capitalistas de orientação neoliberal que dominam o comércio mundial, como ocorre com o álcool e o tabaco". Esta posição da federação é forjada na compreensão de que um modelo desse tipo entregaria o controle da produção de cannabis a grandes empresas mercantis, pauta contrária aos interesses dos usuários de cannabis. Outro dos problemas apontados foram às ações de empreendimentos mercantis relacionados à cannabis, especialmente as atividades dos bancos de sementes, que favorecem a formação de associações tolhendo a autonomia de funcionamento das entidades, limitadas pela dependência econômica ou o apadrinhamento. "Longe de se opor ao mecenato e a colaboração entre os clubes sociais de cannabis, a F.A.C. não vai permitir que o modelo de Clubes Sociais de Cannabis sejam pervertidos pelos intentos manipuladores de quem se manteve a margem do ativismo nos anos mais duros para desembarcar agora em um intento de aproveitar-se do trabalho de normalização de milhares de ativistas e organizações de usuários", pelo risco que supõe para todo o movimento pela normalização da cannabis a existência de iniciativas que poderiam estar transgredindo a legalidade. "Não permitiremos que alguns indivíduos, com o intuito de lucrar e se beneficiar pessoalmente nos arrastem em sua queda".

Ainda na A.M.E.C., realizamos uma experiência antropológica, quando curiosos me perguntaram como fumávamos maconha no Brasil. Mostrei para eles o fininho de São Paulo, fazendo dois baseados com pouquíssimo fumo, que já rareava. Lembro-me que a conversa se estendeu pela madrugada, sendo poucas as recordações de minha saída ou a chegada catastrófica ao Hostel. Só sei que acordei no outro dia tranquilamente, ainda sentindo os efeitos da expedição passada. Visita rápida ao Museu do Prado me proporcionou ver o quadro *Fumadores y Bebedores* (1652) de David Teniers, o Jovem (1610-90), onde eternizou corpos estirados sobre cadeiras, a jogar, beber e fumar, em suma, gozando dos prazeres da vida.

### *Rumo a Lisboa*

Saindo de Madri e chegando a Lisboa conservava muitas dúvidas sobre o modelo português, tão defendido por alguns desavisados do Legislativo e do Judiciário. A lei tão admirada por nossas autoridades, por conservar critérios objetivos de quantidades estimadas em 10 dias, ou seja, 2,5 gramas diárias, não constitui crime, mas o que chamam de contra ordenação. Após a revista, a substância ilegal é apreendida.

Os *Smart Shops* ofereciam algumas drogas com efeitos bastante parecidos de clássicos como o LSD, Cocaína e Maconha, etc., mas não encontrei nenhuma das portas abertas. Mais tarde fui descobrir que por conta do decreto-lei que entrou em vigor em 18 de março de 2013, proibiu-se a produção, importação, publicidade, distribuição, venda ou disponibilização de 159 novas substâncias psicoativas vendidas nestes empreendimentos. Apenas a cadeia *Magic Mushrooms Smart Shop* entregou 500 mil euros em produtos as autoridades,[37] mas se pode atualmente comprar cinco gramas de flores por 20 euros em qualquer rua da Cidade Baixa.

Caiu-me em mãos pela solidariedade alheia um destes pacotinhos que fez a viagem e ampliou a experiência sensorial em meio às ruelas do Baixo Chiado, tão devastado por um terremoto que destruiu a cidade em meados do século XVIII. Estas ruelas, repletas de estudantes, demonstram no que a an-

---

37 Ver http://www.cmjornal.xl.pt/nacional/sociedade/detalhe/lei-fecha-maioria-das-smartshops-no-pais.html

tiga capital do império português se tornou: uma cidade de muitos turistas, igrejas e ruas históricas repletas de bondes e cannabis, mas também de espertalhões prontos a vender chá mate ou caldo *Knorr* no lugar de um haxixe marroquino.

Passando pela Praça dos Restauradores, um tipo me abordou com uma pelota negra em mãos e um saco que pareciam ser flores. Mostrou-me, mas logo tomei distância, diante da investida incisiva do proponente. Disse-lhe que já estava bem servido, e logo tomei distância, para matar a larica com um pastel de bacalhau delicioso. A noite terminou após várias garrafas de *Super Bock*, as margens do Tejo, depois de passar algumas horas no interior da boate *Beleza*, com músicas do Cabo Verde, onde os corpos remexiam ao som da *Kizomba*. À beira do Tejo, a maresia mescla-se aos vapores da *ganzá*,[38] impregnando o ambiente.

O que ficou claro é que o modelo português não eliminou o comércio ilegal de maconha e derivados, pelo contrário, parece ter fomentado a ampliação da ilegalidade e do acesso, sem controle de distribuição, produção e consumo. Visando revisar a legislação e adequá-la às demandas da sociedade portuguesa, o parlamento debateu um projeto de lei do Bloco de Esquerda, que visava a legalização do cultivo de cannabis para uso pessoal e a criação de clubes próprios para consumo e que respeitassem os limites de 10 plantas de maconha por associado ou por residência. No interior dos clubes, seria restrita a comercialização de bebidas alcóolicas e acesso às máquinas de jogos, além de impedida a instalação de clubes a menos de 300 metros das unidades escolares. Assumidamente espelhado no modelo espanhol, os portugueses consideram o modelo dos *coffee-shops* holandeses inadequados, por não inserirem em seu sistema a produção, concentrando apenas distribuição e consumo, o que abre espaço para a atuação do crime organizado, funda-

38 Gíria portuguesa para definir maconha.

mentado no tráfico internacional. As associações teriam a vantagem de, diferentemente dos estabelecimentos holandeses, não haver fins lucrativos. A reforma da legislação estava sendo debatida pela percepção deste setor que "a descriminalização por si só não responde ao problema principal, uma vez que não deixa nenhuma alternativa ao consumidor que não seja a aquisição da *cannabis* no mercado ilegal", identificando na lei atual a contradição evidente entre a proteção do consumidor e a proibição do chamado auto-cultivo, que não prejudica terceiros e contribui para o combate ao tráfico ilegal.[39] A iniciativa do Bloco de Esquerda foi rejeitada por sociais-democratas, democratas-cristãos e comunistas, enquanto PS e PEV optaram pela abstenção.

Em 2015, sob nova redação, o Bloco de Esquerda tentou novamente emplacar o projeto de lei n° 880/XII/4.ª, mas a coalizão PSD/CDS-PP e o PCP (Partido Comunista Português) mostraram-se contrários ao projeto, inviabilizando sua aprovação.

Os *Camaradas Caretas*[40] de Portugal preferiram apresentar projetos que recomendam ao governo uma política ativa no âmbito da prevenção das toxicodependências e a adoção de medidas para prevenir o consumo e estudar a utilização de maconha para fins terapêuticos, ou seja, realizar ações já praticadas pelo governo. Para os socialdemocratas, "o novo gênero de associativismo entre os jovens portugueses é um estímulo claro ao consumo de maconha, que dá um sinal errado à sociedade portuguesa", além de acusar o Bloco de Esquerda de "cavalgar uma agenda clara de irresponsabilidade". Já o grupo parlamentar centrista declarou que os integrantes

39 Legalização do cultivo de canabis e de clubes para consumo em debate na Assembleia da República. 07/05/2013. In: http://www.publico.pt/sociedade/noticia/legalizacao-do-cultivo-de-canabis-e-de-clubes-para-consumo-em-debate-na-ar-1593663

40 Referência à dissertação de mestrado de Júlio Delmanto, sobre o posicionamento retrógrado da esquerda quando o assunto é drogas.

do Bloco de Esquerda "precipitam-se, deturpam, arriscam e desresponsabilizam" com o seu documento. O deputado do Bloco de Esquerda José Soeiro lamentou a enxurrada de argumentos tão arcaicos por parte destas bancadas, e lembrou a declaração da ministra da Justiça Paula Teixeira da Cruz, que em visita a uma prisão afirmou que o proibicionismo torna o tráfico um negócio profundamente rentável.[41]

A tentativa de legalizar clubes e cultivo pessoal de cannabis surgiu como alternativa ao paradoxo deixado pela despenalização do consumo de drogas: não é crime consumir, mas é crime ter uma planta em casa ou comprar cannabis. O Bloco de Esquerda, diante da derrota, solicitou que o projeto fosse encaminhado à comissão para discussão em termos específicos, sem votação, o que foi aprovado por todas as bancadas. No mesmo dia, as resoluções retrógradas do Partido Comunista Português e do Partido Socialista, que pediam maiores iniciativas do governo na realização de práticas preventivas – o que já está em prática – foi rejeitado, por redundância.[42] Apesar da vitória parcial, como o encaminhamento do projeto a comissão de saúde, no dia 24 de maio as esperanças acabaram com a votação esmagadora de 132 deputados contra, 52 abstenções e 17 votos a favor.[43]

Os partidos políticos autoproclamados de esquerda parecem trocar os pés pelas mãos quando o assunto é drogas, prestam um desserviço ao progresso e privilegiam a manutenção do crime organizado. Serão eles, aliados aos partidos de centro e direita, o "ópio do povo" no século XXI?

---

41 Cultivo de canábis para uso pessoal pode ter luz verde de deputados. In: http://observador.pt/2015/04/23/maioria-e-pcp-contra-legalizacao--de-cultivo-e-clubes-de-canabis/

42 Consumo de Canábis. 07/05/2015.In:http://www.avante.pt/pt/2162/assembleiadarepublica/135376/

43 Responsabilização Parlamentar (XI). 23/05/2015. In: http://365forte.blogs.sapo.pt/tag/assembleia+da+república

## *Liberdade, igualdade e fraternidade*

Após uma noite que pouco revigorou, partimos para Paris, e as flores portuguesas continuavam a fazer a alegria. Contudo, na bagagem carreguei a percepção de que o modelo português é insuficiente, para eles e para nós.

A França é um país que possui atualmente entre 80 e 200 mil cultivadores de maconha,[44] dado afirmado pelo número de apreensão de plantas de maconha. Até 2010, foram apreendidas cerca de 60 mil pés de cannabis e no ano passado, mais de 150 mil plantas, ou seja, triplicou. Os dados apontam um crescimento satisfatório do cultivo privado de cannabis, demonstrando que a luta é global.

Global também é a luta de François Dufour e José Bové contra o mercado internacional de alimentos, que aboliu as fronteiras e tenta impor uma padronização alimentar baseada no cultivo de transgênicos. Contra a tendência, Dufour defende que "cabe a nós, cidadãos do mundo, elevar de forma igualitária o nível de direito para todos os povos. O direito do homem não para nas fronteiras, que seja globalizado".[45]

Na luta contra a comida transgênica, estes agricultores cultivam a boa luta contra o sistema alimentar atual, dominado por transgênicos e *fast-foods*. Pautam sua prática na filosofia: *pensar global e agir local.* Lembrando-se da Revolução Francesa e do lema *Liberdade, Igualdade e Fraternidade*, Bové lembrou que a vitória dos *sans-culottes* "foi confiscada pelos detentores da ordem", eles deturparam o lema da revolução, e "cabe a nós, na rua, reabilitarmos a democracia na base,

---

44 Les Jardins Secrets du Cannabis. Le Monde, 19/06/2015. In: http://www.lemonde.fr/m-actu/article/2015/06/19/les-jardins-secrets-du-cannabis_4657849_4497186.html

45 BOVÉ, José; DUFOUR, François. O mundo não é uma mercadoria: camponeses contra a comida ruim. São Paulo: Editora UNESP, 2000, p. 239.

nos reapropriarmos desta fórmula". A luta contra os transgênicos é na essência uma luta contra o modelo neoliberal proposto para a alimentação no planeta, servindo-nos de exemplo para construirmos a luta contra os monopólios que podem se apoderar do contexto em um cenário de transição do proibicionismo à regulação.

### *Internacionalismo, flores e haxixe*

Na maresia visitei o cemitério *Pére Lachaise*. No aniversário do massacre da Comuna de Paris (1871), visitei o paredão em que os *Comunnards* foram fuzilados pelos soldados de Versalhes, no mês de maio. Passando por alguns túmulos notáveis um que se destacou foi o de Valery Wroblewski (1838-1908), possuindo a seguinte inscrição: *Combatente da insurreição polonesa de 1863. General da Comuna de Paris de 18 de março a 28 de maio de 1871. Sob seu comando, o 101° batalhão formado de trabalhadores do XIII° e do V° distrito colocaram por dez vezes os Versalheses em fuga, superiores em número. Aos filhos heroicos da Polônia (O povo de Paris).* Este é o internacionalismo libertário, e não o que os libertarianos[46] apregoam aos quatro ventos.

Findadas as responsabilidades que a viagem implicava, expedicionário pelas ruas de Paris, parti da Rue Oberkampf em direção à Avenue de la République, em busca de haxixe marroquino. Chegando à praça, sem qualquer sinal de movimento, prossegui à direita percorrendo o Boulevard Magenta. Quebrei à esquerda e comecei a observar o grande número de africanos que ocupavam as ruas. Tentei detectar qualquer atividade ilegal, procurando ampliar meus sentidos ao observar o movimento dos corpos. Quebrei à esquerda novamente e vi ao longe a *Porte Saint Martin*, local onde detectei um tipo de

46 BOOKCHIN, Murray. *Social Anarchism or Lifestyle Anarchism: An Unbridgeable Chasm*. Edinburgh: Freedom Press, 1995.

agasalho cinza e fones de ouvido, encostado ao monumento. Observei por alguns momentos e logo um cliente se aproximou. Conversaram detidamente e de lá saíram para fechar o negócio. Procurei observar com certa distância, dei alguns passos e retornei, sentando-me num café.

O vendedor não voltava, levantei-me e continuei a expedição, abordando um tipo que havia me pedido uma moeda. Diante do desconhecimento do indivíduo, fui voltando para a direção de casa, o desânimo foi batendo, mas logo me recompus e decidi voltar ao monumento. Lá chegando avistei o vendedor, mas que agora repousava encostado abaixo de uma marquise, observando inúmeros policiais multando grande número de carros estacionados irregularmente. A aquisição de haxixe claramente havia ido por água abaixo, e decidi retornar. Chegando em casa, após pesquisar na internet, descubro que estava instalado no coração de um dos pontos mais favoráveis da região central para comprar haxixe. Sai pela Rue Saint Maur observando os grupos de pessoas que bebiam nas calçadas. Não era difícil sentir um cheiro violento, ora de flores, outra de haxixe. Observei dois rapazes sentados em uma esquina e de pronto perguntei onde poderia conseguir.

Após perguntarem quanto eu estava disposto a comprar, certamente para saber quanto poderia retirar de comissão (que imagino ser metade do valor que paguei por um barrete de haxixe amarelinho, brilhante), seguindo-os pela rua, chegamos a um ponto que um deles me pediu o dinheiro. Disse que poderia o acompanhar se quisesse, quando ouvi o outro dizer *faire confiance*, eu vou ficar aqui com você enquanto ele vai lá. Perguntou-me se era egípcio, e entendi o motivo. Já havia sido submetido à várias revistas nos aeroportos por onde passei, seguido em farmácias, parado e obrigado a abrir a sacola em um caixa de supermercado, enfim, me senti um afrodescendente no Brasil, mas com a diferença que sofreria apenas alguns dias com o preconceito. Quando disse que era brasileiro, ainda fui zoado até a morte por conta da derrota memorável da seleção brasileira na Copa do Mundo. De pronto, recebi o haxixe, aproximei do nariz e constatei que não havia sido enganado.

Agradeci e sai vazado, para tomar mais algumas *Leffe´s* e queimar a resina recém-adquirida. Fui com muita sede ao pote! Senti um soco na cabeça, ficando por algum tempo imobilizado pelos vapores do hacka. Acertada a dose, a noite adentrou-se, findando a etapa com a lembrança de uma aquisição anos antes, nas proximidades da estação *Stalingrad*. Lembrei-me do comerciante que a todo custo tentava me empurrar uma miséria de cocaína cotada a 50 euros. Insistia em me contar que havia trazido a droga no ânus. Pensei *hu ha ha ha*. De tanto insistir, acabou me levando até alguns de seus colegas, que me venderam uma boa porção, satisfazendo a cabeça por dias a fio. Algumas outras memórias foram se dissipando, para dar lugar a novas experiências.

### *Na Catalunha*

Chegando à Barcelona, capital da Catalunha, dei o último gás, procurando saber um pouco mais sobre os clubes canábicos nessa cidade tão movimentada pelo turismo. Já havia tomado conhecimento em uma visita de Martin Barriuso aos movimentos antiproibicionistas de São Paulo que muitos clubes estavam vendendo maconha e seus derivados aos turistas, constituindo uma séria ameaça ao modelo que estavam trabalhando com afinco para implantar. Dois anos antes do *Helicoca*, Barriuso foi enfático ao comentar o episódio de um helicóptero que transportava grande quantidade de maconha para a Itália, através dos Alpes: "É algo que coloca em risco décadas de trabalho"!

Desci do trem na Plaça de Catalunya, olhando o sol amarelo que fritava a cabeça, depois da sequência de dias marcados pelas brisas congelantes e céu cinzento. Com a mente feita, desci através da La Rambla em direção ao Mirador de Colón, grande monumento do navegador, em posição altiva, apontando para a América. Um frio me bateu na espinha, lembrando apenas de alguns detalhes que acompanharam a colonização da América. Pessoas de distintas nacionalidades faziam parte da turba que se perdia em meio às bancas de jornal, *gelaterias*, vendedores ambulantes de apitos, floriculturas, bugigangas e lojas de sementes de flores e hortaliças. Fui descendo na *lombra*, procurando encontrar algumas flores, quando me deparei, ao lado dos anúncios de sementes de flores, sementes de maconha. A impressão durou alguns momentos e pensei, "afinal são flores". Adquiri algumas flores, entre elas a Statice Sinuata Variada, *Pensamiento Gigante Blanco Corazón Negro* e *Amarillo*. As sementes da *Vision Seeds* feminizadas estavam com o melhor preço, especialmente a *Jack Herer* e a *Chocoloco*.

Descendo por La Rambla com uma lista de clubes a visitar, optei por ir em direção ao La Mente, na Plaça Espanha. Chegando ao destino, me deparei com um espaço bastante fechado, com uma porta vigiada por câmera e com os dizeres: "entrada permitida somente para sócios". Diante das incisivas tentativas de contato, parti um pouco decepcionado, mas senti que aquele não era um clube que funcionava para alimentar o turismo. O que também não vejo muito problema, porque comprar maconha e haxixe na rua estava mais fácil que comprar um sanduiche de *Jamón* na esquina. Enrolei outro *The Turner Negro* aditivado e segui para Barceloneta, encontrar dois amigos, um novo e um velho. A marola batia forte e lá chegando fui surpreendido por blocos de carnaval bastante esquisitos, repletos de homens com machados no punho, saltando ao som de metais e tambores, que ora parecia tradições locais, outra transculturação, o colonizador colonizado pelo Samba do Rio e o Frevo de Olinda. Observei um tempo, joguei umas latas goela abaixo e desci para o mar onde fui recepcionado com um haxixe de Pólen dourado de Amnesia. Cigarro desfeito, pressão baixa, moleza, algumas Estrellas Damm à beira do Mediterrâneo observando patos sedentos devorando peixinhos e pensei: "até quando"?

Passando pelo Passeig Maritín queimando a vela seguimos em direção a Jaume I. Chegando lá, Kauê, um brasileiro maluco radicado em Londres apresentou uma flor de AK-47 pancada. Algumas latas de Heineken, disposição, fogo na mente que se apagou chegando a St. Cougat.

### *Sagrada Família e oficiais da lei*

Levantei a carcaça logo de manhã, com alguns exemplares do *Cannabica* em mãos. Perseguia mais alguns clubes, *Turner* com marroquino, destino: Sagrada Família, de Gaudí. Logo na entrada o segurança bateu os olhos no volume de jornais que portava, mantendo-se bastante desconfiado e apreensivo. Expliquei que se tratava de um periódico brasileiro sobre maconha. Informação que conferiu atentamente, olhando para mim e perguntando uma terceira vez. Jornais retidos – passei. Relaxei a mente, respirei e adentrei no recinto, iluminado de luzes verdes, vermelhas e azuis que de imediato passaram a perfurar meus olhos. A imensidão do complexo fazia minha mente navegar entre as cores e altas paredes. Avistei ao fundo um órgão avantajado, de lâminas prateadas silenciadas, ao percorrer com os olhos as elevadas paredes esculpidas. Imaginei que o impacto de sensações deste *espetáculo total*[47] poderia proporcionar o clima de

47 As Lichtspielhaus eram verdadeiros palácios de luzes, proporcionado ao público a mobilização das sensações sonoras e visuais. Nestes espetáculos existiam dispositivos óticos, espetáculos de luzes acompanhados por uma trilha sonora específica. In: KRACAUER, Siegfried. O Ornamento da Massa. São Paulo: COSACNAIFY, 2009.

transcendência capaz de convencer o camponês, acostumado aos mitos da terra, da existência do divino (cristão). Esta experiência pode ter sido tão impactante quanto à chegada da Pimenta e do Cacau na Europa, similar aos encontros lisérgicos de San Francisco, para estes humanos que distam um milênio de nós.[48]

No centro da catedral, repousava uma grande imagem de cristo-crucificado, pendurado em um grande paraquedas (guarda-sol) repleto de pequenas luzes amarelas fixadas numa estrutura suspensa no ar. Recolhi na portaria os exemplares e sai na caminhada, em direção a Barceloneta. *Turners* aditivado... Sola gasta. Trombei Kauê e Glau. Um haxixe brilhante me esperava. Sentamos para tomar a tão propagandeada caipirinha e a decepção foi tremenda. Caipirinha engarrafada, horrorosa, revelou que as coisas importadas, como ideias e paradigmas, têm lá seus problemas de adaptação no cenário nacional. E isso vale para os modelos de gestão da cannabis. Saímos dali e sentamos num banco à beira mar, para tomar umas cervejas. Fui ao banheiro quando Kauê começou a bolar um tabaco recheado de haxixe, recentemente adquirido em um clube. Quando voltei, alegria enrolada e de pronto, dois oficiais disfarçados de turistas nos abordaram. O primeiro oficial solicitou o baseado, cheirou e não percebeu o aroma, mas o segundo, com cara daqueles oficiais que ao findar o dia daria uma passadinha em alguma associação, ganhou a parada ao sentir o cheiro maravilhoso que exalava. Baseado apreendido para análise, endereço anotado, procedimento padrão. Pensei: "e nem rolou humilhação".

48 Jean Delumeau. O que sobrou do Paraíso. São Paulo: Companhia das Letras, 2003.

### *La MACA - Movimiento Asociativo Canábico de Autoconsumo*

Saímos meio amuados, mas ao chegar à *Carrer de Ginebra* comemos uns baratos e tomamos mais algumas. Cheguei até um clube vizinho, deixei alguns jornais, mas não permitiram a entrada. Disseram-me que teria que esperar o presidente do clube, o que não foi possível. Mais tarde fui saber em conversa com o presidente da La Maca (Movimiento Asociativo Canábico de Autoconsumo), que os fumadores de Barcelona estavam todos apreensivos com o ataque do governo espanhol sobre o modelo de clubes.

Localizado nas proximidades da Igreja de *Santa Maria do Mar*, La MACA é uma associação sem fins lucrativos que visa agremiar entre seus sócios pessoas que fazem uso lúdico e ou terapêutico de cannabis, visando apartá-los do mercado ilegal. Procurando fazer valer os direitos individuais e de livre associação, o clube conta com mais de 650 sócios que cultivam plantas indoor. Além da produção para autoconsumo de seus sócios, a entidade realiza atividades lúdico-festivas, cursos específicos e promove seu espaço como lugar de troca de experiências e consolidação do ativismo.

Uma das motivações da formação do clube que começou suas atividades em 2006 foi o fato de estarem fartos de consumirem cannabis de péssima qualidade a preços elevados, por acreditarem que "(...) através da desobediência civil e a luta política podemos alcançar estes fins, nos opondo ao fenômeno das máfias relacionadas com as drogas, à insegurança jurídica, em busca da normalização da cannabis". Federados a CAT-FAC (Federación d´Associacions Cannàbiques de Catalunya), também federados na FAC em nível nacional.

### *A Ley Mordaza*

A federação catalã reúne 27 associações, mas atualmente 16 delas correm o risco de serem fechadas, devido a uma série de investidas do governo para reprimir o modelo. Miquel, presidente da La Maca, passou duas horas me explicando os problemas que estavam enfrentando com as autoridades. Um deles era o avanço da *Ley de Seguridad Ciudadana*, também conhecida como *Ley Mordaza*. A proposta de lei consiste em multar em até 30.000 euros apenas pela posse de uma planta de maconha em casa e uma multa de 1.000 euros se te apanharem na rua com apenas um baseado. Estão indignados com a hipocrisia das autoridades catalãs, fazendo o país ficar para trás em relação ao Uruguai e estados como o Colorado.[49]

Em 2014, uma em cada três associações foram fechadas pela *Guardia Urbana*, após detectarem "deficiências em seu funcionamento e problemas de convivência com os vizinhos". Segundo as autoridades catalãs, a ação foi a primeira fase do dispositivo Sativa, que inspecionou 145 associações que operam na capital, fechando um terço delas. A ação, segundo as autoridades, foi uma tentativa de colocar em ordem um setor que move cinco milhões de euros ao mês, sendo proibido o lucro com estas atividades. Outra das medidas foi o veto ao registro de novas associações durante um ano, tempo para a preparação de uma proposta de regulação da atividade, prevista para setembro.

Em resposta a ação, a Fedcac (Federación de Asociaciones Cannábicas Autorreguladas de Cataluña), que representa 26 clubes, classificou a ação de perseguição política, mantendo entre seus membros algumas associações afetadas pelas medidas. Já a posição da CatFac, ao contrário, descartou que haja

---

49 Marco Aurélio. El preocupante avance de la Ley Mordaza. In: Cannabis Magazine. La revista de los Profesionales y Amantes del Cáñamo. N° 117, Febrero 2014.

uma cruzada contra os clubes, ressaltando para o objetivo das medidas, que é organizar a prática, mas ressaltou que primeiramente deveriam ter estabelecido uma regulação específica, antes que se realizassem as inspeções. A CatFac assegurou estar de acordo com que a *Administración* estabeleça o controle para que não se desenvolvam práticas como a apologia a maconha ou a sua venda a turistas, mas que a forma que a iniciativa foi posta em prática traz ainda mais insegurança às entidades.

O inspetor da *Guardia Urbana* da *Ciutat Vella* assegurou que muitas associações que foram fechadas funcionavam como um modelo de negócio, com quantidades de sócios além das razoáveis, despertando a desconfiança quanto à venda de maconha e haxixe para os turistas. Algumas associações contavam com cinco mil sócios, que se registravam e logo partiam.[50]

Em março deste ano foram absolvidos cinco membros da Asociación de Personas Usuarias de Cannabis Pannagh, acusados de delitos contra a saúde pública e associação criminosa, com a tese de que "a normalização do consumo de cannabis oculta a intenção de promover o tráfico de forma encoberta", recomendando pena de 22 anos de prisão e multa de dois milhões e meio de euros. Um dos fatores que pesaram na absolvição foi o fato de que a associação, domiciliada em Bilbao, previa em seus estatutos o cultivo de cannabis para consumo privado de seus sócios, sem desrespeitar as disposições legais, com a finalidade de evitar os riscos do mercado ilegal.[51]

---

50 La presión del Ayuntamiento lleva al cierre a un tercio de los clubes cannábicos. 13/08/2014. El País. In: http://ccaa.elpais.com/ccaa/2014/08/13/catalunya/1407931474_046431.html

51 Absueltos cinco miembros de una asociación de usuarios de cannabis. 31/03/2015. In: El País: http://ccaa.elpais.com/ccaa/2015/03/31/paisvasco/1427819774_685102.html

*Iniciativa Legislativa Popular (ILP)*

Ao mesmo tempo, entidades e profissionais relacionados à maconha apresentaram no parlamento uma *Iniciativa Legislativa Popular* (ILP) que regula a atividade dos clubes de cannabis. Na iniciativa estão incluídas a obrigatoriedade de um livro que certifique as datas e os cultivos programados, as técnicas utilizadas, assim como as quantidades colhidas e aptas para o consumo, dados estes que deverão ser conferidos por um agrônomo. Além disso, o projeto prevê a regulação do transporte de cannabis do local de cultivo até o local que se produzirá a distribuição controlada, além da entrega dos dados dos associados. A iniciativa é levada a frente por 35 pessoas do setor, apoiadas por alguns empresários.[52]

*Plano Especial Urbanístico*

Em maio, a prefeitura de Barcelona informou a implantação de um *Plano Especial Urbanístico*, que pretende fechar estabelecimentos destinados à venda de produtos cannábicos e de clubes localizados a menos de 150 metros de escolas e estabelecimentos de saúde. Com a aprovação da medida, a prefeitura conseguiria fechar 80% dos 123 clubes ainda em operação. Para os socialistas, esta medida, divulgada há 18 dias das eleições municipais tem interesses eleitoreiros, não buscando uma solução do problema, por não abordar questões como os horários permitidos de funcionamento, emissão de licenças, etc. Para as associações cannábicas, o projeto

52Las entidades cannábicas presentan una ILP para forzar la regulación. 20/03/2015. In: El País: http://ccaa.elpais.com/ccaa/2015/03/20/catalunya/1426882323_369590.html

ainda não prevê os direitos dos usuários, a inseguridade jurídica que sofrem e o crescimento do mercado ilegal.[53]

*Cultivo proibido em locais visíveis*

Diante destas informações, entendi a apreensão por parte dos sócios dos clubes de cannabis. Um dia após meu retorno ao Brasil, tomo conhecimento que a *Ley de Seguridad Ciudadana* (*Ley Mordaza*), que entrará em vigor em 01 de Julho, foi aprovada. Preservou-se a continuidade da sanção administrativa para o porte de quantias mínimas de maconha e seus derivados em lugares, vias, estabelecimentos públicos ou transportes coletivos (art.36.16).

Apesar da má notícia para os espanhóis, foi acrescentado um parágrafo (18) no artigo 36, prevendo como infração grave: "A execução de cultivos ilícitos de drogas tóxicas, estupefacientes ou substâncias psicotrópicas em lugares visíveis ao público, ou quando parte de infração penal". Esta alteração acaba por despenalizar o auto cultivo de cannabis, configurando importante surpresa para cultivadores e usuários, já que o texto não estava previsto no anteprojeto de 2013. E também despenaliza o cultivo privado de opiácios, cactos e cogumelos. Em suma, o auto cultivo só pode sofrer sanções se visível ao público. Autorizou-se também a revista de pessoas suspeitas de portar drogas, o que representa um grande retrocesso, uma afronta às liberdades individuais. Os próximos passos do movimento espanhol será a abolição da pena de prisão ou multas por comércio, posse ou transporte de substâncias proibidas.[54]

53 Barcelona cerrará el 80% de los clubes cannábicos. 05/05/2015. In: 20 Minutos:http://www.20minutos.es/noticia/2451522/0/asociacion-club/barcelona-cannabis/venta-marihuana/#xtor=AD-15&xts=467263

54 El cultivo de cannabis há sido despenalizado. 05/06/2015. In: https://enriquefornesangelesmyblog.wordpress.com/2015/06/05/el-cultivo-de--cannabis-ha-sido-despenalizado/

## *De volta à terra dos papagaios: adequação ao contexto nacional*

Após estas continuas divagações sobre os modelos associativos e o contexto internacional, resta-nos como esforço último cruzar estas experiências, mas longe de adapta-las aos problemas nacionais. Ao longo da expedição, sempre aloquei entre minhas perguntas o que os interlocutores pensavam do contexto brasileiro, após explicar brevemente os conluios entre construtoras e governos, influência na política, setores de segurança, corrupção, Helicoca, etc. Todos, sem exceção, ficaram petrificados diante do cenário apocalíptico que lhes pareceu. Eis o motivo pelo qual a experiência brasileira exige um balanço, um processo de assimilação e adaptação ao contexto nacional.

Continuo acreditando que a solução nacional é a adequação de todos os modelos, pelo fato de que as restrições impedem ou limitam as experiências, limitando a inovação tanto no campo científico como nas experiências de cunho social, que visam reverter o estado de subdesenvolvimento. O exemplo uruguaio, canadense, estadunidense, espanhol, português, holandês, etc., nunca serão adequados para sanar a magnitude dos problemas nacionais. O que temos a fazer é atirá-los ao liquidificador e testá-los. Nos falta prática na amplitude que necessitamos para competir, evitando a re-colonização cultural, alimentar, médica, econômica, etc.

Em evento organizado pela ACuCa, o advogado Ricardo Nemer chamou a atenção para o papel das associações em um provável contexto de regulação. Nemer propôs em sua fala o uso das associações como instrumento de reinserção na sociedade de presos pelo crime de tráfico de drogas. Pensando no projeto de Lei proposto pelo deputado Jean Wyllis, que prevê a anistia para presos por tráficos de drogas encarcerados em contextos de não violência, as associações cannábicas, aliadas ao contexto da economia solidária, podem servir para devolver a dignidade aos presos pela guerra às drogas. Esta iniciativa poderia incorporar esta mão de obra em processos formativos que os capacitariam para a formação de associações com fins lucrativos, de aspecto reformista. Muito distante desse contexto improvável em curto prazo, as associações culturais cannábicas, no contexto brasileiro, detém importante potencial transformador a partir da construção de um modelo de cunho politico-pedagógico que preserve como fim discutir e irradiar temas pertinentes aos modelos associativos.

Num esforço de assimilar estas ideias, imitando-as e adaptando-as ao contexto nacional, temos como fim formar noções capazes de irrigar o debate, abrindo caminho para as grandes possibilidades do modelo associativo, sejam eles como dispositivo de transformação social, alternativa ao comércio ilegal, produção de medicamentos, geração de renda, reintegração e justiça social no contexto da Economia Solidária, etc. Ao concentrar produção, distribuição, troca e consumo no interior da associação cannábica sem fins lucrativos, ou a produção e a distribuição em associações com fins lucrativos na esfera da economia solidaria, acreditamos ser este um dos caminhos viáveis contra os monopólios que estão mais que preparados para conquistar nosso mercado. Deveremos ainda, mediante a observação da experiência, abrir caminho para modelos de negócios regulados, como estratégia para proteger os modelos associativos sem fins lucrativos de interesses comerciais, efeito colateral da experiência espanhola.

Se ignorarmos o florescimento deste grande mercado, estaremos ainda contribuindo para favorecer num futuro próximo a importação de produtos cannábicos de alta tecnologia, dada a impossibilidade de pequenos empreendimentos e modelos cooperativos competirem com grandes conglomerados do capital internacional. O pequeno empresariado local não terá chance nesta competição desleal. Restringir a regulação aos modelos associativos, ao que parece, preservará ainda o comércio ilegal de maconha, porém, em menor escala, além de práticas comerciais camufladas no interior do associativismo. Sem abrir o mercado de maconha para associações e iniciativas comerciais, a alternativa que restaria é a estatal.

A regulação da maconha se confinada ao modelo estatal manterá o monopólio e preservará o comércio ilegal, atrasando ainda mais o desenvolvimento tecnológico. Por exemplo, o modelo uruguaio impõe severas dificuldades às associações ao limitar o número de plantas, inviabilizando a pesquisa de espécies de cannabis que podem deter inúmeras novas atribuições.[55] Acreditamos que é da sociedade que as práticas devem emergir, sejam elas colaborativas ou comerciais, por conservar a clara noção de que "(...) o que caracteriza o avanço da humanidade é a luta pela liberdade, a luta para se desfazer de todos os tipos de opressão, especialmente a opressão estatal".[56]

É claro que o Estado pode e deve agir neste processo, mas qualquer política que venha a restringir a cultura da maconha acarretará na manutenção do subdesenvolvimento, de uma cultura que temos larga tradição. Podemos esperar que o Estado abrirá nossos mercados aos interesses estrangeiros ou acreditaremos que será tomado por um lampejo de sensatez? No caso da maconha, atrasar o desenvolvimento dos modos e das relações sociais de produção próprios dos modelos associativos é eliminar qualquer espectro de resistência aos monopólios que já assinalam desembarcar em nossos portos. Terão as associações cannábicas força para florescer em um cenário favorável? Resta às associações começarem a

---

55 ZANATTO, Rafael Morato. Expedição Cannábica Rio – Buenos Aires – La Plata. Cannabica – Queimando Mitos Acendendo Fatos. N° 01 – Maio/2015, p. 11-3.

56 SANTILLÁN, Diego Abad de. Organismo Econômico da Revolução: A Autogestão na Revolução Espanhola. São Paulo: Brasiliense, 1980, p. 16.

discutir horizontalmente estratégias viáveis para o contexto nacional, fortalecendo as bases do movimento no interior dos espaços de sociabilidade de onde florescem as múltiplas ações contrárias ao proibicionismo.

*pulsos impulsos compulsões*
*amores de outros tatos*
*de outros tantos tempos*
*histórias que não me pertencem*
*tecnologia de ponta pontas*
*no cinzeiro da sala mala*
*aberta em cima da cama lama*
*na pele na sola da bota galocha*
*e aquele sonho medonho*
*que tende a voltar sempre*
*agora não me ilude não*
*me engana mais*

(Carol Ribeirinha)

## Obituários \ reviravoltas

*Adalton Marques*

Antropólogo e professor. Se criou em São João Clímaco, região sudeste da capital paulista. Tem estudado as razões democráticas e humanistas da segurança pública com certa suspeita. Se espanta sempre com os qualificativos "conservador", "antidemocrático" e "violento" quando mobilizados para definir as razões materiais de "vagabundos" e "bandidos".

A pequena fração da vida de Robsinho a que me foi incumbida a tarefa de contar, desativando suas cores e sabores mais vivos, como não consegue deixar de fazê-lo qualquer recurso às letras, parece ter se passado em algum ponto da Grande São Paulo, entre o início dos anos 1990 e o final da década de 2000. O leitor exigente, atento a figurinos, cenografias, contextos (que péssima palavra!), poderá, quem sabe, reclamar a necessidade de tornar precisa a quebrada em que tudo se passou, bem como o período exato em que ocorreram tantas desgraças: "ah, isso mistura acontecimentos que só eram possíveis na época das guerras na vila com outros que parecem ter ocorrido no segundo mandato do Lula", "é mais plausível que isso tenha se passado um pouco antes da Mega-rebelião de 2001", "aposto que os fatos ocorreram...". Peço que não se preocupem com esses enquadramentos, pois, ao que tudo indica, aqueles que contam a sua história não queriam lhe conferir um caráter biográfico – confesso que nem eu, que só soube de suas peripécias em segunda mão. Peço que se atentem ao seu traçado, por assim dizer, coletivo.

Robsinho não é exatamente uma pessoa; os acontecimentos de sua vida não são individualizáveis. Sua história, por conseguinte, parece contar um pouco do que aconteceu nos quatro extremos da santa cidade, bem como no anel periférico que se expandiu para além de seus limites. Além disso, repisa acontecimentos que têm se repetido, não sem toda a força da diferença que carregam, ao longo das duas décadas que a sustentam.

Uma das maiores fontes de disputa metafísica, sabe-se bem, é esse estranho poder que possuímos de voltar a atenção sobre nós mesmos, percebendo-nos em relação ao meio em que vivemos. Nessa experiência, cujos pontos de emergência não parecem especificáveis por meio de calendários ou cronometrias, a própria vida e o ambiente vivo que a sustenta ganham seus lugares no ponto de vista daquele que percebe. Uma vez engajado nessa experiência, são raros os pontos de fuga definitivos. Felizes daqueles que acedem a essa experiência em ambiente acolhedor, convidativo, onde o medo, pelo menos durante um certo período, não constitui um fator decisivo para suas decisões.

Robsinho, ao contrário desses felizardos, viu-se a si mesmo, como se fosse a primeira e a última vez, diante da morte de um conhecido. Isso se deu quando ele contava com treze anos; talvez já tivesse quatorze. Com isso não queremos dizer, nem eu, nem aqueles que contam a sua história, que até essa idade ele era algo inconsciente. Não é de consciência que se trata. Mas, repito, dessa experiência decisiva de acertar as contas consigo mesmo – disse, alguém, que essa experiência relaciona-se com a compreensão da própria existência, ou melhor, do caráter exterior tanto do nascimento quanto da morte, o que confere valor de facticidade às nossas vidas.

Foram três tiros – aqueles que contam a sua história dizem que quase podem ouvir os barulhos dos disparos. Com o primeiro, o rapaz caiu. Estava a cerca de três metros do atirador. Com os outros dois, o atirador se certificou de que não restava vida naquele corpo caído. Presenciaram a cena uma dezena de pessoas, todos vizinhos do bar de onde saíram o atirador e o morto. Robsinho era o único que não partilhava a relação de vizinhança que ligava todos. Estava naquele lugar preciso em busca de três pedras de crack, assim como aquele cuja força vital acabara de se extinguir (ou de se livrar de seu corpo perfurado, a depender da metafísica). O atirador era justamente uma das pessoas que estavam à frente da venda de crack, cocaína e maconha naquele lugar. Ao mesmo passo em que instruções eram transmitidas para que o vapor fosse para o beco do córrego, já que, mais cedo ou mais tarde, o lugar iria encher de policiais, o atirador e mais dois homens inquiriram Robsinho a respeito de sua relação com o morto. Robsinho, é verdade, o conhecia, mas não tinha parte nos assuntos que o levaram ao seu derradeiro fim.

Um tanto apavorado com tudo que presenciara e diante da indagação nada amistosa daquele facínora, gaguejou a sua inocência, retirando os quinze reais que trazia no bolso, como quem apresenta a prova de que não roubava na vizinhança. Um dos homens deu anuência à sua declaração, confirmando a retidão de sua conduta ao longo das incontáveis vezes que ele já viera àquele lugar em busca de pedras. Assim, a dúvida se esvaziava pela voz grave daquele homem conhecido por inclemência. Não obstante, a voz de uma nem tão jovem moça, conhecida na vizinhança pelo afinco em seu credo religioso, instaurava uma nova certeza: "foi esse nóia que roubou o meu tio lá na Misericórdia". Robsinho tentou negar essa acusação sagrada, alegando, primeiro, que há muito tempo não subia na Misericórdia, depois, que estava havendo uma confusão.

Enquanto isso, o volume da acusação aumentava, por meio de vozes que, para ele, pareciam não possuir um rosto emissor. Em defesa própria, aquelas pessoas pareciam liquidar todos os seus mais secretos erros na fogueira em que jogavam aquele jovem incorreto. Apavorado, às lágrimas,

mas ainda com uma fagulha de fé que o levava a implorar por remissão, Robsinho voltou-se ao homem que atestara a sua retidão de caráter um minuto antes. O homem inclemente, como quem tomava a frente daquela incumbência, deixando os outros dois de lado, pediu a um garoto que lhe trouxesse a garrafa de gasolina que guardava em seu carro.

Apontando a arma para Robsinho, disse que lhe encheria de balas caso tentasse correr. Com a garrafa em mãos, despejou o líquido em suas pernas e ateou-lhe fogo. Em chamas, o rapaz correu não mais que cinquenta metros até desabar no chão, onde foi acudido por homens e mulheres que saiam de um pequeníssimo templo religioso. Quase desacordado, ainda ouviu o seu algoz recomendar-lhe que nunca mais roubasse os trabalhadores do bairro.

Há quem não acredite, mas naquela mesma noite, após se arrastar até a sua pobre casa, onde se aglomerava pouco mais de uma dezena de *nóias* desde que sua velha mãe morrera, Robsinho, com as duas pernas em carne viva, não se livrou da força que o impeliu a pedir a um de seus camaradas para que buscasse as três pedras que seus quinze reais podiam pagar. Não fossem três, mas mil pedras, todas acabariam consumidas pela força que tomara a vida de Robsinho desde seus dez anos (talvez onze). Mas como toda pedra acaba, também passa a cura que ela derrama. Sobrou o escuro daqueles quatro cômodos que lhe pertenciam, desafiado por uma vela quase consumida ao centro da sala sem móveis e por isqueiros de insistentes que queimavam velhas cinzas postas em latas e cachimbos. Sobrou a mistura de ódios contra a mulher que o sentenciou, contra o algoz que poupou-lhe a vida, contra si mesmo pelo furto que cometera na Misericórdia. Sobrou o medo e a vergonha de sair à rua no dia seguinte. Sobrou a dor inédita das queimaduras. Nenhuma piedade poderia protegê-lo.

A obstinação com que permaneceu no uso após este acontecimento intrigou a todos. Obstinação: apesar da morte de sua querida mãe, sua única parente, pela qual se culpava; apesar do arrependimento por ter carregado, com seus próprios punhos, cada um dos móveis de sua casa para trocar por mixarias; apesar de sua casa ter se tornado um fétido antro de viciados; apesar de ter se convertido num asqueroso pedinte; apesar de assistir em si a metamorfose que o retirou da condição de "o mais gatinho da rua". Se não bastasse esse conjunto de intercorrências, que serviria a muitos como nítidos sinais de uma tragédia anunciada, ainda se avolumavam outras desgraças que marcavam a geração do nosso anti-herói: o Zumbi e o Rômulo foram cravejados com balas, o primeiro na praça, o segundo no bar da dona Benê, ambos cobrados por dívidas feitas em biqueiras; o Pé foi assassinado na favela, dizem que pela mão da polícia; o Tico foi morto na crocodilagem, na mão de uns pilantras que tiveram um fim pior; o Alemão era mais velho, tomava baque desde os anos 80, soropositivo, morreu de pneumonia; o Cabeça foi levar uma com o Erick no campão, estava muito louco, mataram ele; o Newton foi tentar levantar uma biqueira na rua debaixo, também não foi poupado; o Esqueleto e o Nei morreram assaltando um posto de combustível. A lista de parceiros presos, enterrados em masmorras modernas, também sinalizava a tragédia: Daniel, Edsão, Katinha, Bola, Lelê, Betinho, Sandro, Ronaldo, Valmir, Jé, Careca.

Foi preciso o trabalho dos dias, o acúmulo de quase três anos até que Robsinho se livrasse da pedra. A arte que o curou veio do olhar penetrante de uma cobra e do acalento cromático de um arco-íris, seu pai Oxumarê ("Arrumbobô, Oxumarê!"). Dos movimentos cíclicos e da repetição, a cobra e o arco-íris, ele conheceu a sua reviravolta.

Não foi o único a conhecer o livramento – como poderíamos persistir neste mundo se nele não ocorressem reviravoltas? O Juninho, a Patrícia e o Bocão viraram crentes, estão firmes na palavra do Senhor; o Clébinho e o Marcel foram para grupos de recuperação, estão limpos faz um bom tempo; O Wellington foi internado, voltou para casa, também está indo a reuniões lá no Centro, limpo e tocando a vida; o Andinho, o Oreia, o Marcelão, o Edcarlos, a Tati, todo esse pessoal parou sozinho, na convicção; e, verdade seja dita, tem uma rapaziada que parou de fumar pedra quando caiu em cadeias do PCC, porque lá não tem esse movimento.

As circunstâncias ainda são trágicas, não se pode negar. E, assim, quase sempre é preciso encontrar uma razão para o mal. Ou, sob a presença do mal, elaborar singulares teodiceias para que se possa manter a fé. Muitos daqueles que se livraram, carregam pelo menos uma dezena de razões para explicar que a pedra é um dos principais instrumentos por meio dos quais o mal se manifesta. Robsinho não parece se opor a essas razões, mas também não parece plenamente convencido. Vez ou outra parece teorizar a respeito da relação infeliz que se deu entre seu corpo (cada parte de seu corpo) e a pedra, em contraste às relações parcialmente produtivas que ocorreram entre ela e os corpos de alguns camaradas. Ele assistiu, com seus próprios olhos, outros corpos não se submeterem às condições degradantes nas quais ele e outros mergulharam de cabeça em função da pedra – obviamente não se pode medir a fossa mais funda, se a do nosso anti-herói; se a do Lelê, que tomou três tiros, foi submetido a uma traqueostomia e ainda tirou cinco anos de cana; ou se a do Oreia, que viu a sua doce mãe chorar por causa do seu uso. Esse contraste é um mistério para Robsinho. Como puderam, outros tantos, administrar essa substância, a mesma que retirou-lhe completamente o controle da própria vida?

Recentemente, raciocinando a respeito do triste fim do Bocão, Robsinho parece ter chegado a uma formulação que não toma mais a pedra, isoladamente, como o ponto de irradiação de efeitos nefastos. Tampouco toma a relação infeliz ou administrável entre essa substância e um determinado corpo. Mas, considerando esse plano relacional (corpo – substância), a ele acrescenta a Lei. Isso me foi contado por duas pessoas que partilham a sua amizade.

O Bocão, como mencionei acima, fora um daqueles que abandonaram o uso da pedra por meio da palavra de Deus. Desafortunadamente, conheceu uma recaída, ou, como se diz, voltou ao mundão. Derramado, novamente, na obstinação do uso, sem grana, mas com a honra daqueles que não contraem dívidas, voltou a roubar carros, atendendo as demandas de intrujões da Misericórdia. Sustentou seu vício, desta maneira, por apenas três semanas. Então, dobrou seus joelhos, não mais em nome do Senhor, mas por conta de dois tiros que atingiram suas costas, disparados por armas oficiais do Estado. Bocão morreu com sua face esquerda esparramada sobre o asfalto escaldante da santa cidade.

Esse trágico acontecimento parece ter conduzido Robsinho a uma espécie de tanatologia popular – por isso mesmo, perturbadora –, fazendo-o pesar as razões que levaram à morte precoce cada um dos seus parceiros e parceiras que se envolveram no submundo das drogas. Como se tomado pela alternância vitalista do seu Orixá, a variação cobra–arco-íris, pôde se voltar a uma espécie de soteriologia favelada – também perturbadora – que o fez compreender a natureza das diferentes forças que puderam livrar seus parceiros e parceiras do mau encontro com a pedra. A Lei esteve implicada na morte de cada uma das pessoas que sua análise pôde alcançar, de maneira mais ou menos intensiva, instaurando circunstâncias que as condenaram, inutilizaram e exterminaram. A mesma Lei não pôde concorrer para a salvação, cura ou livramento – os nomes da reviravolta – de nenhum daqueles que conheceram essas graças.

Sob estes novos registros de leitura da morte e da vida dos seus, dizem que a compleição de Robsinho ganhou uma nova alternância. Ora é acometido pela grande angustia dos descendentes da opressão (sem dúvida, o ninho de uma nova vitalidade); ora domestica cada um dos terríveis afetos que acompanham essa grande aflição (pacificação do temperamento, languidez da alma). O que fazer, agora que sabe que essa Lei que triturou sua geração numa guerra suja por migalhas, é a mesma que, segundo as narrativas de sua pobre mãe, às quais fez ouvidos moucos, e a sabedoria do terreiro, que só agora pôde compreender, também triturou os povos pretos escravizados e todos aqueles que, desde então, aos olhos das forças oficiais, tornaram-se, coetaneamente, inúteis (supérfluos) e perigosos (excessivos)?

"Não vire um vagabundo"! Agora Robsinho percebe que as palavras de sua falecida mãe não eram condenações de uma velha moralista, mas a súplica de quem conhecia os ardis dos poderosos e a fragilidade daqueles que incorrem em suas tramas. O que ela rogava, era para que ele não se tornasse supérfluo e excessivo aos olhos do poder. Suas palavras cobravam-lhe estratégia! A Lei, sabe ele agora, não é uma mera questão de proibição, mas a maneira mais lucrativa de definir e redefinir quem são os perigosos inúteis e os inúteis perigosos.

Robsinho reorganiza seus afetos.

# Sobre "drogas" nas periferias de São Paulo: muito além do consenso moral

*Paulo Artur Malvasi*
Antropólogo

## *Introdução*

A afirmação de que o comércio varejista de substâncias psicoativas ilegais - comumente chamado de "tráfico de drogas" - é o principal motor da violência nas cidades brasileiras se tornou um senso comum, repetido em conversas cotidianas, bares, pontos de ônibus e salas residenciais. Mortes são ligadas ao tráfico quase de maneira imediata; a associação tráfico de drogas/homicídios aparece como um encadeamento causal e pretensamente lógico das raízes da violência urbana. Confundem-se as consequências com as causas e mascaram-se os fatos: os resultados trágicos de uma guerra estúpida - a "guerra às drogas" - que serve para a manutenção de um sistema social injusto e violento contra as populações de baixa renda no Brasil.

O manejo dos dados epidemiológicos corrobora com o senso comum ao anunciar duas interpretações principais sobre os homicídios: (1) "homens jovens, negros e pobres são as principais vítimas e os principais agressores em relação à violência comunitária"; (2) "além dos determinantes socioculturais, a violência no Brasil está associada ao uso indevido de álcool e às drogas ilícitas" (Reichenheim et al 2011, p.77). Segundo estes estudos, o tráfico de drogas se configuraria em um dos campos de maior incidência de violência entre e sobre os jovens. E a participação de jovens em atividades relacionadas ao narcotráfico potencializaria e tornaria mais complexo o repertório das ações violentas por conta das disputas entre grupos criminosos pelos pontos de comercialização.

Quando iniciei pesquisa de campo em contextos de comércio de drogas nas periferias, em 2009, tinha indícios de que as teses gerais sobre a associação entre violência e tráfico não correspondiam à realidade de São Paulo. Em minha experiência profissional difusa nos anos que antecederam à pesquisa, observei a diminuição dos homicídios nos bairros que frequentava. Naqueles anos (2006, 2007, 2008), embora o varejo das drogas continuasse a crescer nos bairros de periferia de São Paulo e a empregar muitos jovens, o número de homicídios caía substancialmente. Àquela época, questionava: se o comércio de drogas não parece arrefecer em seu potencial mercadológico e de geração de renda para jovens, é possível pensar que os homicídios diminuem também no interior das atividades do tráfico?

Este texto sintetiza as principais interpretações presentes na tese "Interfaces da Vida Loka: um estudo sobre jovens, tráfico de drogas e violência" (Malvasi, 2012), defendida em 2012. Nela, procurei reconstituir agenciamentos presentes na vida cotidiana de jovens que se relacionam (direta ou indiretamente) com o tráfico de drogas. Descobri determinados padrões da relação entre instituições públicas, mercado das drogas e bairros da periferia de São Paulo que desconstroem as teses dominantes sobre violência e tráfico de drogas e revelam os mecanismos que tornaram possível a diminuição drástica dos homicídios nas atividades do tráfico.

A análise presente na tese se construiu em torno de três eixos analíticos que estiveram presentes e interrelacionados no transcorrer de todo texto, que serão apresentados no transcorrer deste artigo. A saber: (1) a capilarização do *dispositivo das drogas* nas *quebradas* – o modo pelo qual o *dispositivo* se projeta na vida cotidiana dos jovens, situando uma multiplicidade de teorias e práticas que delineiam um diagrama de interações entre os jovens das periferias, permeados pela expansão do "marco discursivo do crime" (Feltran 2008), e entre estes e os aparatos de repressão, assistência, atenção governamentais; (2) o desenrolar de *disputas biopolíticas* – conflitos entre o *crime* e as forças de segurança-assistência-atenção, frente ao qual alguns jovens resistem com veículos linguísticos e práticas, que compõem o conjunto de modos de regulação, técnicas, táticas que elegeram a vida como cerne da ação política nos contextos estudados; (3) a constituição de um *domínio do mental* – *zona de contato* entre teorias e práticas sobre a vida humana que elegem considerações sobre a *mente*.

Apresento nas próximas páginas, portanto, uma síntese dos principais pontos de minhas interpretações (parciais e incompletas) sobre as dinâmicas do tráfico de drogas em periferias de São Paulo. Espero compartilhar com vocês, leitores, o posicionamento intelectual que foi o cerne dessa tese: o de complexificar o debate público sobre a "questão das drogas" – ainda rudimentar e falsamente polarizado entre crime e sociedade, bandidos e trabalhadores, violência e paz, legal e ilegal, mal e bem (listagem a se multiplicar). O consenso moral em torno do problema das drogas ilícitas – que alimenta a violência social e política contra jovens moradores de bairros de baixa renda – carece de questionamento.

## *O dispositivo das drogas na quebradas*

A tese partiu do pressuposto teórico-metodológico de que o "problema das drogas" se constitui em um *dispositivo das drogas* – um problema de repressão e incitação das dinâmicas de consumo e de comércio de drogas, e também de intervenções estatais. Uma economia política que mais do que apenas coibir, classifica e difunde (Foucault 2001); um conjunto heterogêneo (e não um objeto homogêneo) que estabelece as relações entre discursos, instituições, leis, linguagens, sujeitos, práticas; um "conjunto multilinear", que segue direções diferentes, formando processos sempre em desequilíbrio (Deleuze 1999). O *dispositivo das drogas* se inscreve em complexas relações de poder. No conjunto da narrativa etnográfica, descrevi uma variedade de discursos, forças em movimento, sujeitos em determinadas posições em relação ao "problema das drogas".

Ao não repetirem a fórmula "como resolver o problema das drogas", meus principais interlocutores me inspiraram a orientar a pesquisa para a descrição e a análise de como um conjunto de dinâmicas constituídas em torno do "problema das drogas" – repressão ao tráfico, sociabilidade juvenil e consumo de drogas, diagnósticos sobre "vulnerabilidades" (social, juvenil, pessoal, a lista se multiplica, "interdisciplinar"), gestão cotidiana do tráfico pelo modelo empresarial do "crime" – compõem um regime de relações; ao acompanhar tais dinâmicas encontrei no "problema das drogas" a ampliação e a diversificação da própria influência do tráfico e das políticas voltadas ao seu combate nos territórios estudados. Observei, primeiramente, o *dispositivo das drogas* nas relações geracionais entre jovens moradores das *quebradas* etnografadas; e, em seguida, nas dinâmicas acionadas pela intervenção do sistema socioeducativo na vida do bairro, particularmente nas vidas dos adolescentes e no ambiente do tráfico.

Baseado nas fontes da etnografia argumentei que, diferentemente do debate público sobre a "questão das drogas", norteado por uma visão fatalista, moral e totalizante, meus principais interlocutores tinham uma visão do tráfico e do consumo de drogas como um universo diversificado. As drogas fazem parte de um universo de sociabilidade marcado por prazer, transgressão, reciprocidades que não se restringem àqueles que trabalham no tráfico. Nos territórios estudados, os jovens se socializam em contato com o comércio de drogas realizado por vizinhos, amigos e parentes. O tráfico de drogas, parte da economia global, chega aos territórios como um importante componente da economia local. O comércio varejista de drogas é dinâmico, fluido e fragmentado, marcado por um modelo de gestão neoliberal dos negócios, comum aos terrenos mercantis e empresariais da contemporaneidade.

O tráfico inclui-se, portanto, em um circuito de serviços em que o modelo de gestão financeira dos negócios está centrado na busca de maior lucratividade. Ele se torna uma atraente possibilidade dada à "viração", um mercado de fácil acesso, uma estrutura de oportunidades ilegais efervescente; um mercado que aceita os jovens de acordo com a especialização e características pessoais; o tráfico é um dos empregos mais acessíveis para jovens com pouca formação escolar. Argumentei que estes jovens inserem-se em um mercado de trabalho precário, para o qual eles devem se flexibilizar a ponto de assumirem os riscos da empresa do tráfico.

Argumentei ainda que trabalhar no tráfico é um *modo de vida* compartilhado. Para além de simples atividade laboral, o tráfico se constitui em uma atividade produtiva em consonância com tendências atuais de consumo, estilo de vida e valores recorrentes entre jovens de todo o mundo. O *dispositivo das drogas* está no ambiente do comércio de drogas; as atividades do tráfico geram formas específicas de ocupação das ruas e de relações sociais com pessoas de "dentro" e de "fora" da *quebrada*, tornando-se, para essa geração, um elemento importante das relações comunitárias. Nos contextos em que realizei a pesquisa de campo, participar do tráfico local é participar de uma turma, com suas músicas, festas, adereços, *máquinas* (carros, motocicletas, celulares). De um lado, se o *dispositivo das drogas* aciona a cadeia de repressão e punição, por outro, o mesmo *dispositivo* incita a participação em comunidades desterritorializadas de consumidores de estilo.

As tramas disparadas pelo *dispositivo das drogas*, entretanto, extrapolam a "guerra às drogas"; elas são múltiplas e submetidas a mutações de governo. Nas falas e performances dos traficantes, a adrenalina, a atenção e vigília constantes, a grande circulação de dinheiro, as baladas e as festas, os equipamentos de comunicação, as substâncias, suas qualidades e valores e os códigos de comunicação são os principais componentes do tráfico para aqueles que dele se ocupam. Uma multiplicidade de agenciamentos é disparada ao se ingressar nos circuitos do tráfico. Os enunciados de meus interlocutores não encerram o "mundo das drogas" como um "mundo de patologias", mas – antes – distribuem as posições diferenciais dos seus elementos, enfatizando aspectos múltiplos do cotidiano dos jovens.

Para os jovens traficantes, indo dos vendedores iniciantes no tráfico aos patrões que já possuem uma longa "*caminhada*", trabalhar no tráfico não é uma adesão baseada simplesmente em critérios economicistas, mas sim um símbolo de importância moral, percebido ou imposto. Para além das hierarquias do tráfico e das consequências para o trabalhador, participar do tráfico é lido, de certo ponto de vista, como um "modelo inclusivo", pelo qual os jovens obtêm bens de consumo e status simbólico – dinheiro, respeito, prazer, e uma lista ampliada de objetivos. Aqui há um importante nó do *dispositivo das drogas* a ser salientado: o fato de o tráfico ser um *modo de vida* para alguns jovens das *quebradas* indica a confluência da interiorização dos elementos simbólicos do "ser traficante" com a "reengenharia de produção neoliberal" da gestão do tráfico local. Eles devem ser "*empreendedores de si mesmos*".

Procurei demonstrar, ainda, como o aumento vertiginoso de aplicações de *medidas socioeducativas* por tráfico (ocorrida nos últimos anos no Estado de São Paulo) é sintomática de como o *dispositivo das drogas* amplia a temática "drogas" e as intervenções relacionadas. Argumentei que o aumento da repressão e sanção de *medidas socioeducativas* pelo *delito tráfico* engendra o fenômeno de expansão do "conflito juvenil com a lei". O *dispositivo das drogas* aciona nas *quebradas* a política de repressão e punição: o proibicionismo e sua tática basilar – a "guerra às drogas". A indistinção entre "mundo das drogas" e "mundo do crime" acaba por gerar o efeito inverso do esperado: alargam-se as fronteiras do *crime* e multiplicam-se as estratégias entre os moradores para lidar com as consequências da difusão do "problema das drogas".

Os adolescentes "traficantes" são punidos independentemente de uma análise de periculosidade, da violência do crime, ou até mesmo das quantidades de drogas apreendidas. O *dispositivo das drogas* em sua vertente "guerra às drogas" efetiva-se, nos bairros estudados, como indeterminação entre as categorias *tráfico e consumo*. No discurso corrente no *socioeducativo*, a correspondência entre o "mundo das drogas" e o "mundo do crime" revelou-se como um limite à diversidade de relações que os meus interlocutores estabelecem. Nos territórios estudados, as fronteiras entre o "mundo das drogas" e o "mundo do crime" tornaram-se ambíguas. O "problema das drogas", desta forma, se capilariza nos territórios, expandindo suas teias de ameaças, restrições e caracterizações dos jovens moradores das *quebradas*.

A gestão do *sistema socioeducativo* está baseada no impacto da ação sobre a *reincidência*, razão por que, a decisão judicial comumente alia a aplicação de duas punições – uma em meio fechado, outra em meio aberto. Tal impacto deve ser equacionado e, a partir de uma racionalidade de mercado, o cálculo deve orientar as políticas.

A confusão entre consumo e tráfico gerou, além do aumento das prisões, outra consequência: a ampliação do diagnóstico de "dependência" para uma significativa parte dos adolescentes em cumprimento de *medidas socioeducativas.* Qualquer jovem que faça uso de alguma substância psicoativa ilegal (a grande maioria) coloca-se em uma zona tão escorregadia que, dependendo de suas experiências no transcorrer das medidas, o levará a sofrer o "enquadre" no rótulo de "drogado". Não é por acaso que, nos programas que acompanhei, entre as várias estruturas estatais que compõem a "rede de proteção integral", o serviço mais atuante nas parcerias com as entidades executoras das *medidas socioeducativas* em meio aberto são os Centros de Atenção Psicossocial (CAPs). A parceria estratégica da saúde mental com os programas de *atendimento socioeducativo* reforça o enredamento da vida dos adolescentes como potencialmente vicioso. O "mundo das drogas" é genericamente tomado como um "mundo de patologias" que deve sofrer a *intervenção socioeducativa.* O mundo de patologias é combatido no indivíduo, particularmente na "*mente*" do indivíduo: o jovem deve mudar seus valores, seu estilo de vida, suas inclinações, ficar com a "cabeça boa", não usar "drogas".

Acontece que o conteúdo da normalidade psicológica esperada implica necessariamente abandonar a venda de substâncias psicoativas ilegais, como se este trabalho fosse em si um sintoma, um distúrbio de ordem psicológica e, somado ao uso de drogas, o diagnóstico "psicossocial" do adolescente destaca a desestrutura familiar. Os adolescentes assim capturados devem controlar a revolta e os desejos enquanto cumprem a *medida socioeducativa*, administrar a vida íntima e emocional fortalecendo os vínculos com a família, assumindo que não usarão mais "drogas".

Durante o cumprimento das *medidas em meio aberto*, nas dinâmicas com seus pares geracionais os jovens revelam diferentes saberes sobre as drogas. O *dispositivo das drogas* mostra-se mais uma vez heterogêneo. Embora usem substâncias psicoativas, os jovens traficantes apresentam um sistema classificatório diverso das "teorias *socioeducativas*". Nas teorias e práticas dos adolescentes, o *dispositivo das drogas* se complexificou, como um regime com derivações e mutações. Os jovens se posicionam com relação ao uso de drogas de modo a manifestar que diferenciam uso de abuso. O argumento usado por eles para explicar o uso controlado foi o próprio autocontrole. Disparados pelo *dispositivo das drogas*, conhecimentos científicos foram utilizados e ressignificados pelos jovens; assim também eles diferenciam os "componentes químicos", efeitos, riscos de abuso. As abordagens sobre as "drogas", então, não possuem contornos definitivos; conceitos e informações sobre as drogas circulam como cadeias de teorias relacionadas entre si.

O que chamei na tese de *interfaces da vida loka* é aquilo que se localiza nos meandros do *dispositivo das drogas* – o imponderável que se mescla nas fronteiras pelas quais as subjetividades afetam-se pelo *dispositivo* e sua trama de relações de poder; trama tecida nas *zonas de contato entre o crime, a quebrada e o socioeducativo*. A orientação é fornecida por um dos meus principais interlocutores para minha inserção na pesquisa, performando e cantando o seguinte verso:

> *"andar sempre ligado no movimento da área, não fale nada que te meta em parada errada, ficar sempre esperto no que acontece, quando um cagueta é marcado só em treta se mete, ser sangue bom, mano rocha, ter idéia quente, sempre tomar atitudes certas e conscientes, andar sempre maquinado é necessário, nunca se sabe o que te espera, esteja preparado, não ser malandro demais, entrar na paz, na sua, e mais um beck na mente essa é a lei das ruas".*

Este trecho revela uma multiplicidade das posições de um jovem da *periferia* na construção de sua subjetividade; em sua "fala"/"rap" anunciou alguns mecanismos e táticas, capilares e intersticiais, de que ele se utiliza e que se faziam necessários para quem quisesse chegar "mais perto". Esta maneira de transpor a linha de forças que opõe trabalhadores do tráfico e instituições públicas (das polícias às universidades) é produção que compõe o que chamo de *dispositivo das drogas*. Não é por acaso que a última das *leis das ruas* seja "mais um *beck* na mente". A maconha acaba por ocupar um lugar particular entre as psicoativas usadas por alguns de meus interlocutores: o de mediação da geração em seus modelos de reverberação do "dispositivo das drogas". Nem a cocaína (vista como símbolo de poder e energia em situações específicas, mas potencial prejuízo ao trabalho, às relações familiares e ao "bolso"), nem as drogas sintéticas ("elitizadas", usadas ainda por uma parte menor dos jovens), muito menos o *crack* (simbolicamente uma droga discriminada entre eles), consegue agregar tanta diversidade de jovens como a maconha. O uso da maconha, ao ser elencado entre a *lei das ruas* cantada está fincado no cotidiano de consumo de psicoativos dessa geração, tanto quanto uma "cervejinha". O que marca diferença entre as duas é o fato de a maconha ser ilícita.

No imaginário moral há uma distinção entre certas drogas que fazem bem – aquelas prescritas pela terapêutica médica – e as drogas que fazem mal, aquelas proibidas em lei. A maconha "faz mal" do ponto de vista moralizante, legal e, sobretudo, mercadológico. Há debates acalorados sobre os efeitos no corpo biológico, mas o que predomina é o "consenso moral": a maconha é uma "droga", é ilícita e – por isso – "faz mal". Para essa geração, porém, ela "já virou mato", como dizem. Cada substância produz sensações, emoções, significados e lugares políticos diferentes. Elas se tornaram importantes elementos do jogo de alianças e distensões que ocorrem nas relações geracionais nas periferias de São Paulo.

O poder classificatório do *dispositivo das drogas* forma uma rede de inteligibilidade para elementos disparatados e heterogêneos de acontecimentos, fluxos e interações. A política proibicionista médico-jurídico-policial (com seus bordões "o trabalho no tráfico leva à morte" ou "a droga mata") convive com inúmeros modos de regulação, teorias e práticas difundidas entre jovens moradores de periferias paulistas. Em síntese, o "problema das drogas" produz o próprio fortalecimento do fenômeno de difusão das drogas (legais e ilegais) como regime de relações e polaridades.

### *"Biopolítica"*

Nos contextos estudados, procurei identificar as formas de conhecimento, os regimes de autoridade e as práticas de intervenção de diferentes agentes sobre a vida dos jovens; adotando Foucault – meu principal provocador – propus discutir a crescente importância da vida nos mecanismos de poder. Analisei no conjunto do texto etnográfico os regimes, as práticas, as táticas que elegeram a vida como cerne da ação política. Um conjunto de processos descritos e analisados na tese se voltaram para a avaliação da vida: controles e autocontroles do uso de drogas; gestão do negócio das drogas, da violência física e da vida de adolescentes submetidos a *medidas socioeducativas*; interdição do homicídio; "acompanhamentos" psicológicos.

Os mecanismos de orientação das condutas dos jovens participantes do estudo se caracterizaram por técnicas e táticas variadas. Os principais *mecanismos de gestão que encontrei na pesquisa de campo foram*: a gestão do tráfico de drogas, por meio da tática sintonia do PCC e da técnica "debate", expressões de governo *do crime*; a gestão das *medidas socioeducativas* e as técnicas de diagnóstico e intervenção psicossociais *do sistema*; a *lei das ruas* e o *dialeto da vida loka*, os modos de regulação da conduta entre jovens da *quebrada* – sejam eles do *crime* ou não. Tais *mecanismos biopolíticos* envolvidos nas relações entre os entes cortaram toda a análise desenvolvida no transcorrer do texto etnográfico.

Com relação à gestão no interior do tráfico, pude perceber que cada traficante, independentemente do seu lugar na hierarquia da *lojinha*, é um empreendedor – alguém que faz certo número de apostas, define uma série de comportamentos econômicos, estipula investimentos para incrementar seu capital pessoal dentro do negócio; uma expressão de um poder enformador da sociedade de inspiração neoliberal, "multiplicação da forma empresa" no interior do corpo social (Foucault 2008a). Mecanismos econômicos que destacam os indivíduos e os submetem à imensa máquina do tráfico internacional de drogas. Os jovens traficantes veem-se em um modelo de gestão que enfatiza uma "reengenharia de produção": com a "racionalização", lidam com os prejuízos da "firma", isto é, o equilíbrio financeiro do negócio baseado na precarização do trabalho e na insegurança dos trabalhadores. Ou os jovens trabalhadores "vestem a camisa" da "firma" ou fazem um movimento individual de mudança, um *empreendimento de si* a partir do capital pessoal de cada um no mercado – disputam um lugar de acordo com um processo de livre concorrência.

O trabalho no tráfico nos anos 2000 e 2010, em São Paulo, mostrou-se menos fatal aos jovens do que em épocas anteriores. A violência está posta como uma possibilidade – "ferramenta de trabalho" – mas já não é considerada a opção mais "inteligente" na quase totalidade dos casos. A noção de *inteligência* surgiu como um atributo dominante do ideal de "bandido", com maior intensidade do que a ideia da "força bruta", da "disposição para matar" (Zaluar 2004).

Para grande parte dos meus interlocutores - do *crime* ou não - o "verme", o "bandido" violento e desrespeitador das regras do *crime*, atrapalha os negócios e a vida comunitária. O negócio do tráfico, assim, participa da gestão das questões de vida e de morte que o *crime* dispara nas *quebradas*.

O fortalecimento do tráfico como negócio e o crescimento do *Primeiro Comando da Capital* (PCC) como força política na *quebrada* caminharam juntos. As *lojinhas* (nome atual dado aos pontos de venda de drogas, também chamado de biqueiras) se caracterizaram por estarem entre os principais lócus de difusão da *sigla* PCC - sigla que passou a sintetizar na fala dos jovens o processo de expansão do "marco discursivo do crime" (Feltran 2008). Sob um regime de relações entre "ladrões" de "igual para igual", desferido pela *sintonia do PCC*, a afluência dos negócios do tráfico possui, entretanto, mecanismos políticos e comerciais de imposição daqueles que concentram a distribuição da mercadoria. A gestão de um mercado - o das "drogas" - e posições políticas do *crime* encontraram na *sintonia do PCC* seu ponto de sinergia. De modo geral, a palavra *sintonia* se apresentou em campo como a comunicação estendida da prisão à rua entre membros do PCC (os "irmãos") - e entre eles e os outros aliados (os "primos").

O telefone celular foi o principal artefato utilizado no processo de erosão da fronteira entre a prisão e o bairro - um dispositivo tecnológico que manteve os participantes do "jogo profundo" do tráfico permanentemente modelados, contaminados ou controlados pela *sintonia do PCC*. A *sintonia* tornou possível a teorização e a prática política existentes no *comando*, "a ressonância de vontades, em suas mais variadas expressões, por corpos que, *juntos e misturados, correm lado-a-lado,* estão em *sintonia*" (Biondi 2010). O PCC expandiu-se, não se limitando aos membros da organização. Desta forma, o termo *sintonia*, mais do que indicar a posição de uma pessoa no crime local (versão dos representantes da política de segurança), foi usado em diversas outras situações que o relacionam menos com uma posição em um regime de forças interno ao PCC, e mais como expressão de condutas e procederes internos ao "mundo do crime" – e que por diversas formas de interação entre conviveres na mesma *quebrada* assim o extrapolam para as relações entre jovens.

A *sintonia do PCC* se fez presente por meio de uma técnica, o "debate", cuja principal função foi deliberar sobre o controle da vida, ou melhor, interditar ou liberar o homicídio. A utilização da palavra nos "debates" como um mecanismo de se evitar a morte cria um sentido político da ação criminosa: a preservação da vida. O foco da gestão da violência do PCC está em táticas de poder em torno da gestão da vida dos presidiários. Ao serem transmitidas às ruas, as políticas do PCC – "paz entre os ladrões" e "luta contra o sistema" – são incorporadas e adaptadas aos contextos específicos. A eleição da gestão da vida como epicentro da prática política do PCC, implica também uma diminuição dos riscos econômicos do varejo das drogas. Entretanto, evitar os riscos econômicos do negócio não é o único motivo para a interdição do homicídio. Ao incorporar *a vida* em seu discurso, o PCC ressignificou o *crime*, deslocando para sua alçada um campo de força ordinariamente vinculado ao Estado. Nos bairros etnografados, o *crime*, via a marca PCC, tornou-se mais um movimento a incorporar a vida como um valor. A *sintonia* entre a prisão e a rua transcende os assuntos relativos aos negócios ilícitos; ao propor a "*união* do crime" e a "*paz* entre os ladrões" a *sintonia* do PCC se relaciona às expectativas e aos anseios de moradores de bairros onde há grande concentração de presidiários (e ex-presidiários). A *sintonia* comunica os *procederes* que devem guiar a conduta daqueles que *se* identificam como "do *crime*", mas estes *procederes* devem estar em consonância com os ideais e os interesses da *quebrada.*

Apreendidos no *dispositivo das drogas*, lidando com diversos *mecanismos biopolíticos* presentes na guerra entre o *crime* e as forças de segurança, os jovens das *quebradas* resistem à anulação do humano, ao enredamento das suas vidas no confronto entre "biopoderes". Se de um lado o *crime* elegeu a vida como centro de sua ação política, na ação estatal, por outro, a vida humana está no cerne do movimento de criação de sistemas de gestão das áreas sociais do Estado brasileiro; tal movimento engendrou um aparato de tecnologias sociais, um sistema político-estatal, direcionado ao "adolescente em conflito com a lei", baseado em sua caracterização como "vulnerável" e – ao mesmo tempo – potencialmente perigoso para a sociedade: o *sistema socioeducativo.*

O *atendimento socioeducativo* é responsável pela *gestão* do controle sobre os adolescentes para que eles não *reincidam.* O *modus operandi* do *socioeducativo* se volta para uma ação paradoxal: as *medidas socioeducativas* devem simultaneamente controlar "comportamentos de risco" e cuidar de "estados vulneráveis". As técnicas do *atendimento socioeducativo* se voltam às orientações para uma vida "saudável". No *sistema socioeducativo*, um jovem traficante deve reconhecer sua própria situação de "vulnerabilidade" e deve aceitar mudar seu estilo de vida para ser incluído; ele deve se mostrar saudável biológica, subjetiva e socialmente, ou seja, uma inteira sujeição a uma determinada visão de "vida saudável". Deve para tanto distanciar-se das condições e dos comportamentos normativamente eleitos como de "vulnerabilidade". Entretanto, ser estigmatizado por receber *medidas socioeducativas* torna difícil a relação do jovem com a escola, e ainda mais difícil a possibilidade de inserção no mercado de trabalho. A ação das polícias tende a se intensificar após a internação, tornando o adolescente mais facilmente identificado como suspeito. Traumas, feridas e dores mencionados pelos adolescentes foram, em grande medida, consequências da ação de entes governamentais. A efetividade do *sistema socioeducativo* na vida dos adolescentes agrava suas "vulnerabilidades".

A aplicação de *medidas socioeducativas* (com frequência conjugadas à de internação e depois às medidas em meio aberto – liberdade assistida e prestação de serviços à comunidade) delineia um complexo campo de poder sobre a vida dos adolescentes. A gestão das *medidas* é marcada por dispositivos de controle cada vez mais apertados e intrusivos. Os procedimentos, técnicas e táticas do *socioeducativo* revelam uma racionalidade governamental capaz de espalhar o controle de forma tão capilar a ponto de atingir a moradia, o núcleo familiar do adolescente.

As diversas (re)ações dos jovens que sofrem as medidas *desenham* a incorporação dos saberes e dos poderes que atuam em suas vidas cotidianas. Entre o *crime* e o *socioeducativo*, os jovens que sofrem *medidas socioeducativas* vivenciam um dilema: realizar os trabalhos enfadonhos e mal remunerados – disponíveis para os jovens como eles – ou continuar ganhando o dinheiro e consumindo os bens que o trabalho no tráfico lhes proporciona. No limite, trata-se de uma escolha econômica. A "socioeducação" deve ser capaz de suprimir o comportamento "desviante" do indivíduo: no caso dos adolescentes que trabalham no tráfico de drogas, a finalidade da *ação socioeducativa* é mudar o comportamento em seu componente econômico – a atividade de vender drogas. Tal visão do jovem como alguém que deve explorar individualmente os riscos, as perdas e as benesses de suas escolhas constitui uma zona de confluência entre dois discursos: o do *socioeducativo* e o do *crime*.

O *modus operandi* do *sistema socioeducativo* constitui uma abordagem instrumentalizada, tanto do ambiente (contextos de vulnerabilidade) quanto de indivíduos (comportamentos delinquentes), como uma soma de fatores diversos acessíveis à análise dos especialistas (técnicos da área psicossocial). Da forte influência da teoria de Winnicott, a análises inspiradas na psicologia comportamental, passando pelos diagnósticos de "transtorno de conduta", os saberes *psi* são usados para delinear perfis normativos que situam, em primeiro lugar, a adolescência como uma fase naturalmente "vulnerável"; em segundo lugar, os adolescentes com determinada experiência familiar e comunitária, sobretudo os moradores de bairros considerados "vulneráveis", como sendo potencialmente perigosos pelo seu próprio contexto de vida; e, em terceiro lugar, o próprio comportamento analisado no contexto de execução das *medidas socioeducativas* como determinante de um "transtorno de conduta". Sob o regime de um "biopoder" do *sistema socioeducativo*, os adolescentes "infratores" estão submetidos a uma racionalidade normativa – tecnologias que servem para isolar anomalias e normatizá-las através de procedimentos corretivos e terapêuticos.

A resposta do *sistema socioeducativo* não é compreender a subjetividade dos adolescentes, mas antes buscar decifrar o perfil do criminoso preenchendo o vazio entre o físico (o corpo ou psicossoma) e o subjetivo com conteúdos psicológicos pré-determinados e fortemente marcados por características ambientais (meio familiar de origem, bairro, grupos de referência). O que importa é o resultado, isto é, a *não-reincidência.*

Examinar a gestão cotidiana da vida dos adolescentes é realizar um estudo do Estado desde as suas margens (Das e Poole 2008). Nesse sentido, argumentei que os adolescentes entram nos cálculos do poder e, a partir de seu comportamento econômico (vendedor de substâncias psicoativas ilegais), passam a ser governamentalizáveis (Foucault 2008a). O Estado constrói, assim, desde a *margem,* a marca de distinção entre jovens aptos a voltarem ao convívio social e jovens *reincidentes*. A gestão do *sistema* se volta ao cálculo para a gestão de riscos: impedir situações em que o adolescente tenha autonomia para agir e *reincidir* no ato infracional. O aumento vertiginoso de internações por tráfico pode ser considerado uma "punição preventiva" levada a cabo pelo *sistema socioeducativo*.

Nesse sentido a noção de "vulnerabilidade" é também um dispositivo que permite a passagem do ambiente (considerado "vulnerável") para o comportamento. O campo das *medidas socioeducativas* se constitui em modos de *objetificação* do sujeito que combinam a mediação de disciplinas científicas (como a epidemiologia, a psicologia e a psiquiatria) e a prática de exclusão, geralmente num sentido espacial (confinamento ou segregação). A *não-reincidência* é hoje o indicador de sucesso mais perseguido pela *ação socioeducativa*. O objetivo, então, é chegar a alguma forma de *saber-poder*, a alguma tecnologia política que garanta o controle mesmo quando o jovem não está mais em cumprimento da medida, demonstrando a eficiência do *sistema* por meio das estatísticas de *reincidência*.

O resultado da interação entre os jovens e os profissionais do atendimento socioeducativo se constituiu naquilo que denominei de "choque de mentes". Nos raps, diálogos, cartas, em suma, nos documentos coletados na etnografia, a noção de *vida loka* remete a um conjunto de interpretações sobre a vida a partir da perspectiva de um jovem da *quebrada*. Para o jovem morador das quebradas a *vida loka* é a condição que marca um campo de possibilidades em sua vida – o desemprego, a prisão, a morte, assim como o aumento da renda, a liberdade e o bem-estar. Estar ou não no *crime* não é garantia de que, no jogo da vida, qualquer das possibilidades dadas ao vivente possa ocorrer. No *modus operandi* do *socioedu-*

*cativo, por sua vez,* toda diversidade da linguagem, estilo e posição dos jovens das *quebradas* é facilmente caracterizada como *influência do crime.*

A vida humana tornou-se o principal termo da disputa em que o *crime* se emparelha ao Estado. Mas a vida também compõe a gramática que torna possível a construção de pontes simbólicas e existenciais entre jovens que não querem ceder a um nem a outro dos lados do "muro" da "guerra particular" entre as forças de repressão e o chamado "crime-organizado". Em minha interpretação, a leitura *da vida* realizada pelos meus interlocutores está longe da visão normativa da área de saúde em sua leitura elaborada pela Organização Mundial da Saúde (OMS), em que ela é definida como o "completo bem-estar físico, emocional e social". Ela está mais de acordo com a perspectiva apresentada por Canguilhem (2010): a vida tida como uma inteligência engenhosa e flexível do mundo, e a razão (mente/consciência) um mecanismo do vivente que deve se adaptar a um ambiente e agir usando conceitos e instrumentos que estão disponíveis para ele.

Para lidar com uma *vida loka* é necessário "*ter uma* mente". Eu parti, assim, da premissa de que não é possível compreender a vida fora do contexto em que ela se desenrola; para utilizar uma expressão nativa, não é possível compreender a vida dos meus interlocutores fora de "aquilo" que chamam de "*caminhada*". Lidando com as "*caminhadas*" de meus interlocutores, não as considerei como histórias pessoais mas, antes, seguindo uma analítica do poder foucaultiana, tomei as "*caminhadas*" a partir da perspectiva do "governo" (Foucault 2008b): a relação de meus interlocutores consigo e com os outros foram vistas por mim como objeto de toda uma variedade de esquemas mais ou menos racionalizados (*quebrada, crime, socioeducativo*), que moldaram as formas de compreender e viver a existência em nome de certos objetivos – inteligência, sucesso, comportamento correto, superação. O que denominei *domínio do mental* foi a encruzilhada que encontrei nas dobraduras do tráfico de drogas.

### *O domínio do mental e a disputa do humano*

A "mente humana" tem sido objeto de investigações de diversos campos científicos, da biologia à psicologia cognitiva, da sociobiologia às neurociências – campos de estudos admitidos como capazes de executar experimentos em laboratórios e habilitados a promover tanto o desenvolvimento de instrumentos quanto o de testes e o de drogas – uma possível "droga chave" para definir e explicar de forma objetiva a "natureza humana" e, talvez, a partir daí, exercer o seu controle. Segundo determinada visão normativa da vida, não intervir sobre os "incapacitados" ou "anormais" pode ser um perigo para a "saúde coletiva". Dessa forma, esse tipo de controle de base "psicologizante" tem sido requisitado por setores da sociedade como algo necessário.

A centralidade dos saberes psicológicos não é aleatória. Como demonstrou Nicolas Rose (2008), a psicologia se constituiu como uma ciência social que encontrou seu espaço como uma técnica de regulamentação, um pretenso conhecimento sobre as pessoas com o objetivo institucional de administrá-las, moldá-las, reformá-las. Esse é o caso em grande medida do uso que se faz da "ciência social" psicologia, aplicada no campo de execução das *medidas socioeducativas.*

Além do uso institucional, entretanto, alguns dos principais termos do vocabulário dos jovens das *quebradas* e do *crime* – *inteligência, mente, consciência, atitude* – também foram difundidos nas últimas décadas pela psicologia. No transcorrer de toda a tese, o *domínio do mental* – as *zonas de contato* formadas pelo *encontro de mentes* (de jovens das *quebradas* que são "do *crime*" com outros que assim não se identificam) e pelo *choque de mentes* (do *socioeducativo* com as perspectivas dos jovens atendidos) – revelou-se como o ponto de ancoragem simbólico dos *mecanismos biopolíticos* disparadas pelo *dispositivo das drogas* nos territórios estudados.

No discurso do *socioeducativo*, o *domínio do mental* (ou saúde mental) é, de um lado, organizado a partir da elaboração de diagnósticos que procuram identificar qual é o problema de natureza humana que leva o jovem a praticar atos ilícitos e, de outro, é elaborado por meio de mecanismos para conhecer e domar a "*mente criminal*", com o intuito de demonstrar a competência da gestão das vidas e a diminuição dos custos sociais da criminalidade. A busca por delinear perfis e compreender comportamentos humanos está no cerne da corrida para se evitar a *reincidência*.

Em outra parte da fronteira – no "mundo do crime" – a noção de *mente* possui significados específicos que se cruzam com o do *socioeducativo*. Inteligência, sagacidade, capacidade comunicativa, astúcia, opinião, proceder, "sangue nos olhos" (coragem), objetivos concretos, palavra-ação; a *mente* é o que permite ler a complexidade do contexto do tráfico, um negócio de alto risco econômico e pessoal. Por meio do desempenho de uma fusão de racionalidade prática de gestão da vida cotidiana com a coordenação da palavra e a capacidade de ação, a *mente criminal* se fixa nas *quebradas* como um exemplo de realização no mundo, como um *modo de vida*. As "caminhadas" diferentes daquela do "crime", a de "manos da periferia", sintonizam-se também com as condutas e procedimentos comunicados pelos membros do PCC às *quebradas* na medida em que estas ajudam a pacificar e tornar mais próspera a região. A consciência de jovens das *quebradas* e não do *crime* – educadores, rapers, orientadores de *medidas socioeducativas* – se estabelece como a inteligência de lidar com as adversidades da *vida loka* das *quebradas*, reconhecer e interpretar a realidade e, assim, ser capaz de se relacionar com as diversas "leis" (modos de regulação) – a do estado, a do crime, a das ruas – que permeiam a vida cotidiana. Em síntese, as *zonas de contato* entre o *crime*, a *quebrada* e o *socioeducativo* são mediadas por conflitos que elegem o *domínio do mental* como principal foco.

No ambiente do tráfico, a expressão "*ter uma mente*" sintetizou o atributo daquele que se apresenta como um "ladrão considerado". Nos contextos locais do tráfico, a noção de *mente* remete a, pelos menos, duas caracterizações: uma racionalidade instrumental voltada tanto para a resolução de situações concretas da vida cotidiana quanto para o alcance de objetivos pessoais de ordem material; o autocontrole emocional ao se passar por experiências liminares, como a da prisão (sistema carcerário) ou internação (*sistema socioeducativo*).

No primeiro caso, a expressão "*ter uma mente*" significa possuir um objetivo material ou social concreto, e conseguir alcançá-lo por meio de uma gestão adequada dos recursos e dos riscos. As atividades do tráfico envolvem uma capacidade de análise de um ambiente de mercado. A manifestação da *mente* é uma forma de racionalidade específica: um conhecimento-meio que busca obter verdades factuais sobre relações sociais e mercantis; e um conhecimento-fim, que desenvolve estratégias de realização pessoal e social, maximizando lucros e minimizando riscos por meio de condutas, ou procederes. A *mente* remete a capacidades de iniciativa de cada indivíduo, desenvolvido segundo o marco da psicologia da empresa (Rose 2008): a *mente* se coaduna bem aos saberes elaborados no marco da "psicologia da empresa" (Rose 2008); ela encoraja as pessoas a se conduzirem com ousadia e vigor, a usarem o cálculo para sua própria vantagem, para guiá-las rigorosamente e a aceitar riscos na busca dos objetivos.

No segundo sentido dado ao vocábulo *mente* entre traficantes, ele se refere a percepções da realidade, autocontrole das emoções, concepções e manipulação racional em situações de extremo controle e pressão, particularmente no cárcere, mas também nas situações de sofrimento comuns à vida cotidiana dos moradores das *quebradas*. Para lidar com o limiar da prisão, a *mente* torna-se uma qualidade diferenciadora – valorizadora – dos indivíduos. Os relatos da prisão a situam como uma "experiência limite", em que apenas o *controle mental* pode manter o sujeito *são*.

A experiência prisional nos territórios estudados não se constituiu em algo apartado do cotidiano; é antes uma experiência conectada com ele: as histórias dos jovens nas prisões tornam-se crônicas do cotidiano e da própria história da *quebrada*, principalmente para os mais jovens. A *quebrada* incorpora a prisão como um de seus componentes descritivos, de autorreferência. A técnica do "debate" é um mecanismo do PCC para o exercício da *mente:* lidar com uma vida incerta e saber escolher em um universo em que as leis públicas possuem legitimidade precária, abrindo espaço para a construção de um "poder paralelo" que advoga o direito à vida.

A *mente* é subjetiva, fenomenal e empregada de acordo com as situações concretas em que as ações se efetuam. O que revela a "inteligência" no interior da prática do "debate" é principalmente uma capacidade de articulação da fala, de mediação pela retórica e da habilidade de fazer o interlocutor cair em contradição; capacidade de "blindar a própria mente" e "entrar na mente do outro", um *jogo de forças,* modos de defesa da própria *mente*, envolvido em situações concretas que expõe os vínculos entre "ladrões" (Marques 2009). A *mente* se expressa como locução em ato e as suas consequências em termos de prestígio e poder. O *jogo de forças* da disputa de *mentes* situa, a meu ver, uma versão nativa, no *crime* e reconhecida pelos jovens da *quebrada*, do que seja a inteligência para um trabalhador do tráfico.

A importância da palavra para o exercício da *mente* é conjugada com a incorporação de saberes, técnicas e táticas nas práticas cotidianas nas dobraduras do tráfico de drogas. Além da fala, observa-se nas interações entre os jovens a corporificação da *atitude* e do *proceder*; nos olhares, balanços de corpo, estilos de roupa e acessórios. A palavra é ação combinada com o "domínio do sensorial", a corporificação da *lei das ruas*: o desenvolvimento e a performance de *atitude* e/ou *proceder*.

As interpretações de meus principais interlocutores sobre a diminuição da violência fatal nas *periferias* apontam para o fato de que esta pacificação das *quebradas* pode ser frágil e transitória. Entretanto, elas estão amparadas em um complexo processo de negociação e de trocas entre pessoas de diferentes segmentos da micropolítica local e, por isto, estão amparadas não apenas na "lei do crime"; existe nas *quebradas* outro modo de regulação (*lei das ruas*) que também sustenta a interdição do homicídio. A atual posição da "*mente criminal*" – a do PCC, de interditar o homicídio – segundo minha análise não é alimentada exclusivamente pela lógica interna ao *crime*.

Revela-se um cenário imprevisto de sofrimento e de possibilidades humanas nas jovens gerações das periferias paulistas. Se a *vida é loka* – incerta e imponderável – é preciso "*ter mente* e *consciência*" para lidar com ela. Jovens das *quebradas* desenvolvem uma *mente* para lidar com a "*lei das ruas*" e com as "leis do crime"; aprendem também a compreender "o lado certo do errado", aqueles procederes considerados corretos no *crime* e, em alguns casos, em consonância com a ética das *quebradas*. Em certo sentido, dividem a situação de estar de passagem pela vida e simultaneamente ter que lidar com a constante ameaça da violência; nos bairros das periferias grande parte dos jovens experimentam uma *vida loka*.

A análise das trajetórias dos adolescentes em cumprimento de medidas socioeducativas revelou a tensão entre a visão normativa do diagnóstico dos adolescentes e a perspectiva dos jovens que procuram se firmar na *mente* para lidar com os desafios concretos de sua vida cotidiana – a experiência incerta, dinâmica, arriscada da *vida loka*. O uso institucional da linguagem cognitiva e comportamental da psicologia e o recurso dos adolescentes à expressão "*ter uma mente*" configuram-se em um campo de disputas simbólicas entre o Estado e o *crime*, indicando a *vida* como fronteira e *interface* entre saberes e poderes.

As reações emocionais dos adolescentes são monitoradas por técnicas "psi", para que se possa *saber* a "verdade interna" e *intervir* para protegê-los de seu potencial de *reincidência*. Os relatórios técnicos se voltam para o delineamento dos traços de personalidade e de caráter no sentido de caracterizar o perfil e antecipar a possível *reincidência* (ou não) do ato infracional. O *domínio do mental* é, hoje, um campo primordial para a execução de *medidas socioeducativas*; a saúde mental ganha terreno no *sistema socioeducativo* e a "questão das drogas", em sua multiplicidade de agenciamentos, é o principal ponto da irradiação dessa área da Saúde Pública.

Ao entrarem no *sistema socioeducativo* pelo delito tráfico de drogas, os adolescentes são apreendidos em uma faceta do *dispositivo das drogas* que considera o "mundo das drogas" como o "mundo do crime", e, em alguns casos, como o "mundo da dependência". Associado ao "problema das drogas", todo universo simbólico dos jovens é identificado como um "mundo de patologias" que deve sofrer a *intervenção socioeducativa*. Esse "mundo de patologias" é combatido no indivíduo, particularmente na "*mente*" do indivíduo: o jovem deve mudar seus valores, seu estilo de vida, suas inclinações, ficar com a "cabeça boa". O *socioeducativo* entra em *choque* com a mente do adolescente ao desconsiderar o que *eles consideram* inteligência; não se estabelecem processos comunicacionais de tradução entre o discurso técnico científico do *socioeducativo* e o "marco discursivo do crime".

No *socioeducativo*, o problema da *drogadição*[57] extrapola os problemas diagnosticados como "dependência química" e se amplia para todos os adolescentes em cumprimento de *medidas socioeducativas* que fazem uso de qualquer substância psicoativa ilegal. O alargamento do "marco discursivo do crime" entre os jovens da *quebrada* é facilitado pela indistinção entre "mundo das drogas" e "mundo do crime".

Os jovens traficantes possuem diversidades que escapam dos padrões de esquadrinhamento do *socioeducativo*. O uso de psicoativos também é uma expressão de escolhas e pode até ser um meio de demonstração de autocontrole. A relação com as drogas como parte intrínseca da *vida loka* não se refere à "loucura" como efeito farmacológico. A experimentação de estilos marginais e uso de drogas posiciona os jovens em experiências coletivas, sensoriais: as festas e os bailes. Nestes eventos uma multiplicidade de encontros; "espaço-tempo reservado a micropolítica de alianças, reservado à composição do campo de afecções de cada indivíduo" (Barbosa 2006). Os jovens das *quebradas* incorporam por meio destas práticas a *lei das ruas* e apreendem o *dialeto da vida loka*.

A *mente* dos adolescentes tem referências diversas da visão sobre "sanidade" e "vida saudável" corrente no *socioeducativo*. Ao participarem do tráfico de drogas em suas *quebradas*, jovens são influenciados por um "marco discursivo" que tem

---

57 Drogadição ou toxicodependência são termos genéricos que designam toda e qualquer modalidade de vício bioquímico por parte de um ser humano ou a alguma droga (substância química) ou à superveniente interação entre drogas (substâncias químicas), causada ou precipitada por complexo de fatores genéticos, biofarmacológicos e sociais, incluídos os econômico-políticos

na sigla PCC o nó de sua delimitação e difusão nos dias atuais. O modelo de racionalidade de gestão dos negócios do tráfico – que envolve empreendedorismo, flexibilidade, adesão à "firma" – está conjugada com a incorporação da vida como valor dominante das relações políticas dos traficantes com seus vizinhos. A diminuição dos homicídios e a importância do tráfico na economia local fazem do negócio das drogas um campo que, lido pela *mente*, não aparta o jovem trabalhador do tráfico de seus pares geracionais.

O *sistema socioeducativo* não tem ferramentas para avaliar a *mente*, no sentido nativo a ela dado pelos interlocutores da pesquisa. A *mente*, para eles, não se enquadra em um perfil médio, localizado por sintomas ou trajetórias de vida. A *mente* define-se na escolha; ela é subjetiva, fenomenal e empregada de acordo com as situações concretas em que as ações se efetuam. Há, no entanto, um ponto de convergência entre as mentes – *socioeducativa*, do *crime* e da *quebrada*: a coincidência de contrários, a zona de contato que pode ser vista no "*self* empreendedor" que todos proclamam em alguma situação. Como demonstrou Rose (2008), o "*self*" foi construído pela abordagem da psicologia da empresa, capilarizando até os indivíduos, preenchendo nas últimas décadas as mentalidades com a aspiração da autonomia. Assim, cada indivíduo, segundo esse paradigma, deve esforçar-se para alcançar satisfação pessoal em sua vida na terra, interpretando sua realidade e destino como uma questão de responsabilidade individual, enfim, encontrando significado na existência ao moldar sua vida através de escolhas (Rose 2008).

A única possibilidade de lidar com o imponderável da vida é o autocontrole – que se expressa na noção de *mente*. Argumentei que a *mente, portanto,* é o instrumento de elaboração de modos subjetivos de lidar com as incertezas da vida comum às experiências profissionais de diversos jovens dos territórios em que realizei pesquisa de campo. Os conteúdos de uma *mente* "sã" são compartilhados entre jovens vizinhos, de maneira intersubjetiva. Posicionar-se com uma *mente* é sempre uma formulação pessoal, mas a elaboração da *mente* em linguagem é compartilhada pelos pares geracionais de um bairro da periferia de São Paulo.

### *Considerações Finais*

A *vida loka*, em seu sentido mais amplo, constitui-se em um conjunto de interpretações sobre a própria normatividade da vida. A *mente*, portanto, é acionada de acordo com as situações de vida. A vida oferece desequilíbrios, conflitos, batalhas, ela não é a harmonia - estado completo de bem estar como apregoa o modelo ideal da Organização Mundial de Saúde. Na perspectiva de meus interlocutores, a vida - *loka* - está mais de acordo com a abordagem apresentada por Canguilhem (2010). Como destaca Rabinow na obra de Canguilhem: "Razão e vida não se opõem: estão interconectadas, mas nenhuma controla a outra" (Rabinow 2002, p.129). A vida é por si própria uma atividade normativa. Neste ponto, epistemologias da ciência se cruzam com epistemologias *das quebradas* e com a discussão desta etnografia. "A vida, seja qual for a sua forma, implica em autopreservação através de auto-regulação" (Canguilhem apud Rabinow 2002, p.128).

A *vida loka* mantém latente a possibilidade de um "distúrbio da *mente*". Como a *vida loka* se refere a considerações da vida humana, em que tudo pode mudar a qualquer momento, acontecimentos podem acionar uma rede de eventos até certo ponto incontroláveis. A *vida loka* indica os limites do possível. Quando a capacidade mental de pensar e de tomar decisões conscientes se inviabiliza por determinada conjuntura, quando ela se torna ineficaz, a *mente criminal* pode se voltar à violência física ao não pensar, voltar-se ao exercício da força (a)política mais rudimentar.

Sob tal hipótese, o que mantém o fio tênue da interdição dos assassinatos é a possibilidade da elaboração e do compartilhamento de teorias nativas sobre a vida e sobre o exercício do poder de "deixar" viver. Referir-me à *vida loka*, a partir da mediação que realizo como antropólogo, significa considerar que o conteúdo da tese é circunstancial. Entretanto, sustento meu texto ao transmitir o legado de que a experiência de jovens nas dobraduras do tráfico de drogas é mais complexo do que a "guerra às drogas" permite observar. As dinâmicas acionadas pelo choque político nas zonas de contato, na *quebrada*, entre o *crime* e o *socioeducativo* complexificam o debate – polarizado entre uma falsa oposição – "crime" versus "sociedade".

**Referências bibliográficas**

BARBOSA, A. R. "O baile e a prisão – onde se juntam as pontas dos segmentos locais que respondem pela dinâmica do tráfico de drogas no Rio de Janeiro". In: *Cadernos de Ciências Humanas* – Especiaria, Rio de Janeiro, v.9, n.15, p. 95-118 jan./jun., 2006.

BIONDI, K. *Junto e misturado: uma etnografia do PCC.* São Paulo: Editora Terceiro Nome, 2010.

CANGUILHEM, G. *O normal e o patológico.* Rio de Janeiro: Forense Universitária, 2010.

DAS, V. e POOLE, D. *El estado y sus márgenes. Etnografias comparadas.* Cuadernos de Antropología Social: Buenos Aires: UBA nº 27, p. 19-52, 2008.

DELEUZE, G. Que es um dipositivo? In: BALBIER, E. et al. *Michel Foucault, filósofo.* Barcelona: Gedisa, 1999. p. 155-163.

FELTRAN, G.S. *Fronteiras em tensão*. Tese (Doutorado em Ciências Sociais) – Faculdade de Ciências Socias da Universidade de Campinas, São Paulo, 2008.

FOUCAULT, M. *História da Sexualidade. A vontade de saber*. Rio de Janeiro: Graal, 2001.

______________, *Nascimento da biopolítica. Curso dado no Collège de France (1978-1979)*. São Paulo: Martins Fontes, 2008a.

______________, *Segurança, território e população. Curso dado no Collège de France (1977-1978)*, São Paulo, Martins Fontes. 2008b.

MARQUES, A. *Crime, proceder, convívio-seguro: um experimento antropológico a partir de relações entre ladrões*. Dissertação de Mestrado em Antropologia Social. São Paulo: Universidade de São Paulo, 2009.

RABINOW, P. *Antropologia da Razão*. Rio de Janeiro: Relume-Dumará, 2002.

REICHENHEIM et. al. "Violência e lesões no Brasil: efeitos, avanços alcançados e desafios futuros". *The Lancet Série "A saúde dos brasileiros"*. Publicado on line em maio de 2011, acessado em http://download.thelancet.com/flatcontentassets/pdfs/brazil/brazilpor1.pdf.

ROSE, N. "Psicologia como uma ciência social". In: *Psicologia & Sociedade*, v. 20, n. 2, p.155-164, 2008.

ZALUAR, Alba. *Integração perversa: pobreza e tráfico de drogas*. Rio de Janeiro: FGV, 2004

## Sem pudor, resguardo ou escolha: A construção de um estigma sobre os usos "ilegítimos" dos tóxicos no início do século XX.

*Thamires Regina Sarti Ribeiro Moreira*
Feminista e antiproibicionista. Graduada, mestra e doutoranda em História Social da Cultura pela Universidade Estadual de Campinas. Por meio da educação popular, trabalha temáticas de história, gênero e educação sobre drogas com crianças e adolescentes

> *Por meio de uma seringa de vidro injetou ele, na parede superior da vagina, uma preparação composta de 6 partes de cocaína, 24 de vaselina e 20 partes de glicerina. Por tal modo a cocaína se põe em contato com todas as anfractuosidades da parede vaginal e a absorção se faz melhor do que quando a aplicação do medicamento é feita em simples solução líquida. O Dr. Hartzhorne diz ter verificado com a medicação citada notáveis diminuições das dores devidas à pressão e à dilatação do colo uterino e períneo.*[58]

Esse trecho se refere aos êxitos anestésicos obtidos com a aplicação da cocaína no ato do parto na segunda metade do século XIX. O procedimento realizado internacionalmente foi reproduzido nas páginas da revista especializada *O Brazil-Médico* em sua segunda edição, de 1887. O periódico circulou pelo país entre os anos de 1887 e 1905 e a análise de seus volumes indica que, nessa época, a propriedade anestésica da cocaína estava sendo explorada com sucesso também pelos médicos brasileiros.

58 O BRAZIL-MÉDICO: Revista semanal de medicina e cirurgia. Rio de Janeiro: Typographia Besnard Frères, anno 1, n. 2, 22 jan. 1887. Semanal. p. 16.

Em matéria publicada pela revista em fevereiro de 1887, o colaborador Conselheiro Torres Homem dizia que não havia médico que desconhecesse a ação analgésica e anestésica que a cocaína era capaz de provocar sobre as mucosas.[59] Devido a esta propriedade fisiológica, o "precioso alcaloide" vinha sendo de grande serventia entre cirurgiões e médicos de diferentes especialidades. Através de sua anestesia, oftalmologistas alcançavam êxito na realização de delicadas cirurgias anteriormente prejudicadas pela sensibilidade dos olhos. O autor contava ter assistido um célebre cirurgião realizar a extração de um cisto implantado na face interna da pálpebra inferior direita de uma menina de 15 anos sem que esta sentisse a menor dor. O próprio Torres Homem recorria à mesma fórmula para evitar que os pacientes fossem acometidos de vômitos ao sentirem a entrada do "tubo de Faucher" na faringe, durante o processo de lavagem de estômago.[60]

Torres Homem relatou que, em maio de 1886, fora chamado a tratar de uma moça que se encontrava "extremamente depauperada" de forças por causa dos vômitos que lhe acometeram desde a segunda semana de gravidez. Todos os recursos terapêuticos de reconhecida vantagem haviam falhado, as injeções de morfina haviam causado cefalalgia intensa e alucinações da visão, tanto as pulverizações de éter no epigastro, quanto as poções de elixir de ópio não deram o menor resultado. Ao tomar conhecimento do caso, logo lhe ocorreu a possibilidade terapêutica da cocaína, pois com base na teoria

59 Trata-se de João Vicente Torres Homem, um dos mais destacados clínicos brasileiros do século XX e que viveu entre 1837 e 1887. FERREIRA, Luiz Otávio. João Vicente Torres Homem: Descrição da Carreira Médica no Século XIX. PHYSIS – Revista de Saúde Coletiva, Rio de Janeiro, v. 4, n. 1, 1994.

60 O BRAZIL-MÉDICO: Revista semanal de medicina e cirurgia. Rio de Janeiro: Typographia Besnard Frères, anno 1, n. 4, 7 fev. 1887. Semanal. p. 28.

e em sua prática clínica, havia deduzido que o princípio imediato da coca também deveria produzir analgesia e anestesia nas membranas mucosas viscerais. Foi assim que o médico decidiu recorrer às pílulas de cloridrato de cocaína, de meio centigrama cada uma, e aconselhar que a paciente tomasse quatro destas por dia, em intervalos iguais. No primeiro dia que começou a fazer uso das pílulas, a moça só vomitou uma vez um pouco do caldo de galinha que havia tomado. A partir do segundo dia os vômitos cessaram por completo. Torres Homem manteve a medicação por oito dias, diminuindo gradualmente as doses. Durante esse período, a moça começou a alimentar-se convenientemente e a gravidez prosseguiu tranquilamente sem que houvesse nenhum outro acidente.[61]

Em maio de 1887 a cocaína voltou a figurar como lenitivo para vômitos nas páginas d'*O Brazil-Médico*. A matéria dizia respeito a uma mulher que, em fase de amamentação de seu filho, ficou novamente grávida. Com as mudanças corporais ocasionadas pela gravidez, o bebê passou a demonstrar intolerância ao leite materno, o que fez com que este ficasse bastante debilitado. Por esse motivo o Dr. Carlos Costa decidiu oferecer complementarmente o leite de vaca com o fim de melhorar sua nutrição. Apesar da ligeira melhoria, a criança ainda apresentava muitos vômitos, não permitindo que fosse tolerado em seu estômago nem a própria água. Foi então que o médico lembrou-se de administrar a cocaína na proporção de 0,02 centigramas para 100 gramas de água ao pequeno enfermo, conseguindo fazer com que ele voltasse a se alimentar convenientemente, não rejeitando mais os alimentos.[62]

As utilidades clínicas desse alcaloide eram descritas em quase todas as edições d'*O Brazil-Médico*. No fim do século

---

61 Idem

62 O Brasil Médico: Revista semanal de medicina e cirurgia. Rio de Janeiro: Typographia Besnard Frères, anno 1, n. 19, 25 mai. 1887. Semanal. p. 149.

XIX, a cocaína figurava não apenas as páginas desta revista e de outros periódicos especializados, como também jornais e dicionários que visavam instruir a população leiga sobre a medicina científica. As obras relatavam o seu uso nas cirurgias dentárias e os dentistas propagandeavam extrair dentes sem a menor dor através de sua aplicação nas gengivas. Como a ação anestésica da cocaína era garantida quando aplicada diretamente nas mucosas, a sua eficácia era certa em quase todos os procedimentos cirúrgicos que envolvessem boca, olhos, nariz ou os órgãos genitais.

Dr. Carlos Costa foi um médico higienista que fundou, em 1879, o jornal *A Mãe de Familia*, com objetivo de oferecer às mulheres conhecimentos necessários para exercer a maternidade, principalmente com relação à higiene infantil. Nesse jornal o médico propunha que as mulheres ministrassem aos filhos receitas caseiras à base de cocaína e mel nos casos em que as crianças tivessem aftas e sapinhos. A mesma medicação poderia ser usada para dores nas gengivas, podendo-se aumentar, gradativamente, a dose da cocaína.[63]

Além dessas poções de fácil formulação, a indústria farmacêutica disponibilizava meios ainda mais práticos para que as mulheres pudessem amenizar as dores dos seus filhos. Em quase todos os números do jornal havia propagandas de produtos farmacêuticos à base de cocaína. Eram xaropes, pastilhas ou elixires de cloridrato de cocaína que poderiam ser usados para amenizar diversas dores. Esses medicamentos também eram veiculados por outras obras como o famoso *Dicionário de Medicina Popular* do polonês Pedro Luiz Napoleão Chernoviz. Neste livro os produtos não eram apenas sugeridos pelas propagandas como também pelo próprio autor. As pastilhas de cloridrato de cocaína de Houdé poderiam ser utilizadas em quaisquer moléstias da garganta

63 A MÃE DE FAMILIA. Rio de Janeiro, 15 out. 1888.

como "rouquidão", faringite, acessos de asma na dose de 6 a 8 pastilhas por dia. Já o elixir do mesmo fabricante era recomendado para gastrites, enjoo, vômitos incoercíveis e quaisquer outros desarranjos do estômago.[64]

A cocaína poderia ser empregada domesticamente na analgesia de dores estomacais, dentárias e, assim como o ópio, no tratamento dos inconvenientes da gravidez como vômitos e as rachaduras do seio decorrentes da amamentação. Até mesmo para os enjoos causados pelo balanço do mar eram recomendáveis poções contendo cloridrato de cocaína. Pode-se dizer que, nesse período, havia um amplo uso clínico de medicamentos como a cocaína, principalmente devido aos seus poderes de supressão das dores, "sintoma capital das moléstias que acometem a espécie humana".[65] Além das exaltadas aplicações cirúrgicas desses produtos, suas composições químicas tinham utilidade na terapia doméstica e existiam manuais que instruíam a população sobre seus benefícios. As propagandas farmacêuticas incentivavam seu uso e os anúncios de dentistas mostram que o recurso tinha aceitação pela parcela da população que fazia uso desse serviço.

Aos poucos é possível perceber, no entanto, que o panorama que envolvia o uso de substâncias como a cocaína e a morfina estava longe de ser conclusivo, estável ou homogêneo. O cenário era de experimentações que envolviam não só os médicos como também a indústria farmacêutica e os consumidores. Apesar dos efeitos inegavelmente benéficos da cocaína, os médicos recomendavam bastante cuidado ao empregá-la. Chernoviz dizia que era possível notar acidentes de intoxicação por injeções subcutâneas de cloridrato de cocaína na dose de apenas dois ou três gramas. Nesses casos,

---

64 CHERNOVIZ, Pedro Luiz Napoleão. Dicionário de Medicina Popular. 6. ed. Paris: A. Roger & F Chernoviz, 1890. vol. 1, p.633.

65 *Idem*. vol. 2, p.181.

a cocaína ocasionaria palidez, vertigens, enfraquecimento e uma espécie de coma que poderia terminar em morte.[66]

As incertezas e disputas eram notáveis entre profissionais e pesquisadores da área médica, como pode ser verificado pelas revistas especializadas que circulavam no período. A população leiga também tomava parte nos processos de aceitação e rejeição dos novos medicamentos, como demonstram os anúncios médicos e farmacêuticos. Na virada do século XIX e XX houve uma forte mudança no teor das notícias envolvendo os tóxicos nos jornais de grande circulação do Rio de Janeiro. Após um período de exaltação, substâncias antes elogiadas por suas propriedades analgésicas e anestésicas passaram por uma fase de desconfiança. Os farmacêuticos começaram a afirmar que suas composições não levavam a menor porção do tóxico, ressaltando seu risco de intoxicação. A acusação de que algum produtor estivesse fazendo uso dessas substâncias em suas fórmulas poderia causar preocupação, respostas e desafios públicos.[67] Os anúncios de dentistas começaram a fazer ressalvas, alguns afirmavam não fazer uso desse alcaloide enquanto outros diziam que a utilização da cocaína era de escolha do paciente.[68]

Em meados da década de 1900, a cocaína foi deixando as propagandas médicas e farmacêuticas para compor as colunas policiais em noticiários sobre os suicídios e as tentativas de suicídio que ocorriam na cidade e em 1912 o jornal *Gazeta de Notícias* publicava esses casos quase semanalmente. O acompanhamento dos casos indica que esse recurso de suicídio era realizado principalmente por mulheres infelizes,

---

66 *Idem*. vol. 1, p. 632.

67 Vide a polêmica entorno do "Peitoral de Cambará" em GAZETA DE NOTÍCIAS. Rio de Janeiro, 11 nov. 1896.

68 Nesse período foi analisado, principalmente, o jornal Gazeta de Notícias.

doentes, desonradas, adúlteras, abandonadas, apaixonadas e meretrizes. Também havia suicídios de pessoas ricas, de profissionais ligados à farmácia, rapazes apaixonados e também alguns poucos operários como no caso do operário Salvador. O italiano trabalhava nas obras do porto, mas foi despedido e ficou sem meio de subsistência. Quando seu dinheiro acabou por completo, resolveu dar fim à sua vida ingerindo três gramas de cocaína trancado em seu quarto. Salvador estava morto quando sua esposa e filhos foram ao seu encontro.[69]

Na verdade, a análise dos boletins de ocorrência mostra que o suicídio e a tentativa de suicídio faziam parte do cotidiano carioca. Um levantamento realizado pelo Centro de Pesquisa em História Social da Cultura mostra que esse procedimento era bastante recorrente entre as prostitutas durante esse período. As formas de dar fim à vida eram variadas — através de diversos venenos, jogando-se em frente ao bonde ou ateando-se fogo, dezenas de meretrizes deram fim à vida naqueles anos.[70]

Os suicídios relacionados à cocaína que iam parar nas páginas dos jornais mostram que o potencial fatal do tóxico, comentado por Chernoviz nos acidentes clínicos com injeções subcutâneas, era conhecido pela população carioca e se apresentava como um instrumento possível àqueles que queriam dar cabo a própria vida. Apenas as histórias trágicas iam parar nas páginas dos jornais, mas elas deixam entrever outros usos corriqueiros da cocaína que não eram nem clí-

---

69 GAZETA DE NOTICIAS. Rio de Janeiro, 3 mar. 1912.

70 Algumas dessas ocorrências foram transcritas e anexadas ao mapa temático "Lazer, cultura, sociabilidade - cotidiano de trabalhadores em Santana, RJ, 1905". MARIA CLEMENTINA PEREIRA CUNHA (Campinas). Centro de Pesquisa em História Social da Cultura (Org.). Mapas Temáticos Santana e Bexiga: Lazer, cultura, sociabilidade - cotidiano de trabalhadores em Santana, RJ, 1905. Disponível em: <http://www.ifch.unicamp.br/cecult/mapas/mapasgotto1905/gotto1905.html>. Acesso em: 21 dez. 2014.

nicos, nem mórbidos e que permitem afirmar que o uso da cocaína dentro e fora dos limites da medicina científica era relativamente disseminado pela sociedade.

Durante esses anos, desenhava-se em âmbito internacional a ascensão mundial ao comércio de substâncias como a cocaína, ópio e seus derivados. De acordo com os pesquisadores que se debruçaram sobre o tema, a combinação entre dinâmica interna dos Estados Unidos e seus interesses externos teve responsabilidade direta sobre o surgimento do controle de entorpecentes em âmbito mundial durante o início do século XX. O modelo repressivo adotado internacionalmente nesse período teria sido resultado, ao mesmo tempo, do desenvolvimento doméstico do controle social estadunidense e da sua crescente política de intervenção sobre os outros países.[71]

A postura cada vez mais incisiva dos Estados Unidos no controle internacional de algumas substâncias culminou em uma reunião entre representantes de doze países interessados na questão.[72] Ao fim de uma das conferências, em janeiro de 1912, os representantes dos doze países assinaram um protocolo de encerramento com as decisões firmadas durante o encontro e convidaram outros países, dentre os quais o Brasil, a aderirem ao "esforço humanitário" do acordo.[73]

No protocolo os representantes se diziam movidos pela preocupação com o consumo abusivo de um conjunto de substâncias. Os excessos se constituíam um problema social ao qual o poder estatal poderia e deveria intervir. Tratava-se de procurar respostas públicas para hábitos de consumo,

---

71 RODRIGUES, Thiago. Política e drogas nas Américas. São Paulo, SP: EDUC: FAPESP, 2004. p. 41.

72 Idem. Ibidem. p. 48.

73 League of Nations Treaty Series. "The International Opium Convention, signed at The Hague, January 23, 1912, and subsequent relative papers [1922]". nº. 222, 1922. Disponível em <http://www.worldlii.org/int/other/LNTSer/1922/29.html> Acesso: 21 dez. 2014. p. 189.

que até então pertenciam ao âmbito da escolha individual. O tratado colocava o controle, a restrição e a proibição como únicas saídas para conter o que eles consideravam desastres causados pelo abuso das substâncias. No entanto, a cocaína, o ópio e seus derivados eram dotados de irrefutáveis utilidades medicinais, motivo pelo qual a indústria química e a produção farmacológica deveriam ser asseguradas pelos Estados a fim de alimentar as demandas de uma medicina científica cada vez mais apoiada nessas novas descobertas.[74]

Uma saída para o impasse foi encontrada na elaboração de uma diferenciação entre os usos legítimo e ilegítimo dessas substâncias. Assim, todo consumo que não estivesse estritamente ligado à medicina científica não deveria ser aceito. A deslegitimação do uso recreativo permitia atribuir a responsabilidade pelo que as autoridades descreviam como crescente problema de saúde pública. Ficava estabelecido que os abusos decorriam do uso corriqueiro dos tóxicos, se tratava de um costume nocivo que trazia consigo o perigo dos excessos. Por outro lado, continuava assegurado o responsável uso clínico, recomendado pelos profissionais da medicina. O que acontecia não era uma simples proibição, mas o estabelecimento de quem teria o monopólio sobre as poderosas substâncias.

Cumprindo a exigência do protocolo, os representantes dos Países-Baixos propuseram que o governo brasileiro aderisse ao "esforço humanitário" daquele tratado. Assim, no dia 15 de julho de 1912, seis meses após o fim do congresso, o leitor do jornal *A Noite* ficava informado sobre a adesão do país ao combate contra o ópio, a morfina e a cocaína, declarado pela Conferência Internacional do Ópio.[75] Passaram-se alguns meses antes que o Brasil autorizasse definitivamente a assinatura do protocolo, o que só veio acontecer em ou-

74 Idem. Ibidem.

75 A NOITE. Rio de Janeiro, 15 jul. 1912.

tubro daquele ano pelo ministro plenipotenciário em Haia, que na época era o escritor Graça Aranha.[76]

A apresentação de um projeto visando cumprir o compromisso firmado pelo Brasil em relação aos tóxicos foi realizada apenas em meados de 1920 pelo senador José Maria Metello Júnior. Entre outras medidas, a proposta legislativa previa a regulamentação da venda e uso de substâncias tóxicas mencionadas no artigo 159 do Código Penal. Metello propunha um acirramento das penalidades para aqueles que expusessem a venda ou ministrassem substâncias como a cocaína, o ópio e seus derivados "sem legítima autorização e sem as formalidades prescritas nos regulamentos sanitários".[77] A medida estabelecia que as substâncias com caráter analgésico, anestésico e estuporante eram mais nocivas que as demais. Além disso, atribuía à medicina científica a exclusividade em determinar quais usos seriam legítimos.[78]

Na proposta legislativa de Metello, aqueles que fizessem uso das substâncias sem prescrição médica deveriam sem reprimidos com as mesmas penalidades previstas aos ébrios segundo o artigo 396 do Código Penal, ou seja, prisão celular por quinze a trinta dias aos que se embriagassem por hábito, ou se apresentassem em público em estado de embriaguez manifesta. A proposta criminalizaria também o uso considerado ilegítimo das substâncias e alinharia os seus consumidores aos ébrios habituais mencionados no Código Penal.

O projeto foi analisado por uma comissão do senado que emitiu um parecer bastante positivo no dia 24 de julho de

---

76 League of Nations Treaty Series. op. cit. p. 215-219.

77 BRASIL. Decreto nº 847, de 11 de outubro de 1890. Código Penal dos Estados Unidos do Brazil: Dos crimes contra a saúde publica. Rio de Janeiro.

78 Projeto nº 573/1920. MÓDULO C, Nº DE ARQUIVAMENTO 3989, COARQ – Coordenação de Arquivo, SGIDOC – Secretaria de Gestão de Informação e Documentação, Senado Federal.

1920. Os parlamentares pediam a devida consideração do senado em relação ao projeto e demonstravam-se alarmados com o eminente problema social, principalmente devido à disseminação desses hábitos entre as "camadas populares".

> *Já ninguém desconhece a extensão do uso que nas camadas populares se faz das substâncias tóxicas mencionadas no projeto. Se não são tomadas em doses suficientes para produzirem a morte, nem por isso deixam de ser nocivas. Assumindo a proporção de um vício, o uso dessas drogas desequilibra o sistema nervoso amolentando o caráter do viciado e impelindo à prática de atos de perversão moral.*[79]

Em poucos parágrafos os senadores descreviam um problema social causado pelo uso de um conjunto de substâncias analgésicas, anestésicas e estuporantes. Estas seriam capazes de promover uma gradual e perigosa degeneração que afetava o organismo e a constituição moral de suas vítimas fazendo com que estas deixassem de possuir "bons sentimentos" e decaíssem social e economicamente. Tendo em vista o caráter hereditário dessa corrupção, os degenerados estenderiam a desgraça a toda sua prole, ampliando ainda mais os impactos negativos desse consumo sobre a sociedade brasileira.

A comissão problematizava apenas um aspecto do projeto de Metello, no que se referia aos "viciados". De acordo com eles, ao invés da prisão por quinze a trinta dias, melhor caberia a "prisão indeterminada", uma vez que o objetivo desta seria a "correção do condenado", pois a prisão era a forma pela qual se defendia a sociedade do criminoso e se regenerava o "viciado". O "condenado", mencionado pelos senadores, seria aquele que fizesse uso de substâncias como

79 Idem. Ibidem.

ópio, morfina e cocaína sem prescrição médica. No discurso dos senadores, infringir esta lei era correspondente a ser intoxicado por alguma dessas substâncias, uma pessoa incapaz de reagir às "sugestões do vício".[80]

Sem ser debatido, o projeto foi enviado à Câmara dos Deputados no dia 10 de setembro de 1920. Em novembro daquele ano, a sessão da Câmara contou com um primeiro parecer da comissão responsável pelo projeto onde, mais uma vez, era ressaltada a necessidade de se lutar contra "o grande perigo" oferecido pelos tóxicos e as "intoxicações mórbidas" que conduziam o indivíduo à "decadência orgânica, aos delírios, à loucura, e à ruína" e preparavam "terreno para a tuberculose".[81]

Os deputados pautavam o debate político nas discussões médicas que expressavam e propulsionavam a ressignificação dos tóxicos, a distinção entre o uso legítimo e não legítimo e a patologização de seus consumidores. Na mesma medida em que descaracterizavam os benefícios das substâncias em questão, reforçavam-se as perspectivas negativas em relação ao seu uso. O perigo eminente que os médicos conferiam às substâncias oferecia pertinência à legislação que os deputados pretendiam aprovar.

O consumo de alguns tóxicos era capaz de desenvolver uma patologia específica. O uso prolongado da morfina, por exemplo, era capaz de determinar um estado de "demência" parecido com outras "demências tóxicas".

> *Sem dúvida as primeiras sensações que experimenta quem toma a morfina são de bem estar geral, uma espécie de estimulação das faculdades, mas logo a vontade*

80 Idem. Ibidem.

81 CONGRESSO NACIONAL. Annaes da Camara dos Deputados Sessões de 1 à 18 de novembro de 1920. v. XI. Rio de Janeiro: Imprensa Nacional, 1921, 134ª Sessão, em 5 de novembro de 1920, p. 142.

*se paralisa, as faculdades intelectuais se enfraquecem, bem como o senso moral, e na mulher vê-se desaparecer o sentimento de pudor [...].*[82]

Os deputados se diziam apoiados nas afirmações de Emmanuel Régis, médico francês famoso por destacar a "toxicomania" a partir das teorias psiquiátricas. De acordo com ele, essa nova categoria patológica era caracterizada por uma tendência impulsiva e involuntária em direção ao tóxico. O consumo de determinadas substâncias provocaria uma excitação maníaca em direção ao novo uso das mesmas, "uma necessidade imperiosa de se intoxicar".[83] Esse estado vicioso afetaria o próprio caráter do intoxicado, pois causava impacto sobre seu senso moral e pessoa que fizesse uso dessas substâncias perderia a vergonha e, no caso das mulheres, o "sentimento de pudor". Nesse momento os debates parlamentares deixam entrever mais claramente a articulação da proposta legislativa de repressão ao uso dos tóxicos com os aspectos da moralidade da época. Parecia haver um medo de que as experiências de entorpecimento pudessem fragilizar a conduta moral e sexual prevista pelos bons costumes e que, principalmente no caso das mulheres, era bastante controlada e vigiada.

De acordo com as teorias médicas utilizadas pelos deputados, o tóxico fragilizava o caráter do viciado, fazendo-o perder a vergonha, a franqueza e lealdade. Além disso, a toxicomania provocava um ímpeto incontrolável por fazer o viciado buscar novo uso dos tóxicos. O passo seguinte dos parlamentares foi associar essas teorias com a prática de crimes. Para isso, recorreram aos estudos do "ilustre professor" Afrânio Peixoto

82 Idem. Ibidem.

83 RÉGIS, Emmanuel. Précis de Psychiatrie. Paris: Doin, 1906, p.88 e 145. Apud SANTIAGO, Jesus. A droga do toxicômano. Uma parceria cínica na era da ciência, Rio de Janeiro, Zahar, 2001. p. 69.

sobre as psicoses tóxicas e toxicoses. A tese era de que, moralmente fracos, os viciados eram impelidos a cometer atos criminosos para responder ao seu impulso de intoxicarem-se.

> *[...] essas intoxicações corrompem o corpo e o caráter, os indivíduos perdem a vergonha, mentem com desfaçatez, tornam-se perdulários, desasseados e até criminosos para satisfazerem seu vício: roubam, prestam-se às maiores baixezas, as mulheres se prostituem sem resguardo, nem escolha contanto que tenha a droga almejada para se degradarem ainda mais [...].*[84]

Os deputados faziam correlações entre as teorias sobre o uso de tóxicos e as práticas consideradas criminosas ou imorais que faziam parte do cotidiano brasileiro naquela época como o roubo e a prostituição. O viciado, que até então aparecia como vítima dos tóxicos, passava a ser considerado um vilão autor de crimes contra a propriedade e de atentados aos bons costumes. Essa concepção colocava os intoxicados como criminosos em iminência. Como no discurso parlamentar, consumir os tóxicos sem legitimidade era equivalente a ser viciado nesses compostos; aquele que usasse cocaína, ópio ou morfina sem prescrição médica passaria a ser considerado um degenerado, naturalmente propenso ao crime e a atos de perversão moral. Um indivíduo seria capaz de roubar para satisfazer seu desejo pela intoxicação, enquanto as mulheres, sedentas pelo tóxico, se entregariam à prostituição "sem resguardo, nem escolha".

Esses debates parlamentares mostram que, nesse processo de definições, foram feitas associações muito específicas entre o consumo considerado ilegítimo dos tóxicos com outras

---

84 CONGRESSO NACIONAL. Annaes da Camara dos Deputados Sessões de 1 à 18 de novembro de 1920. op. cit. p. 144.

questões indesejadas do cotidiano urbano como os crimes contra a propriedade e a prostituição, que eram alvo de forte perseguição policial durante aquelas décadas. O estabelecimento do crime e depravação sexual como sintomas diretos do uso de tóxicos criava um estigma social sobre consumidoras e consumidores que, no advento da perseguição às drogas, seria utilizado pelas autoridades policiais em busca dos setores sociais sobre os quais deveriam agir.[85]

Estes deputados não foram os primeiros a relacionarem a prostituição com hábitos viciosos. Desde o século XIX, médicos relacionavam o alcoolismo às "mensageiras do vício". Os dois comportamentos foram considerados como desviantes e inscritos no âmbito da loucura, expressão do instinto não controlado caracterizado pela fragilidade da formação espiritual e intelectual do indivíduo.[86] Já sobre a constituição histórica do termo "vício", Henrique Carneiro afirma que, antes de adquirir o sentido do paradigma do uso de drogas, o conceito já era amplamente utilizado para designar uma noção de comportamento excessivo especialmente de natureza sexual.[87] A associação entre a cocaína, a "sensualidade doentia" e a prostituição delineada naqueles anos e os interesses das autoridades

---

85 Sobre o cotidiano dos crimes e da polícia no Rio de Janeiro durante as primeiras décadas do século XX: BRETAS, Marcos. Ordem na Cidade: o exercício cotidiano da autoridade policial no Rio de Janeiro, 1907-1930. Rio de Janeiro: Rocco, 1997. Sobre a perseguição à prostituição na capital carioca: SCHETTINI, Cristiana. Que tenhas teu corpo: uma história das políticas da prostituição no Rio de Janeiro das primeiras décadas republicanas. Rio de Janeiro: Editora do Arquivo Nacional, 2006.

86 ENGEL, Magali. Meretrizes e Doutores – Saber médico e prostituição no Rio de Janeiro (1840-1890), pp.80-81. A adjetivação "mensageiras do vício" é feita pelo Dr. José de G. e Siqueira Filho cf. ENGEL, Magali, op. cit.

87 CARNEIRO, Henrique. "Transformações do significado da palavra "droga": das especiarias coloniais ao proibicionismo contemporâneo". In. CARNEIRO, Henrique; VENÂNCIO, Renato P. (org.). Álcool e drogas na história do Brasil. São Paulo: Editora PUC Minas, 2005. p. 19.

em reprimir essas pessoas fez com que as duas questões fossem unidas na mesma chave de problema social.

Nesse momento os médicos intensificaram estudos discorrendo sobre os impactos do uso de tóxicos na sociedade. Uma das mais importantes obras do período foi *Vícios Sociais Elegantes*, lançado em 1924 pelos médicos Adauto Botelho e Pernambuco Filho. Nele os autores demonstravam preocupação especial com a propagação da cocaína que, segundo eles, havia se iniciado entre as classes mais altas, mas já estava se disseminando por outras classes sociais. "Iniciando suas conquistas pelas classes elevadas, a cocaína já vazou para os andares mais inferiores da sociedade e sua torrencial caminhada começa a envolver criados, operários e pessoas menos abastadas".[88]

A atenção deveria se dirigir aos prostíbulos, pois eles estimavam que até dois terços das meretrizes fossem viciadas. Apesar de a cocaína ter forte adesão entre os membros da classe alta, sendo considerada até mesmo "vício elegante" e símbolo de *status* social, o seu consumo por parte da elite foi atribuído ao seu relacionamento com a prostituição. Um médico chamado Dr. Orlando Vairo chegou a argumentar, em 1926, que as prostitutas introduziam os rapazes de elite e das camadas menos favorecidas nas "artes do amor" ou nos "vícios elegantes".[89] Nesse discurso as prostitutas seriam responsáveis pela disseminação de um consumo que até e século anterior era incentivado por membros da própria medicina científica.

Em julho de 1921, após alguns meses de discussões parlamentares, o Congresso Nacional sancionou o decreto nº 4.294 determinando prisão de um a quatro anos para quem vendesse, expusesse à venda ou ministrasse substâncias tóxicas de cará-

88 ADAUTO BOTELHO E PERNAMBUCO FILHO. Vícios sociais elegantes, Livraria Alves, Rio de Janeiro, 1924, p. 27.

89 RAGO, Margareth. Os prazeres da noite: prostituição e códigos da sexualidade feminina em São Paulo, 1890-1930. Rio de Janeiro: Paz e Terra, 1991. p. 25.

ter entorpecente "como ópio e seus derivados; cocaína e seus derivados" sem legítima autorização e sem as formalidades prescritas nos regulamentos sanitários. O novo decreto também introduziu a toxicomania na legislação criminal, ao determinar a internação em estabelecimento correcional específico do indivíduo que se entorpecesse de tal modo que passasse a ser nocivo ou perigoso a si próprio, a outrem ou à ordem pública.[90]

A nova legislação fez surgir demandas tanto para as autoridades policiais quanto para os profissionais da saúde. A análise da documentação produzida pelos hospícios durante os anos que se seguiram à proibição mostra que as ideias esboçadas pelos parlamentares e pelas teorias médicas tiveram impacto crucial nos primeiros anos de repressão.[34] A partir de 1921 o conteúdo das narrativas dos registros clínicos de pessoas suspeitas de toxicomania começou a mudar. Elementos antes ignorados como o meio em que a pessoa vivia e seus hábitos sociais, ganharam relevância nos diagnósticos.

Em março de 1924, a polícia enviou João ao Pavilhão de Observação, sob suspeita de toxicomania. Em seu registro clínico foi possível perceber uma atenção especial para a linguagem e comportamento usados pelo suspeito como forma dos médicos descobrirem qual o seu meio social. Partindo do princípio de que o uso de cocaína estava vinculado a uma determinada classe de pessoas, a identificação deste meio poderia ser decisiva para um diagnóstico positivo ou negativo para a patologia.

> *Entre os companheiros de tal toxicomania tem ele a alcunha de Jacaré Engomado, como explicativo do modo como se apresenta nas mesas de "cabarés": corpo empi-*

---

90 Decreto nº 4.294, de 6 de julho de 1921, in: *Coleção das Leis da República dos Estados Unidos do Brasil de 1922*, vol. I, Atos do Poder Legislativo (janeiro a dezembro). Rio de Janeiro: Imprensa Nacional, 1922, pp. 273-275.

> *nado, fisionomia séria, olhar firme e fixo... Refere-nos tais fatos, com certo ar prazenteiro e orgulho como se tal fora o prêmio justo ou o brasão glorioso, conquistados, com heroísmo, nas refregas do vício. Em sua linguagem especial, própria dos meios em que vive, cita frases da gíria como 'ramble', 'marathona', e outras tantas, em francês de alcouce.*

Os médicos atentavam para o orgulho que João tinha da vida que levava e de seu prestígio naquele meio. No mesmo ano, Botelho e Pernambuco Filho lançavam *Vícios Sociais Elegantes*. De acordo com eles, estes toxicômanos tinham por hábito se entregar dias seguidos ao "culto exclusivo e ininterrupto do pó". Nessas ocasiões, permaneciam sem dormir, nem comer e eram atacados por delírios e alucinações violentas. "A esta *bacchanal* chamam '*Marathona*'". Já a gíria "rambles" designava o período de abstinência forçada, temido por todos. [37]

Provavelmente o conhecimento prévio dessa "linguagem especial" tenha sido o motivo pelo qual os médicos que examinaram João deram tanta importância a esses aspectos na construção de seu diagnóstico. A constatação pressupõe que, para esses médicos, existia um grupo de pessoas que, assim como João, frequentavam as "mesas de cabarés". Essas pessoas possuíam linguagem própria que permitia sua identificação. A centralidade dessas características no exame de toxicomania do paciente indica que a identificação de João como parte desse meio social era bastante relevante para seu diagnóstico de cocainomania.

São vários os casos de cocainômanos cujas histórias registradas pelos médicos mostravam sua relação com os cabarés, o que permite afirmar que, de fato, as redes de sociabilidade ligadas aos cabarés eram pelo menos um dos meios privilegiados através dos quais circulava a cocaína. Por outro lado, deve-se levar em consideração o interesse que os médicos demonstram por essas narrativas. Muitas vezes a história detalhada da vida e costumes desregrados que o paciente relatava era toda a informação registrada em seu exame de sanidade. É provável que tenha ocorrido um enviesamento dessas histórias por parte dos médicos diante do que eles tinham em mente sobre a cocainomania. Os relatos evidenciam que os médicos estavam estabelecendo alguns comportamentos e circuitos sociais como critérios que os ajudavam na definição da classe viciosa que deveriam medicalizar.

Isso fica evidente na internação de "Botija", encaminhado ao Pavilhão de Observações pelo delegado Augusto Mendes em outubro de 1927 sob suspeição de cocainomania.

> *[...] vem sob suspeição de [ser] um inveterado no vício da cocaína, mas que em verdade não há evidente nenhum indício clínico que autorize a afirmativa. Entretanto como se trata de um indivíduo estivador [...] chegando mesmo a ter negócios com o tóxico, houve a suspeita de que ultimamente até o estivesse usando. Trata-se de um indivíduo que até tem a alcunha de "Botija" e como parece bem desenvolvido nas palestras, apresenta uma facilidade suspeita de usar a tecnologia da gíria, tão familiar entre eles, os viciados. Procura a todo o custo esquivar-se de quaisquer suspeição embora deixe nítida a impressão de que se trata de um grande vivedor!*

O próprio médico afirmava não haver indício clínico algum que autorizasse a acusação de que Botija era um inveterado no vício da cocaína. De fato, os registros de exames que se seguem a este trecho no prontuário do paciente não revelam nada que pudesse sustentar essa decisão. Ainda assim, Botija permaneceu internado durante 15 dias no Pavilhão de Observações, tempo máximo que uma pessoa poderia permanecer nessa instituição, sendo por fim encaminhado a outro pavilhão do Hospício.

Os motivos apontados pelos médicos para justificar essa decisão foram o seu comportamento, a linguagem e o fato do suspeito, aparentemente, estar envolvido com o comércio de entorpecentes. Esse caso mostra que a definição da pessoa em questão, sua posição social e seus costumes podiam ser até mais importantes para os médicos na hora de diagnosticar um suspeito do que os próprios exames clínicos. Indica também que, pelo menos para esses médicos, havia determinados códigos sociais, ambientes e linguagem relacionados ao consumo de cocaína que eram levados em consideração no momento de se elaborar um diagnóstico, constituindo-se em critérios que ajudavam na definição de sua classe viciosa.

Em 1926 houve um acirramento do combate à venda e ao consumo de tóxicos quando o chefe de polícia, Carlos da Silva Costa, entregou ao delegado do 30º distrito policial, Augusto Mendes, o controle da 3ª delegacia auxiliar e a atribuição da repressão aos entorpecentes da cidade, posto que manteria até 1930.[40] Partindo do princípio de que os tóxicos estavam vinculados à sociabilidade dos cabarés, Augusto Mendes elencava esses locais como prioritários na sua busca por suspeitos. Logo em seu primeiro ano de atuação, foi a uma dessas áreas e enviou ao hospício seis pessoas sob acusação de serem cocainômanas. O diagnóstico não foi confirmado em nenhum dos casos e todos eles receberam alta após o exame.

Naquele momento a repressão policial às zonas de meretrício não era novidade. Assim, não tardou para que a perseguição aos tóxicos fosse relacionada a esses ambientes indesejados na prática repressiva. Resultados de uma prática mais sistemática de investigações e apreensões surgiram internações em grupo, advindas de planejadas operações policiais. Aparentemente o delegado fazia uma investigação prévia, levava algumas pessoas à delegacia e os pressionava a fim de conseguir mais informações. Assim, efetivava a prisão de vários suspeitos de envolvimento com a cocaína ao mesmo tempo e enviava os supostos toxicômanos ou aqueles que não colaborassem com a investigação ao hospício.

Pode-se dizer que o processo de criminalização envolveu a criação de uma maneira muito específica de lidar com os tóxicos envolvendo definições de legitimidade, patologização de seus usuários, responsabilização dos varejistas. Muito mais que proibir o acesso da maioria da população a essas poderosas substâncias, esse processo significou o advento de atribuições negativas sobre seus usos. A partir de então, aqueles que consumiam tóxicos passaram a ser considerados vítimas mórbidas e potenciais criminosos. A perda do "sentimento de pudor" por parte das mulheres era de tamanha preocupação que se constituiu um dos argumentos para criminalizar os tóxicos em 1920. Esse episódio evidencia a forte conexão entre o controle da mente, do corpo e da sexualidade feminina. A ideia de que o uso dessas substâncias pudesse fragilizar o senso moral das mulheres consolidava o pensamento de que a mulher que fazia uso de tóxicos era despudorada e depravada sexualmente.

As reflexões propostas indicam que o processo de criminalização das drogas se constituiu em um controle social atrelado a outras repressões sociais que se baseavam em critérios como gênero, classe e raça. O debate chama a atenção para o fato de que lutar por uma nova política de drogas não se trata apenas de discutir uma mudança legislativa. É necessário ir a fundo e trabalhar na desconstrução de uma série de concepções negativas sobre seus usos. Nesse sentindo, o antiproibicionismo também diz respeito a estas outras formas de opressão e deve agir no esfacelamento desses estigmas historicamente construídos.

## Fontes

Periódicos

- O BRAZIL-MÉDICO: Revista semanal de medicina e cirurgia.
- A MÃE DE FAMILIA.
- GAZETA DE NOTÍCIAS.
- A NOITE.

Literatura Médica

- CHERNOVIZ, Pedro Luiz Napoleão. Dicionário de Medicina Popular. 6. ed. Paris: A. Roger & F Chernoviz, 1890.
- ADAUTO BOTELHO E PERNAMBUCO FILHO. *Vícios sociais elegantes*, Livraria Alves, Rio de Janeiro, 1924.

Legislação:

- BRASIL. Decreto nº 847, de 11 de outubro de 1890. Código Penal dos Estados Unidos do Brazil: Dos crimes contra a saúde publica. Rio de Janeiro.
- Projeto nº 573/1920. MÓDULO C, Nº DE ARQUIVAMENTO 3989, COARQ – Coordenação de Arquivo, SGIDOC – Secretaria de Gestão de Informação e Documentação, Senado Federal.
- Decreto nº 4.294, de 6 de julho de 1921, in: *Coleção das Leis da República dos Estados Unidos do Brasil de 1922*, vol. I, Atos do Poder Legislativo (janeiro a dezembro). Rio de Janeiro: Imprensa Nacional, 1922, pp. 273-275.

Oficiais:

- League of Nations Treaty Series. "The International Opium Convention, signed at The Hague, January 23, 1912, and subsequent relative papers [1922]". nº. 222, 1922.
- CONGRESSO NACIONAL. Annaes da Camara dos Deputados.

Registros Clínicos:

- Livros de Observações Clínicas. Biblioteca Professor João Ferreira da Silva Filho, do Instituto de Psiquiatria da Universidade Federal do Rio de Janeiro.

Policiais:

- MARIA CLEMENTINA PEREIRA CUNHA (Campinas). Centro de Pesquisa em História Social da Cultura (Org.). Mapas Temáticos Santana e Bexiga: Lazer, cultura, sociabilidade - cotidiano de trabalhadores em Santana, RJ, 1905.

## Referências bibliográficas


BRETAS, Marcos. Ordem na Cidade: o exercício cotidiano da autoridade policial no Rio de Janeiro, 1907-1930. Rio de Janeiro: Rocco, 1997.

CARNEIRO, Henrique; VENÂNCIO, Renato P. (org.). Álcool e drogas na história do Brasil. São Paulo: Editora PUC Minas, 2005.

ENGEL, Magali. Meretrizes e Doutores – Saber médico e prostituição no Rio de Janeiro (1840-1890).

FERREIRA, Luiz Otávio. João Vicente Torres Homem: Descrição da Carreira Médica no Século XIX. PHYSIS – Revista de Saúde Coletiva, Rio de Janeiro, v. 4, n. 1, 1994.

MUÑOZ, Pedro Felipe Neves de; FACCHINETTI, Cristiana; DIAS, Allister Andrew Teixeira. Suspeitos em observação nas redes da psiquiatria: o Pavilhão de Observações (1894-1930). Memorandum, Belo Horizonte, v. 20, n. 1, p.83-104, abr. 2011.

RAGO, Margareth. *Os prazeres da noite: prostituição e códigos da sexualidade feminina em São Paulo, 1890-1930*. Rio de Janeiro: Paz e Terra, 1991.

RODRIGUES, Thiago. Política e drogas nas Américas. São Paulo, SP: EDUC: FAPESP, 2004.

SANTIAGO, Jesus. A droga do toxicômano. Uma parceria cínica na era da ciência, Rio de Janeiro, Zahar, 2001.

SCHETTINI, Cristiana. Que tenhas teu corpo: uma história das políticas da prostituição no Rio de Janeiro das primeiras décadas republicanas. Rio de Janeiro: Editora do Arquivo Nacional, 2006.Parte superior do formulário

## Machismo na nossa roda não cola

*Bloco Feminista da Marcha da Maconha São Paulo*
*Ala Feminista da Marcha da Maconha Rio de Janeiro*
*Feministas da Marcha da Maconha de Santos*

*Sou maconheira, sou feminista*
*Não passo beck pra machista*
(Grito cantado por mulheres em Marchas da Maconha)

E daí como é que é? Fogo na bomba – sim, *maperaê*: sem marcar com a mulherada, certo? Queima o seu e fica a pampa: se liga, se liga, já bola, se liga que machista na nossa roda não cola. Por e com todas as lutas das minas que marcham, esse texto aqui é um passo nessa caminhada que vem de longe, mas que ainda tem chão. Nossa brisa ninguém mais vai roubar: que fique, que fique, que fique ligeiro...

Na praça do Patriarca no centro de São Paulo, já tantas vezes rebatizada de Matriarca em ações feministas, estava lá a estátua de José Bonifácio. O monumento de mais de três metros do chamado "patriarca da independência" que resguarda a praça, porém, estava um tanto descontraído: com uma saia colorida, segurava um baseadão gigante que por horas depois que passou por lá a Marcha da Maconha 2015, continuou aceso. E quem andava por ali na hora da ação do bloco feminista, ainda pôde ouvir, sob a lua e os estandartes roxos, os gritos de "Ventre livre, cabeça feita" e "Se cuida seu machista, a Marcha da Maconha vai ser toda feminista". No Rio de Janeiro, com máscaras roxas de folhinhas de maconha, mulheres lembravam, com uma enorme faixa, que "A proibição mata. O machismo também". Em Santos, logo na primeira edição da

Marcha por lá, a faixa também já dava o recado: "Libertária e feminista: Marcha da Maconha Baixada Santista".

Quem vai hoje em dia em alguma das maiores Marchas da Maconha que acontecem pelo Brasil, não deixa passar batido que o número de mulheres na manifestação tem aumentado, e não só isso: que os roxos colorindo os muitos verdes com suas camisetas, panfletos, alegorias e ações diretas não deixam dúvidas de que, além dos espaços feministas estarem se debruçando mais sobre o debate da política de drogas, os espaços antiproibicionistas estão também cada vez mais feministas (não sem muitas dificuldades, ataques e contradições).

O entendimento de que a luta por liberdade embasa tanto o antiproibicionismo quanto o feminismo, que é preciso que essas discussões se aprofundem e as lutas se fortaleçam, tem já há algum tempo ganhado mais peso. Também enquanto resistência ao machismo e à masculinização dos espaços que debatem drogas (muitas vezes só dá cueca) e, portanto, enquanto forma mesmo de garantir nossa permanência nesses movimentos, os blocos ou alas feministas começaram a se auto-organizar em Marchas da Maconha Brasil afora.

Em São Paulo, o embrião do que seria o bloco feminista foi uma mirrada reunião convocada por algumas mulheres do Coletivo DAR em 2010, na União de Mulheres de São Paulo, feita também com integrantes da Liga Brasileira de Lésbicas. "Mas o que a legalização das drogas tem a ver com a emancipação das mulheres?" Começava aí um bonito processo de desconstrução de preconceitos e a reflexão sobre o que os temas têm em comum, e o que as lutas feminista e antiproibicionista tem a ensinar uma à outra.

De olho nesse processo e cheias de identidade em comum, um conjunto de antiproibicionistas no Rio de Janeiro logo também se formou. Entre um baseado e outro, uma nova ideia, um novo encontro até que, em 2014, da auto-organização de mulheres do Movimento pela Legalização da Maconha (MLM) eclodiu pelas ruas da cidade a Ala Feminista da Marcha da Maconha Rio de Janeiro, trazendo um novo fôlego feminista para organização e passando o recado: juntas somos fortes!

Em Santos, desde o início das reuniões gerais, o Coletivo Marcha da Maconha é majoritariamente feminino – e feminista. Criado em 2009, o coletivo vem promovendo diversas atividades de formação política no intuito de construir uma Marcha consistente - em quórum e em ideias. Em 2013, na II Semana Canábica, o tema "Maconha e Aborto: direito ao nosso corpo. Formas de controle e coerção da liberdade por parte do Estado", trouxe mais formalmente o feminismo à pauta pública da Marcha na cidade, contando com a participação do Bloco Feminista da Marcha de São Paulo. Presença que se repetiu no ano seguinte, na III Semana Canábica, e que se fortaleceu ainda mais em 2015, com a I Marcha da Maconha da Baixada Santista colorindo as ruas.

***

Parece simples a ideia de que seu corpo lhe pertence. Quase óbvia. Mas o fato é que, apesar de evidente, a luta para que isso de fato aconteça é embaçada e tem que ser constante. São muitos os dispositivos - materiais, simbólicos, psicológicos, culturais – que tiram da gente a autonomia do que fazer com nossos corpos e mentes. No caso da mulher, o peso e a variedade deles é ainda maior.

Dizer a uma mulher se ela tem o direito ou não de interromper uma gravidez, de trepar com x ou y, de usar uma roupa curta sem ser assediada, de ter um relacionamento sem apanhar, de se reconhecer fora dos binarismos de gênero, de entrar num busão apertado sem ter a bunda apalpada – todos os mecanismos biopolíticos de opressão que tentam ditar essas regras, essas muitas formas de controle sobre nossos corpos, são formas de proibição. Se fortalecem na enraizada ideia do corpo da mulher enquanto algo que não é dela, mas de alguém que vai dizer o que ela está proibida ou não de fazer. Essa mesma proibição aparece na tentativa de regular os corpos de pessoas gays, lésbicas, bissexuais, travestis, transsexuais e interssexuais.

Sempre que existir um proibir, é bom desconfiar dele. Quase nunca ele está ligado ao bom senso. Via de regra, o proibir é moral. E nós mulheres, assim como pessoas LGBTTI, sabemos bem os custos de termos nossos corpos legislados por preceitos morais. É a mesma lógica proibicionista – com origens específicas de moralidade e preconceito, embaralhando interesses políticos de homens no comando de Estados e Igrejas – que arbitrariamente define algumas drogas como ilícitas e que também viola o corpo da mulher ao negar a ela seu direito à autonomia.

"Ao lado da arrogância e da autossuficiência de um rei que nunca erra, os governos ordenam, julgam, condenam e punem as mais insignificantes ofensas, enquanto conservam a si mesmos através da maior de todas as ofensas, a aniquilação da liberdade individual", já dizia Emma Goldman no início do século 20 (no ensaio *Anarquismo: o que ele realmente representa*).

As proibições das drogas e do aborto, nesse sentido, têm muita coisa em comum. Além de representarem uma ingerência indevida do Estado nas decisões da pessoa sobre o que fazer com seu próprio corpo, nenhuma dessas proibições inibe a prática dessas condutas, trazendo uma série de coisas ruins que nem tem nada a ver com a conduta em si: violência, morte, encarceramento, preconceito.

No Brasil são praticados em torno de 1 milhão de abortos por ano e 250 mil internações devido a abortos inseguros. E claro, a gente sabe quais setores da população que pagam por isso. Da mesma forma que quem é branco e tem dinheiro consegue consumir ou mesmo vender drogas ilegais com menos riscos de ser morto ou preso, mulheres ricas que escolham fazer um aborto conseguem fazer isso de forma segura em caras clínicas clandestinas. Se o Brasil ocupa hoje a terceira posição mundial em número de pessoas presas, sendo elas quase em sua totalidade de pobres, são também as mulheres com baixa renda as que morrem tentando por conta própria interromper uma gravidez indesejada.

São, ainda, os mesmos pilares que sustentam as proibições do aborto e das drogas: um Estado que mata e oprime; uma medicina que pouco se compromete com a saúde, mas sim com um controle social e um saber a serviço dos lucros de uma produção de patologizados e medicalizados; religiões moralistas e oportunistas; uma mídia concentrada e conservadora; uma educação careta e punitiva e claro, o enraizamento desses discursos em todos os âmbitos sociais.

Mas é preciso frisar (já que por isso lutamos): esses meios de controle sob a forma de proibições são desconstruídos e desacreditados a todo momento. Quando a marofa das Marchas da Maconha indica que o ato não é só reivindicatório, mas uma ação em massa de desobediência; quando mulheres se auto-organizam para, de forma solidária, enfrentar a opressão que sofrem; quando pessoas LGBTTIs se juntam e expõem essas exclusões; quando alguém simplesmente consegue de forma autônoma decidir o que fazer com seu próprio corpo; quando uma mãe que perde o filho sob o tiro da polícia se organiza para lutar contra a violência do Estado. Estão aí os nossos mundos, que teimosos e dignos, vão se gestando em meio aos difíceis tempos em que a gente vive.

***

Aqui no Brasil, desde a colonização é possível fazer a relação entre o controle sobre o corpo feminino e a questão das drogas. Na esteira das primeiras leis sobre maconha (racistas, quem diria), que falavam do perigo do seu uso pelos escravos, a perseguição às mulheres que tinham o conhecimento do uso de ervas e do tratar do corpo foi imensa. No artigo da historiadora Mary del Priore, *Magia e medicina na Colônia: o corpo feminino*, do livro *História das mulheres no Brasil* organizado pela mesma autora, ela descreve como "esse saber informal, transmitido de mãe para filha, era necessário para a sobrevivência dos costumes e das tradições femininas".

> *Conjurando os espíritos, curandeiras e benzedeiras, com suas palavras e ervas mágicas, suas orações e adivinhações para afastar entidades malévolas, substituíam a falta de médicos e cirurgiões. (...) Mas essa atitude acabou deixando-as na mira da Igreja, que as via como feiticeiras capazes de detectar e debelar as manifestações de Satã nos corpos adoentados. (...) Em Pernambuco, por exemplo, no ano de 1762, em Vila Formosa de Serinhaém, dona Mariana Cavalcanti e Bezessa, depois de ter utilizado seus serviços, denunciava ao comissário do Santo Ofício, dom Antônio Teixeira de Lima, que Maria Cardosa "benzia madres [úteros]" e que sua escrava Bárbara "curava madres [úteros]".*

Já no fim do século 19, na República e com a transformação das políticas de controle social, se consolidava o processo de medicalização da loucura. A partir daí a medicina se solidifica como saber técnico-científico (de domínio masculino), totalmente entrelaçada com os interesses de controle de setores da população e higienização. Assim, Magali Engel explica, no artigo *Psiquiatria e feminilidade* que faz parte do mesmo livro:

*Vista como uma soma desarrazoada de atributos positivos e negativos, cujo resultado nem mesmo os recursos científicos cada vez mais sofisticados poderiam prever, a mulher transformava-se num ser moral e socialmente perigoso, devendo ser submetida a um conjunto de medidas normatizadoras extremamente rígidas que assegurassem o cumprimento do seu papel social de esposa e mãe; o que garantiria a vitória do bem sobre o mal, de Maria sobre Eva. Se a mulher estava naturalmente predestinada ao exercício desses papeis, a sua incapacidade e/ou recusa em cumpri-los eram vistas como resultantes da especificidade da sua natureza e, concomitantemente, qualificadas como anti naturais. Sob a égide das incoerências do instinto, os comportamentos femininos considerados desviantes – principalmente aqueles inscritos na esfera da sexualidade e da afetividade – eram vistos ao mesmo tempo e contraditoriamente como pertinentes e estranhos à sua própria natureza.*

Semelhanças entre as internações forçadas das chamadas "histéricas" ou "loucas" – as desviantes dos papeis sociais impostos às mulheres – nos manicômios de ontem e nas comunidades terapêuticas de hoje não são mera coincidência. "As conquistas e sofisticações da psiquiatria na passagem do século XIX para o século XX, longe de questionarem a associação entre mulher e histeria, aprofundaram-na, conferindo-lhe o status de verdade científica", atesta Magali Engels, para quem "ainda por muito tempo, as palavras impetuosas do psiquiatra francês UlysseTrélat, discípulo de Esquirol, continuariam a ecoar dentro e fora do mundo acadêmico e científico: 'Toda mulher é feita para sentir, e sentir é quase histeria'".

Louca, histérica, emocional, sem controle, neurótica, *mimimi*, ainda hoje tão aí como formas pelas quais as mulheres são vistas. (A própria tpm, para alguns, não passaria de uma desculpa pra expressar a tal loucura que já seria inerente ao feminino). Loucxs somos todxs claro, mas não por nosso gênero.

Há drogas, portanto, que tem seu uso incentivado para nós, mulheres: aquelas que ajudem a que a gente se mantenha no papel que nossa sociedade nos impõe. Mãe, bonita, esposa, magra, alegre, que além de tudo cozinhe e limpe a casa. Dá-lhe antidepressivos, pílulas de emagrecimento, cosméticos, remédios para dormir...a lista é grande e as mulheres seu maior mercado consumidor.

Já as substâncias psicoativas simplesmente para a diversão são até hoje pouco aceitas para mulheres. Até em relação às drogas lícitas existe ainda um preconceito - puta, deprimida, solitária ou disponível são alguns dos adjetivos que, por incrível que pareça, são ainda atribuídos a uma mulher que esteja, por exemplo, tomando uma cachaça sozinha num bar. Troque ela por um homem, a cena passa a ser "natural". No caso do uso das drogas ilícitas para fins recreativos, o estigma é ainda maior.

> *Eu só quero é ser feliz*
> *Chapar tranquilamente com a droga que escolhi*
> *E poder me assegurar*
> *Que careta ou doidona qualquer um vai respeitar*
> (Paródia de funk feita pela Ala Feminista da Marcha da Maconha Rio de Janeiro).

O prazer corporal para a mulher ainda é visto como uma coisa pecaminosa, como se ela não tivesse esse direito ou acesso, como se esse prazer fosse motivo de vergonha. Isso se aplica no uso recreativo de drogas por mulheres e também, por exemplo, em relação ao sexo. Não à toa a masturbação masculina é estimulada desde cedo e vista como normal, enquanto a feminina não. As mulheres muitas vezes nem conhecem bem seu próprio corpo, muitas nunca sentiram um orgasmo (sobre isso, veja o vídeo *Clitóris, o prazer proibido*).

Aliás, em tempos em que finalmente o debate sobre maconha medicinal avança no Brasil, é preciso lembrar que esse relevante avanço não pode ofuscar a importância de podermos usar sim também para recreação. A ideia de que as drogas hoje ilícitas devem ser legalizadas só para fins medicinais lembra os discursos religiosos que defendem sexo só para fins reprodutivos, ou o próprio senso comum que vê como vadia uma mulher que queira fazer sexo casual. Em algum tempo futuro e melhor, ainda vai ser motivo de riso a ideia do Estado, da igreja ou da medicina quererem dizer às pessoas como podem se divertir.

***

É sempre mais fácil culpar a substância. Os que se debruçam sobre a crítica à proibição das drogas já tão ligados de como o discurso de colocar na droga alguma coisa inerentemente ruim - como se seu efeito na pessoa não dependesse também do contexto em que ela está, quem ela é e a forma como foi feito o uso - é útil para legitimar políticas de repressão. "Ah, o crack faz daquelas pessoas zumbis perigosos que não sabem pensar por conta própria. Temos de aplicar medidas de exceção com repressão e internações forçadas em massa". Sim, muito mais fácil (e oportunista) do que problematizar os contextos de exclusão, desigualdade, falta de acessos a direitos fundamentais, pensar em tratamentos que entendam a pessoa enquanto sujeito, etc. Pois é possível fazer uma relação importante desse raciocínio com uma questão bastante cara à luta feminista.

A explicação para a violência contra a mulher não raras vezes está relacionada à culpabilização da substância. É bem verdade, muitos casos de agressões que as mulheres sofrem de seus "companheiros" acontecem quando eles estão alcoolizados, por exemplo. E existem casos em que as mulheres organizadas optaram por restringir o uso de álcool de suas comunidades como um recurso para diminuir a violência que sofriam, como aconteceu com as mulheres zapatistas. E estamos com elas. Ao mesmo tempo, é preciso lembrar sempre que não devemos culpar as substâncias pelas formas violentas e opressoras que regem nossa sociedade. Talvez até fosse mais fácil se as opressões, ao invés de estarem nas nossas relações e dentro de cada um/a de nós, estivessem concentradas dentro de objetos. Por que é que as mulheres também enchem a cara e não saem por aí batendo nos seus maridos? Ou por que é que os homens que agridem suas mulheres quando estão sob efeito de alguma substância não batem, ao invés disso, no dono do bar, no patrão ou no vizinho?

As reações peculiares provocadas nas pessoas quando estão sob efeito de alguma substância podem ser expressas destrutiva ou construtivamente, positiva ou negativamente, fora destes dois pólos ou simplesmente fora da ordem social estabelecida. No caso das violências contra mulheres, sabemos o quanto a sociedade tolera homens bêbados que espancam suas esposas, mas são "bons pais e trabalhadores". A culpabilização das substâncias se alia não só à lógica proibicionista, mas também a um discurso que desvia os olhares para a percepção de que o buraco é mais embaixo, e de que ali precisamos atuar.

***

*Uma vez foi incumbida de levar uma droga pra dentro de um presídio e de lá não conseguiu voltar mais. Ela sabia, lembrava das revistas vexaminosas a que as mulheres são submetidas nos dias de visita aos paren-*

*tes presos. E foi numa dessas que descobriram o pacote que tinha tido de carregar entre as pernas. De lá, foi encaminhada pra penitenciaria feminina e virou mais uma na cifra das mais de 600 mil pessoas atrás das grades no Brasil. A acusação de Joana é a que mais prende mulheres no país. Ouvira falar outro dia que já temos a terceira maior população carcerária do planeta. Será que as pessoas não sabem disso? Só pode ser, pensou, enquanto assistia o horário eleitoral numa tevêzinha furreca no fundo da cela lotada. O candidato, todo pomposo e bem articulado, prometia a construção de novos presídios, como se fosse um trunfo, uma coisa racional, positiva. Sobre as condições de quem tá preso, ninguém costuma ligar. Joana fumava um cigarro no pátio interno, conversando com uma amiga que fez por lá, e tentavam pensar em alguma coisa pra fazer pra garantir no mínimo que tivessem direito a absorventes uma vez por mês. Quando saísse de lá ia dar um jeito de tentar mudar esse estado de coisas, tava decidida.*

O trecho é do texto Marias e Joanas, escrito pelo Bloco Feminista da Marcha da Maconha São Paulo em 2013, e conta em forma de história a realidade de muitas mulheres. De acordo com o Centro Internacional para Estudos das Prisões, apesar das mulheres serem minoria no total de pessoas presas, o número de mulheres atrás das grades na América Latina dobrou em apenas cinco anos. Na Argentina o encarceramento feminino cresceu 271% entre 1989 e 2008, enquanto o masculino aumentou 112%.

No Brasil, a maior acusação que prende as mulheres é o de tráfico de drogas. De acordo com o Conselho Nacional de Justiça, com base em dados extraídos de mutirões carcerários desde 2008, o perfil da mulher encarcerada é de 18 a 30 anos, não branca, de baixa escolaridade e oriunda de extratos sociais desfavoráveis. Muitas têm histórias de vida marcadas por várias formas de violência e, em muitos casos, abuso sexual. Por coincidência, o mesmo perfil das mulheres que praticam o aborto. A maioria é chefe de família monoparental. Mais de 27.000 estavam presas em 2008, 60% por drogas (Ormeño, 2012) (ver também Relatório sobre mulheres encarceradas, 2008).

Nos últimos cinco anos, mais de 15 mil mulheres foram presas, sendo 65% acusadas de tráfico nacional ou internacional de drogas. De acordo com informações do INFOPEN – Sistema Nacional de Informação Penitenciária do Departamento Penitenciário Nacional do Ministério da Justiça (dez/2012) a população feminina é 6% do total de pessoas encarceradas. Ou seja, 35.039 mulheres, sendo que nos últimos 12 anos o número de mulheres presas cresceu 256%, enquanto o número de homens teve um crescimento médio de 130%. O caso mais gritante é no estado de Roraima, onde mais de 80% das mulheres estão presas por tráfico de drogas.

Nesse cenário, a maioria das mulheres presas por tráfico de drogas exerce uma posição coadjuvante no processo, reproduzindo as relações patriarcais e a divisão sexual do trabalho. Elas geralmente são *vapor*, *mula* e *olheira*. Algumas se arriscam vendendo drogas, muitas delas lésbicas, trans e travestis. Há relatos de mulheres lésbicas atuando ativamente na venda de pedras de crack na Cracolândia em São Paulo. Essas devem obediência aos chefes do tráfico e seus ganhos são ínfimos quando comparados, por exemplo, aos gerentes. Não, não estamos reivindicando promoção no plano de carreira do tráfico. Estamos observando que as relações de dominação e opressão e o preconceito de gênero também estão presentes no crime organizado. Grande parte é também usuária.

Um grande problema percebido nas mulheres quando privadas de sua liberdade, é o abandono, tanto de familiares quanto de seus companheiros, parceiros de atividades e até mesmo da justiça. Além da questão da insuficiência de vagas, problema imenso também para os homens presos, acontece de os presídios femininos serem inadequados para as mulheres, tendo sido invariavelmente construídos para a população masculina. Desatenção com higiene e saúde, inclusive mental, falta de atividades recreativas e educacionais, negação do direito da convivência familiar, não observância quanto à orientação sexual e identidade de gênero, entre outros fatores. Visita íntima? Esquece. Raras são as instituições onde elas são permitidas. A primeira regra a ser aprendida é: "Esqueça sua condição de mulher".

Não há como negar que as mulheres entram no tráfico de drogas por questões de renda. Do trabalho disponível para elas na economia informal – faxina, lavar roupas, cozinhar, tomar conta de crianças ou idosos –, o tráfico de drogas é o que oferece mais dinheiro e permite que as mulheres consigam cuidar de seus filhos. Outras se envolvem com o tráfico por meio de ligações emocionais com homens – sejam amantes, irmãos ou pais.

***

> *Pero no voy a ser la que obedece*
> *Porque mi cuerpo me pertenece*
> *Yo decido de mi tiempo como quiero y donde quiero*
> *Independiente yonací, independientedecidí*
> *Yo no camino detrás de ti, yocamino de lapaaquí*
> ("Anti patriarca", Ana Tijoux)

Mas ó só: a realidade é dura, e a caminhada também, mas não desenhamos esse quadro todo para chorar nossa situação ou abaixar a cabeça diante da barbárie. Pelo contrário: a partir disso que vivemos (e por conta disso), acreditamos na organização, na luta e em outras relações, afinal de contas, para isso que estamos aqui, e é por isso que por meio desse texto nossas palavras chegam até você.

Na quebra das correntes – invisíveis e visíveis – as mulheres tão na linha de frente. Em São Paulo movimentos como Mães de Maio e Amparar (Associação de Amigos e Familiares de Presos) são exemplos de mulheres organizadas que combatem de frente a violência do Estado. A gente se solidariza e se coloca lado a lado com elas não só na luta contra a guerra, mas também na exigência e na construção de uma vida livre.

No Rio de Janeiro a intersecção entre os debates feminista e antiproibicionista foi capaz de arar um terreno fértil onde germinam ideias, ações e sentimentos libertários. A Ala Feminista extrapolou os limites do Maio Verde e hoje coloca o bloco na rua de carnaval a carnaval, marcando esse diálogo tanto nos espaços antiproibicionistas quanto feministas. Durante todo o ano a nossa luta semeia através dos ventos na certeza de que na nova estação vamos seguir colhendo frutos de liberdade.

Também em São Paulo, o Bloco Feminista é um dos únicos blocos que continua se reunindo ao longo do ano e pensando uma série de outras ações e atividades além da intervenção na Marcha da Maconha em si. Rodas de conversa, sambas, lambes, materiais escritos, ações diretas, conversas com outros movimentos. Além disso, as mulheres antiproibicionistas por todo o Brasil estão, de uns tempos para cá - coisa inédita - se articulando em rede nacional, trocando informações e formulações, se encontrando, planejando ações e materiais coletivos (como esse texto aqui).

Citando nosso querido Eduardo Galeano, vivemos num mundo infame e pouco alentador, "mas há outro mundo na barriga deste. Que é um mundo diferente. Diferente e de parto difícil. Não nasce facilmente. Mas com certeza pulsa no mundo que estamos". E esse pulsar que é urgente, é o que já sentimos e construímos na caminhada, que afinal de contas é mais importante que a chegada (se é que existe chegada). Aqui e agora decidimos que o corpo é nosso e quem decide sobre ele somos nós. Aqui e agora enfrentamos com nossas armas, que são menos violentas, mas muito mais poderosas – as palavras, o amor, a igualdade, a dignidade –, as armas dessa sociedade e desse Estado racista, patriarcal, opressor. Aqui e agora legalizamos. Aqui e agora construímos um antiproibicionismo libertário que, portanto, só pode ser feminista. É verdade, pode ser que sejamos loucas. Mas não somos as únicas, e o bonde tá formado. Vamos para cima.

## Drogas, gênero sexual e políticas públicas: desconstruindo discursos

*Ilana Mountian*
Psicóloga, pesquisadora pós-doutorado e docente (bolsa PNPD/CAPES) no Instituto de Psicologia da Universidade de São Paulo. Autora do livro Cultural ecstasies: drugs, gender and social imaginary (Routledge, 2013)

Há uma série de aspectos fundamentais para serem considerados no campo das drogas, seus entendimentos e usos, e na relação com gênero e as intersecções entre sexualidade, raça, classe, idade e outros. Com a amplitude do tema, ou seja, da relação das sociedades com as drogas, focarei em alguns aspectos destas relações e em particular dos efeitos da proibição de drogas específicas e o âmbito do gênero e sexualidade.

Para isso é necessário primeiramente o entendimento das dinâmicas sociais na sociedade patriarcal, e no nosso caso, a importância em apontar os discursos prevalentes sobre gênero. Nesse sentido, é curioso notar como ao se falar em gênero sexual as pessoas imediatamente pensam em mulheres, como se 'homem' não se referisse a gênero. Quando falamos em sexualidade pensa-se em LGBTTI, como se a heterossexualidade não fosse sexualidade.

O mesmo em relação às drogas, onde desde a proibição de drogas específicas, ao falarmos em drogas imediatamente pensa-se nas drogas ilegais. Inversão discursiva importante, pois coloca uma hierarquia nas drogas, obscurecendo as várias drogas e formas de uso, e implicitamente traz a correspondência ao uso drogas ilegais, e como se as pessoas que as usassem essas drogas fossem imorais, loucas, marginais, irresponsáveis (Young, 1971). Esse sinônimo entre gênero e mulheres também não é à toa, é uma construção social histórica onde dentro do sistema patriarcal, a posição social das mulheres, é colocada como fora da política, do âmbito público, e primordialmente relacionadas à reprodução. O olhar às mulheres é um olhar sexualizado, seu corpo é marcado sexualmente (Beauvoir, 2009), e normalmente são vistas em relação à sua sexualidade e maternidade, como mães, futuras mães, prostitutas, lésbicas, etc.

Esse imaginário social sobre as mulheres é visto também nas ideias sobre o corpo da mulher na medicina, psiquiatria e psicologia, que colocavam a mulher como incapaz ou inábil a trabalhos importantes (trabalho doméstico não é considerado trabalho) devido aos hormônios e sua fisiologia (Saavedra e Nogueira, 2006; Rohden, 2003). O imaginário social sobre mulheres ligado a emoção, natureza, cuidado da família e idosos, também corroborou historicamente com a ideia de que as mulheres são mais propensas à loucura (histéricas) (Hockey, 1993), dependência (Allen, 1986) e drogadição. Em qualquer um dos casos, os discursos hegemônicos sobre mulheres não consideram a mulher como sujeito autônomo, e aqui, frente ao discurso da maternidade como objetivo único da mulher, o prazer torna-se uma questão moral, sendo altamente regulado. Nesse sentido, até os dias de hoje, o prazer para a mulher, principalmente os prazeres corporais, são vistos como tabu, são imorais, visto tanto em relação à sua expressão sexual quanto ao uso de outras drogas para fins recreativos. Os usos medicinais de drogas para mulheres são permitidos e muitas vezes incentivados (Littlewood, 1994), as mulheres formam o grupo que mais consome medicamentos psiquiátricos no mundo, como o antidepressivo, remédios para dormir, para emagrecer etc.

**Imagem 1 - Prozac**

Nessa imagem de propaganda para antidepressivo, é possível notar o direcionamento às mulheres e a referência ao papel destinado às mulheres. Prozac no formato de sabão em pó, claramente se apoia na ideia do trabalho doméstico para as mulheres e podemos estender, ao cuidado da família pelo trabalho doméstico. Com a ideia de "lave sua tristeza - wash your blues away", há a promessa da tristeza se findar com o uso do antidepressivos, a vida melhorada ("new improved life") e assim sua função primordial poderá ser restaurada.

Considerando esses aspectos, vemos os efeitos desses discursos nas relações entre gênero, sexualidade, raça, idade, classe e outros. É fundamental portanto considerar as dinâmicas dessas relações, no caso das mulheres, é visto a invisibilidade das mulheres, e como essa invisibilidade se dá também nos estudos, pesquisa, intervenção que tradicionalmente tem o homem como sujeito, havendo portanto pouquíssimas pesquisas e estudos que consideram a mulher usuária de drogas (Henderson, 1999), assim como mesmo para as populações LGBTTIs. Trarei brevemente alguns aspectos históricos dessa relação e os debates atuais nos movimentos sociais sobre gênero e drogas, e os desafios colocados à psicologia e às disciplinas aliadas à garantia dos direitos humanos e às redes de cuidado.

### *Contexto histórico*

É possível identificar no campo das drogas e da sexualidade três pilares discursivos fundamentais, o religioso-moral (da droga e sexo como pecado, e do que é bom e mau), o médico (doença mental), e o jurídico (crime). Esses pilares discursivos estão presentes na forma como entende-se drogas e seus usos e, particularmente em relação à perspectiva moral em relação às drogas visto em todos os campos (McDonald, 1994).

O uso de drogas na história da humanidade é visto em diversas maneiras, por exemplo, no caso do álcool é uma substância psicoativa utilizada como alimento, veneno, de formas recreativas, fins espirituais-religiosos, como remédio entre outros (Escohotado 1998). Esses usos são vistos também em uma série de drogas ilegais, como a maconha, que além desses usos, também é utilizada na fabricação têxtil, entre outros. Porém, com a proibição da droga, e a consequente guerra, produziu uma série de efeitos, inclusive na forma em que as drogas são utilizadas. Em cada período histórico é visto uma gama de discursos sobre gênero, raça, classe etc. e a relação com as drogas, desde antes da proibição, e ressalto aqui a importância em se considerar essas intersecções para a análise da proibição e uso de drogas na atualidade.

Xiberras (1989) distingue as formas clássicas e modernas de intoxicação pela incorporação da lei, onde nas práticas clássicas de uso, as drogas faziam parte das tradições sociais, como no caso do álcool no ocidente e da cannabis no oriente. Na forma moderna, essas práticas têm a desaprovação das autoridades e uma reação negativa do poder judicial. A lei, portanto, distingue drogas legais e ilegais, o que discursivamente vieram a se tornar a diferença entre drogas médicas e não médicas (com exceção do álcool e do tabaco, que são drogas legais) (Ruggiero, 1999). O que temos aqui é uma mudança ideológica na concepção das drogas. E essa mudança é vista também no entendimento do uso das drogas e na própria formação do conceito de adição no século XIX (Berridge and Edwards, 1987).

O próprio entendimento de adição, que também tem sua base moral, foi iniciado com a ideia de morfinismo, preocupado com o uso de morfina injetável, em 1877 Dr Levinstein (in Berlin) foi o primeiro a escrever sobre a adição a morfina, mofinismo como doença similar à dipsomania, mas não como doença mental. Nesse período histórico o alcoolismo começou a ser elaborado como doença mental. É importante notar que apesar da ideia do morfinismo, havia de fato poucos casos de pessoas aditas à morfina, porém essas histórias começaram a ocupar os jornais e tabloides da época. Aqui enfatizava-se que as mulheres eram mais suscetíveis ao morfinismo. Não havia uma sub-cultura de morfinismo, e as mulheres usavam para aliviar dores, no parto, etc., e a morfina era também receitada para 'mulheres histéricas'. É importante notar que apesar dessas ideias, havia mais homens que mulheres usando (Berridge e Edwards, 1987).

Durante o século XIX a maioria das pesquisas científicas eram realizadas na Europa continental porque na Inglaterra o movimento proibicionista e protestante dominavam o debate sobre alcoolismo (Berridge e Edwards, 1987). De fato, interessante pensar hoje sobre os debates atuais sobre drogas, e como os discursos religiosos estão presentes. Isso é visto em uma série de debates sobre drogas, e na maneira em que a política pública estabelece suas prioridades. Por exemplo, vemos no Brasil uma grande parte do investimento voltada a modelos asilares, pelas comunidades terapêuticas, com ênfase religiosa cristã. Ao passo que investimentos e desenvolvimentos nas áreas da informação, prevenção, redução de danos, estudos e outras intervenções da saúde são escassos.

O mesmo ocorreu em relação a outras drogas como cannabis e cocaína, na Inglaterra o uso recreativo da cocaína não era comum, onde maconha e ópio fumado eram preferidos, diferente dos Estados Unidos e Europa Continental em que o uso da cocaína começou a se disseminar no fim do século XIX. Progressivamente o ópio perdeu seu lugar na cultura popular e nas práticas médicas e de automedicação na Inglaterra (Berridge and Edwards, 1987).

Durante a 1ª e 2ª guerra mundiais romperam uma serie de fantasias e mitos que revelam a xenofobia prevalente na época e o papel das mulheres em relação às drogas (South, 1994). A ideia de que as mulheres eram menos resistentes ao prazer e a deterioração pelas drogas também compunham o cenário. Kane, médico escreveu: "uma mulher delicada tendo olhos azuis claros e cabelos lisos, possuem, de acordo com minha observação a máxima suscetibilidade" (H. Kane, Physician in Campbell, 2000, p.68). Para brancos, o uso de drogas era visto como 'aberração individual', enquanto que para negros era tido como 'mais natural'. Essas ideias sobre as mulheres e drogas eram relacionadas também com o medo da miscigenação (Kohn 1992). As associações entre grupos específicos e drogas é fundamental nesse debate, como visto em relação a negros e maconha, homossexuais, mulheres, classes trabalhadoras, mexicanos nos Estados Unidos, Chineses na Inglaterra entre outros (ver Mountian, 2013, Kohn 1992, Musto 1999).

**Imagem 2 - filme Marihuana (1934)**

Nessa imagem fica clara a prevalente ideia de que as mulheres são levadas ao consumo de drogas e que tem pouca resistência (física e psíquica) às drogas e aos vícios. De fato, a ideia da histeria e propensão à loucura compõe esse campo. Na imagem 2, do filme *Marihuana*, é possível notar além dessas ideias, a infantilização da mulher onde ao lado da foto aparece a frase conotando a ideia do vício com seus braços ao redor das suas crianças (*a vicious racket with its arms around your children*).

Não irei me alongar sobre as relações entre gênero, raça e classe durante esse período histórico, mas vale apontar como durante a 1a Guerra, também havia a ideia de que as mulheres estariam seduzindo soldados, trazendo à tona a ideia da mulher como prostituta, caída (South, 1994; Courthwright, 1995).

**Imagem 3 – Filme Marihuana (1934)**

**Imagem 4: Filme Reefer Madness (1936)**

Nessas imagens podemos apontar o imaginário social da mulher centrado na sua sexualidade, 1- a mulher vista enquanto mãe ou futura mãe, sua vulnerabilidade e capacidade (ou não de cuidar dos filhos), normalmente infantilizada, onde sua sexualidade é altamente regulada (assexual), 2- da mulher vista como caída, disponível, prostituta, e hiperssexualizada, e, 3 - se ela for agressiva, a ideia de que ela é homossexual (falada de maneira pejorativa), pois agressividade não é esperada de uma mulher, normalmente são tidas como loucas. Tais discursos ainda compõe nosso imaginário.

*Políticas públicas e intervenções*

Um ponto fundamental como já apontado, considerando esses discursos sobre mulheres, é que estudos, intervenções e prevenção não tem a mulher como sujeito nesses. Um dos pontos principais que destaco é o aspecto da punição envolvido nos processos de tratamento. Também o estigma de mulheres que usam drogas para fins recreativos é um grande impedimento para que mulheres procurem ajuda se necessitarem, e a possibilidade da perda da guarda dos filhos é uma possibilidade que muitas não querem arriscar (Klee et al, 2002).

Há especificidades que devem ser consideradas em relação às mulheres, como já apontado, devido a essas ideias sobre as mulheres e a regulação dos prazeres corporais, o uso de drogas ilegais das mulheres é feito de forma mais invisível que dos homens (Ettorre, 1989); enquanto que em relação aos medicamentos psiquiátricos, as mulheres formam o grupo onde há a maior quantidade de prescrições médicas.

Além disso, é importante destacar que o encarceramento feminino teve um grande aumento se comparado ao dos homens. A maioria é negra, entre 18 e 30 anos, possui família monoparental e de baixa escolaridade, 60% por drogas (Ormeño, 2012). Igualmente, as prisões não foram pensadas nas mulheres, pois agressividade de mulheres não é vista como uma possibilidade, normalmente a agressividade em mulheres é entendida como doença mental. O estigma de mulheres aprisionadas é ressaltado, de fato, é notável a pequena quantidade de mulheres que recebem visitas nas prisões, diferentes das prisões masculinas. Considerando o contexto social em que o Brasil é o país com a 3ª população carcerária do mundo, e um grande número por drogas devido à proibição das drogas.[91]

Nesse momento, torna-se, portanto, fundamental a incorporação do entendimento e especificidades relativas a gênero, e no caso, enfatizo, mulheres e pessoas LGBTTIs e as relações entre raça, classe e idade nos trabalhos e políticas

91 Ver http://ibccrim.jusbrasil.com.br/noticias/2569562/trafico-de-drogas

públicas no campo das drogas. As redes nas áreas de saúde e assistência são pontos importantes para a intervenção e a garantia dos serviços de cuidado, preservando a integridade do sujeito e garantindo os direitos humanos.

Numa análise das redes, é apontado como uma serie de redes foram formalizadas e fortalecidas, ao mesmo tempo em que outras tem dificuldades e obstáculos, constituindo desafios para serem enfrentados para a efetivação da intervenção. Ao propor uma análise que incorpora gênero destaco dois aspectos, primeiro, das relações de gênero nas redes e intervenções sociais. Onde denúncias de maus tratos de mulheres e LGBTTIs nos serviços de saúde é destacado, sendo, portanto, fundamental a garantia de espaços realmente de cuidado, e nesse sentido, proporcionando serviços adequados ao gênero e sexualidade dos sujeitos.

E segundo, da própria análise das redes de cuidado em relação a outras políticas públicas, onde podemos fazer uma análise macro das redes de cuidado propondo uma desconstrução a partir da perspectiva de gênero. Ao falarmos em feminização das relações apontamos quando características que são normalmente atribuídas às mulheres são transpostas em outros contextos. Por exemplo, a desvalorização social das mulheres, e a consequente precariedade econômica em que se encontram. Essa desvalorização social se dá na ideia que as mulheres não podem ter trabalhos importantes, são infantilizadas, emocionais, tratadas como loucas, dependentes, pouco assertivas entre outros. Dessa maneira, é comum vermos que trabalhos reconhecidos como femininos (não que tenham necessariamente mulheres) ou que tenham mais mulheres trabalhando, são menos valorizados que outros – nesse sentido, vale lembrar que ainda as mulheres ganham menos que homens mesmo quando ocupam as mesmas posições de trabalho, e que tem mais trabalhos precários e menos valorizados.

Os trabalhos vistos como femininos são muitas vezes ligados àqueles do cuidado (uma ampliação da ideia da mulher como único destino da maternidade e cuidado da família, filhos, marido, idosos e doentes). Trabalhos relativos ao cuidado podem ser vistos como na psicologia, assistência social, educação e redes de cuidado. E podemos ver nesse sentido a precarização e desvalorização desses.

Numa análise das políticas e intervenções, nota-se como um grande investimento se dá na área de drogas no campo que podemos chamar do masculino, da lei, da segurança e do aprisionamento. Talvez podemos aqui questionar os investimentos no enrijecimento jurídico no campo das drogas e o desenvolvimento de políticas com ênfase nos modelos asilares, como as comunidades terapêuticas, em detrimento ao investimento nas redes de cuidado e intervenção que priorizam o cuidado do sujeito e a garantia dos direitos humanos, como as ações das áreas da saúde, da educação, da informação e redução de danos.

### *Movimentos sociais feministas e anti-proibicionistas*

Uma série de movimentos sociais na história denunciaram a posição social das mulheres e a busca de igualdade e equidade de gênero e a garantia dos direitos humanos, reprodutivos e sexuais. Aqui trarei alguns desenvolvimentos de coletivos feministas e anti-proibicionistas no debate. O bloco feminista da marcha da maconha foi um desses coletivos, onde já havia militantes feministas na Marcha, porém em 2012 essas formam um bloco denunciando machismos nas marchas e visibilizando a necessidade da incorporação das mulheres e pessoas LGBTTIs, considerando as relações entre raça, classe e outros, nos debates sobre maconha e outras drogas.

Os debates feministas do bloco de São Paulo ressaltaram uma serie de aspectos, como, a autonomia do corpo da mulher, também em ressonância com os debates sobre o aborto, e a importância de o sujeito em poder decidir sobre seu corpo, debate que a proibição das drogas também nos traz. Em relação às mulheres é ressaltada a ideia também de que as mulheres devem ter direito ao prazer, sem o estigma de loucas, histéricas, incapazes de cuidarem dos seus filhos, ou configurando apenas como objeto para o homem. Por exemplo, nos debates sobre o calendário da maconha 2012 e *miss marihuana*, foi ressaltada a reprodução de imagens de mulheres e maconha como vistas nas propagandas de cerveja, onde a loira e a morena são consumidas pelo homem. Nesses casos, a mulher não é vista como sujeito ativo. É importante ainda ressaltar que nos debates sobre *miss marihuana*, assim como em outros contextos, não é imposto às mulheres maneiras de mulheres se comportarem, inclusive, é falado na importância das mulheres elegerem serem retratadas nesses contextos.

Em outros contextos sociais, como nos Estados Unidos, autores apontam mudanças em relação às propagandas e imagens em relação à maconha, antes conectada com a ideia dos *pot heads*, hoje as propagandas (imagem 5) sinalizam para uma vida saudável, imagem que atrai mais mulheres.[92]

92 http://sensiseeds.com/en/blog/the-feminisation-of-the-world-of-cannabis/

**Imagem 5: propaganda produtos canábicos Dama**

Outros aspectos de debates se referem ao encarceramento de mulheres e o altíssimo número de mulheres negras nas prisões, assim como da posição inferior da mulher também dentro do tráfico. Em relação às populações LGBTTIs, além das especificidades que devem ser consideradas no estudo, tratamento etc., é apontado o problema da dupla estigmatização que sofrem, pela homofobia e transfobia institucionais e o uso de drogas.

Há também coletivos organizados por mães e pais em relação às drogas, como 'mães pela legalização', que não querem que seus filhos e filhas sejam presos por consumo e porte de drogas. E coletivos de pais que lutam pela possibilidade e acessibilidade ao uso medicinal de maconha para seus filhos, entre outros.

Devido ao estigma e políticas punitivas direcionadas às mulheres, muitas fazem um uso invisível de drogas, como apontado, porém, podemos notar que há uma mudança, onde mais mulheres que usam drogas começam a 'sair do armário'. De fato, o voto das mulheres foi decisivo para a regulação da venda de maconha na maioria dos estados que a legalizaram nos Estados Unidos.

### *Desafios e perspectivas: Drogas e direitos humanos*

Temos aqui um grande caminho a ser percorrido e torna-se nesse sentido fundamental a desconstrução dos discursos morais sobre gênero, sexualidade e drogas. Visando a garantia dos direitos humanos, é fundamental a luta contra o preconceito e estigmatizacao dos usuários, e considerando esse contexto, o desenvolvimento de estudos e estratégias de tratamento e prevenção que tenham as mulheres (Raine, 2001) e pessoas LGBTTIs como sujeitos ativos (Ettorre, 2005).

Tanto nos estudos, prevenção e tratamento alinhados aos direitos humanos e perspectivas antimanicomiais e antiproibicionistas, deve-se considerar as relações interseccionais entre gênero, classe, raça, idade e outros nos seus contextos sociais específicos para que esse desenvolvimento possa de fato ser traduzido em políticas de redução de danos e a uma mudança no entendimento do uso das drogas.

### Referências bibliográficas

Allen, Hilary (1986). "Psychiatry and the Construction of the Feminine", p.85 to111. In Miller, Peter and Rose, Nikolas (ed,). *The Power of Psychiatry*. Cambridge: Polity Press

Beauvoir, Simone (2009). *O segundo sexo*. Nova Fronteira

Berridge, Virginia and Edwards, Griffith (1987). *Opium and the People - Opiate Use in Nineteenth Century England.* London: Yale University Press and New Haven

Campbell, Nancy (2000). *Using Women - Gender, Drug Policy and Social Justice.* London: Routledge

Courtwright, David (1995). "The Rise and Fall and Rise of Cocaine in the United States", p.206 to 229. In Goodman, Jordan; Lovejoy, Paul and Sherratt, Andrew (ed.). *Consuming Habits - Drugs in History and Anthropology.* London: Routledge

Escohotado, Antonio (1998). *Historia de las Drogas.* Volumes 1,2 and 3. Madrid: Allianza Editorial

Ettorre, Elizabeth (ed.) (2005). *Making Lesbians Visible in the Substance Use Field.* Binghamton: Harrington Park Press

Ettorre, Betsy (1989). "Women, Substance Abuse and Self--Help", p.101 to 115. In MacGregor, Susanne (ed.). *Drugs and British Society - Responses to a Social Problem in the Eighties.* London: Routledge

Henderson, Sheila (1999). Drugs and Culture: The Question of Gender, p.36 to 48. In South, Nigel (ed.). *Drugs - Cultures, Controls and Everyday Life.* London: Sage

Hockey, Jenny (1993). "Women and Health", p.250 to 271. In Rchardson, Diane and Robinson, Victoria (ed.). *Introducing Women's Studies.* London: Macmillan

Klee, Hilary, Jackson, Marcia and Lewis, Susan ed. (2002) - *Drug Misuse and Motherhood.* London: Routledge

Kohn, Marek (1992). *Dope Girls - The Birth of the British Underground.* London: Lawrence and Wishart

Littlewood, Roland (1994). "Symptoms, Struggles and Functions: What does the Overdose Represent?", p.79 to 97. McDonald, Maryon (ed.). *Gender, Drink and Drugs.* Oxford: Berg

McDonald, Maryon (1994). *Gender, Drink and Drugs*. Oxford: Berg

Mountian, Ilana (2013). *Cultural ecstasies: drugs, gender and social imaginary*. Londres e Nova York: Routledge

Musto, David F. (1999). *The American Disease - Origins of Narcotic Control*. Oxford: Oxford University Press

Ormeño. G.R. (2012). "Violência contra mulher e a mulher encarcerada sistema judiciário", p.23-32. *Revista da Defensoria Pública*. Ano 5 - n.1 – 2012

Raine, Pamela (2001). *Women's Perspectives on Drugs and Alcohol - The Vicious Circle*. Aldershot: Ashgate

Rohden, Fabíola (2003). A construção da diferença sexual na medicina. *Cad. Saúde Pública*, Rio de Janeiro, 19(Sup. 2): 201-212

Ruggiero, Vincenzo (1999). "Drug as a Password and the Law as a Drug: Discussing the Legalisation of Illicit Substances", p.123 to 137. In South, Nigel (ed.). *Drugs - Cultures, Controls and Everyday Life*. London: Sage

Saavedra, Luiza and Nogueira, Conceição (2006). "Memórias sobre o feminismo na psicologia: para a construção de memórias futuras". *Memorandum, 11*, 113-127

South, Nigel (1994). Voices from the Past: Drugs and Social History - From Virginia Berridge to Marek Kohn. IJDP Ltd. 1994 Volume 5 Number 4. Available at http://www.drugtext.org/articles/945412.html accessed in September/2002

Xiberras, Martine (1989). *A Sociedade Intoxicada*. Lisbon: Instituto Piaget

Young, Jock (1971). *The Drugtakers - The Social Meaning of Drug users*. London: Granada Publishing

## "É pau, é pedra, é o fim do caminho": A construção social da epidemia de crack e outros pânicos[93]

*Isabela Bentes*

Cientista Social formada pela Universidade Federal do Rio Grande do Norte (UFRN), e mestra em sociologia pela Universidade de Brasília (UnB). É militante antiproibicionista, e colaboradora do Coletivo Apologia (DF).

O debate sobre epidemias não é inaugurado na contemporaneidade. A história do Brasil, fundamentalmente, é caracterizada por ondas epidemiológicas no que diz respeito à disseminação de doenças virais e parasitárias, principalmente nos séculos XIX e XX. Cólera, varíola, febre amarela, gripe espanhola, doença de chagas, febre tifoide, peste bubônica, entre outros, caracterizaram o período histórico da saúde pública em relação a tais moléstias. A preocupação do poder público, segundo Costa (1986), não era proteger a totalidade dos habitantes do país dos surtos epidêmicos e doenças parasitárias, e sim obedecer a critérios predominantemente utilitários definidos pelos interesses dos grupos dominantes internos ou pela expansão do capitalismo em escala internacional.

O século XIX e o início do século XX foram marcados por fortes epidemias que arrasaram com boa parte da população brasileira deficiente de programas estratégicos de prevenção, cuidado e estruturação sanitária, foi o pontapé inicial do controle estatal sobre as ações voltadas para o combate e controle de tais pestes. As demandas de saúde pública atenderam às necessidades históricas do capitalismo brasileiro,

93 Este artigo pode ser encontrado na dissertação da autora referenciada no primeiro capítulo do resultado da pesquisa.

compreendendo as dinâmicas internas dos trabalhadores e trabalhadoras que agora se inseriam no mercado de compra e venda da mão de obra.

Compreendendo que essa população historicamente foi desassistida desde o período escravagista, era então necessário preservar tal mão de obra. Em um contexto de migração, crescimento das cidades industriais, superpopulação dos bairros pobres, ausência de saneamento, péssimas condições das habitações, exploração do trabalho infantil, aumento dos danos à saúde dos/as trabalhadores/as das fábricas, elevou-se a preocupação estatal de tais consequências humanas da industrialização (Hobsbawn, 1978).

A implementação das escolas de medicina no Brasil no início do século XIX nos estados do Rio de Janeiro e na Bahia contribuíram para a modificação do paradigma científico que analisaram as condições sanitárias a partir da concepção bacteriológica, microbiológica, fisiológica, zoológica, entomológica e helmitológica, e não mais a partir de suposições[94] dos saberes tradicionais. No século XX, portanto, radicalizou-se a concepção médico-sanitária no Brasil, sendo a figura de Oswaldo Cruz um dos responsáveis pela difusão dessa nova fundamentação de saúde pública.

No entanto, o combate às epidemias e endemias no Brasil, que no período após a proclamação da república em 1889 sinalizava a necessidade de se inserir nos processos de modernização capitalista, era realizado através de sucessivas empreitadas para eliminar os males que dizimavam fugazmente a sociedade brasileira. A formulação de tais políticas de saúde, que caracterizavam-se por articular os interesses econômicos e políticos das classes dominantes nacionais,

94 Durante o século XIX a concepção dos saberes acreditava que as pestes e epidemias eram causada pelos chamados Miasmas, ou seja, os ventos eram responsáveis pela contaminação do ambiente urbano.

adotaram uma estratégia de poder baseada no discurso da polícia sanitária. Tal instrumento se utilizava da força repressiva do Estado para implementar normas e medidas de saúde que, a partir de sua função coercitiva, considerava o processo pedagógico sanitário e de higiene com base na ordem e na disciplina (ibdem, 1986).

Segundo Costa (ibdem, p. 20), a polícia sanitária partia do pressuposto de que ao Estado cabia assegurar bem-estar e segurança para o povo, mesmo que contrariando os interesses individuais e se justificava o controle coercitivo sobre os problemas sanitários como mecanismo de assegurar a defesa pelo Estado dos interesses gerais da nação. Tal concepção gerou ferramentas de internações compulsórias, confinando os indivíduos portadores de algum mal epidêmico, demolição de habitações, fiscalização de indivíduos em contato com doentes, saneamento dos bairros próximos aos centros urbanos e ação incisiva nos focos de epidemia. Essa conformação gerou um problema sem precedentes na histórica de habitação das populações empobrecidas pelo capital que agora eram jogadas cada vez mais longe dos centros urbanos em que se encontravam os equipamentos de trabalho, saúde, educação e transporte.

Tais configurações das novas políticas de saúde no Brasil no século XX foram motivos de fortes embates que caracterizaram um radical posicionamento do povo contra as medidas compulsórias como, por exemplo, a revolta da vacina. A vacinação obrigatória contra a varíola aprovada por lei de autoria de Oswaldo Cruz, fez insurgir na cidade do Rio de Janeiro, antiga capital do país, revoltas que contabilizaram um grande número de mortos. Em um contexto de fragilidade da nova República, se associavam aos insurgentes militares que apoiavam a tomada da sede do governo para depor o então presidente Rodrigues Alves. Tal tentativa de golpe foi fracassada e a vacinação obrigatória contra a varíola foi revogada, fazendo com que o poder público revisasse as formas de organização em favor da saúde pública.

O poder público, em um contexto de desenvolvimento do capitalismo, foi adequando suas políticas a partir do surgimento do Ministério da Saúde, em 1946, com a organização dos/as trabalhadores/as em sindicatos e a tomada de consciência destes sujeitos de seu pertencimento de classe em si e para si. Desde o final dos anos 1940 começou a se conformar a inserção da medicina privada na saúde pública, sendo possível perceber o fortalecimento e o empoderamento dos lucros do capital privado nessa esfera. Era dado início ao processo de expansão da mercantilização da saúde.

No período caracterizado pela ditadura do regime militar, surgiram no cenário figuras para denunciar o descaso na saúde, a falta de assistência social e a anulação dos direitos sociais que levaram uma grande parte da população brasileira a definhar aos poucos. A fome e a seca, fundamentalmente, contribuíram para tornar crônica em determinadas regiões do norte e nordeste do país a proliferação de doenças outras como dengue, meningite e malária, tornando-se epidêmicas, e que foram silenciadas pela censura para impedir que se tomasse conhecimento sobre tais ameaças (Bertolli Filho, 1999). O gerenciamento escabroso do Ministério da Saúde e campanhas de vacinação e de prevenção à determinadas enfermidades não foram prioridades nos governos militares, foram elementos que fortaleceram a entrada do capital estrangeiro e privado na gestão da saúde pública brasileira.

No fim dos anos 1970 o quadro de saúde da população brasileira demonstrava o profundo descaso do Estado no âmbito da assistência, criando condições para que profissionais e setores ligados à saúde se articulassem para reorganizar e fortalecer o direito universal à saúde. Nesse contexto surge a Associação Brasileira de Pós-Graduação em Saúde Coletiva

(ABRASCO), o Centro Brasileiro de Estudos da Saúde (CEBES), que foram os embriões do movimento sanitarista.

O processo de redemocratização no Brasil, a partir de 1985, assistiu à emergência de uma das epidemias que se propagou silenciosamente entre diversos segmentos sociais, o vírus da imunodeficiência humana (HIV), e síndrome da imunodeficiência adquirida (AIDS). No Brasil, em 1982, foi diagnosticado o primeiro caso de AIDS em São Paulo, sendo perceptível o aumento vertiginoso dos casos de portadores do vírus do HIV, e da AIDS. A população mais vulnerável ao contágio era formada por homossexuais, usuários/as de drogas injetáveis (UDIs) e profissionais do sexo. Com a proliferação da epidemia, começaram a aparecer os primeiros casos de transmissão vertical (mães grávidas para seus filhos/as) e, em 1985, o Brasil cria o Programa Nacional de DST /AIDS, pelo então ministro da Saúde Roberto Santos. Desde o início da epidemia, em 1980, até junho de 2012, o Brasil teve 656.701 casos registrados de AIDS.

A epidemia de HIV/AIDS , segundo Woodak *et al* (1994) coloca que:

> *A disseminação rápida pelo HIV entre UDIs de países em desenvolvimento, nos últimos anos, constitui uma das mais escandalosas e equivocadamente negligenciadas crises da história do uso de drogas ilícitas em todo o mundo. Elevadas frequências de compartilhamento, a relevância das atividades de prostituição, a indústria do turismo sexual de cunho acentuadamente machista, a ignorância acerca dos riscos das práticas de injeção, a mobilidade populacional e a interação de todos esses fatores no âmbito específico do segmento dos UDIs e na população de modo geral influenciaram a dinâmica da disseminação do HIV.*

No Brasil, Santos e Rio de Janeiro eram as cidades com maior índice de soroprevalência de HIV entra os UDIs. A cocaína era a substância mais utilizada via injetável, e o compartilhamento de seringas contaminadas foi um dos responsáveis pela disseminação do vírus, principalmente entre adolescentes. Mesquita (1994) aponta que, em 1991, 58% dos casos de AIDS nessa parcela população tinha o uso de drogas injetáveis como fator isolado de risco, sem contar a contaminação indireta atribuída ao mesmo fator (parceiros de usuários/as).

A situação epidêmica que afetou essa população usuária de substâncias psicoativas ilícitas forçou o poder público a adotar a política de redução de danos como elemento central para atenção a essa população de UDIs, reconhecendo que a alteração do comportamento de alto risco é a única maneira efetiva de prevenir a transmissão de HIV (Catania *et al. apud* Woodak *et. al.*, 1994). Trocas de seringas usadas por novas, limpeza do material utilizado nas injeções com hipoclorito de sódio, aproximação e diálogo com essa população para ações de aconselhamento, alertas, testagens, e acompanhamento, foram alguns instrumentos utilizados para frenar a epidemia nesta população específica.

Em 1988 é criado o SUS (Sistema Único de Saúde), que prevê atendimento público a todos/as, tornando-se, portanto, um instrumento de facilitação da distribuição do AZT, o retroviral responsável pela redução do vírus do HIV. Os anos 1990 assistiram ao crescimento de grupos organizados por portadores/as de HIV/AIDS, seus familiares e amigos/as, e suas reivindicações sobre tratamentos gratuitos e campanhas. O Brasil já perdia vários atores, atrizes, cantores, artistas, para a AIDS e, em 1997, atingiu seu pico de 22.593 casos de AIDS no país. Com a política de campanhas de esclarecimento, atenção e cuidado, a sobrevida dos/as portadores de HIV/AIDS aumentou, operando em cadeia articulada em relação a outras doenças como as hepatites virais, a tuberculose e as doenças sexualmente transmissíveis (DSTs).

A população de UDIs começou a declinar com uma certa velocidade a partir de meados dos anos 1990. O consumo de cocaína injetável foi perdendo, aos poucos, espaço entre os/as brasileiros/as a partir das dinâmicas das novas redes sociais de consumo de substâncias psicoativas. Os/as novos/as usuários/as de cocaína, fundamentalmente, modificaram seu padrão de uso para vias inaladas, fazendo com que a transmissão de HIV entre tais grupos tenha diminuído a frequência devido à ausência de compartilhamentos de seringas. Nappo (1996, p.324), em pesquisa com usuários de crack em São Paulo, observou que no final da década de 1980 e início de 1990 a mudança do padrão de consumo de cocaína injetável por crack fumado se deu especialmente porque os consumidores temiam o contágio com o HIV e outras doenças infectocontagiosas de transmissão sanguínea. Segundo dados da Fundação Oswaldo Cruz, entre 1994 e 2001 a soroprevalência de HIV entre UDIs apresentou um declínio de 63% para 42% na Baixada Santista, e de 25% para 8% no Rio de Janeiro.

Hoje o debate sobre epidemia mudou de foco, de horizonte, e de caracterização. As questões que envolvem os determinantes do HIV/AIDS têm sido ofuscadas por outra dimensão epidemiológico, em um público usuário de substâncias tornadas ilícitas, em especial o crack. A mídia não diz respeito ao número da soroprevalência, ou de quantos indivíduos morrem em decorrência do avanço da AIDS na população usuária de crack. Por mais que o HIV/AIDS coexista junto ao "surto" de crack, no Brasil essa caracterização fora forjada sob divergentes perspectivas, para atender a diferentes interesses.

Compartilhando do estigma que um dia os/as portadores/as de HIV/AIDS foram imputados, o processo de rotulação que sofrem os/as usuários/as de substâncias psicoativas tornadas ilícitas é bastante semelhante. No entanto a configuração epidemiológica conforma-se sob outra dimensão social, compreendendo a polissemia que é atribuída a este fenômeno em específico.

### *O discurso da epidemia de crack: a gestão midiática na política sobre drogas*

Tornaram-se recorrente, nos últimos vinte anos, notícias, reportagens, matérias e notas na mídia brasileira declarando que o Brasil era um país acometido pela epidemia do uso de crack. Sem maiores detalhes sobre a caracterização desse surto nacional, nota-se apenas que há um intenso alarde sobre o uso desse derivado de cocaína, percebendo-se a partir dos títulos que aparecem na mídia em geral: "Crack, uma epidemia devastadora",[95] "A epidemia de crack",[96] "A epidemia de crack está fora de controle, adverte especialista",[97] "Epidemia mundial: crack e metanfetamina destroem o corpo e fazem usuário virar zumbi",[98] "Padilha diz que país enfrenta epidemia de crack e defende parceria com estados e municípios",[99] "O risco social e a epidemia de crack",[100]

95 Em http://www.cartacapital.com.br/sociedade/crack-uma-epidemia-devastadora

96 Em http://drauziovarella.com.br/dependencia-quimica/a-epidemia-do-crack/

97 Em http://g1.globo.com/rio-de-janeiro/noticia/2010/06/epidemia-de-crack-esta-fora-de-controle-adverte-especialista.html

98 Em http://noticias.r7.com/saude/fotos/epidemia-mundial-crack-e-metanfetamina-destroem-corpo-e-fazem-usuario-virar-zumbi-25092013#!/foto/1

99 Em http://memoria.ebc.com.br/agenciabrasil/noticia/2013-09-19/padilha-diz-que-pais-enfrenta-epidemia-de-crack-e-defende-parceria-com-estados-e-municipios

100 Em http://dssbr.org/site/2013/02/o-risco-social-e-a-epidemia-do-crack-problema-de-seguranca-e-de-saude-publica/

"Autoridades brasileiras combatem epidemia de crack com polícia e tratamento de dependência química",[101] "Em meio à epidemia de crack, Brasil fracassa em tratamento para dependente",[102] "Epidemia de crack eleva o número de doentes mentais".[103]

Tais manchetes vêm acompanhadas de números incertos sobre a população usuária de crack, de imagens explorando cenários de consumo com foco em mulheres grávidas, crianças, e jovens em intenso estado de descuido e inseridos em um contexto de vulnerabilidades associadas. Todas as imagens focam em usuários/as de crack negros/as. As descrições das cenas apontam para um cenário de miséria intensa, que ganha mais sentido a partir da construção indenitária dos/as usuários/as que estando com roupas em farrapos, magros/as, sem comer há dias, sem banho e em situação de rua, são apontados como os "zumbis" acometidos por essa epidemia.

Tendo suas imagens expostas, suas vidas publicizadas, violadas, os/as usuários/as de crack se inserem, involuntariamente, em um contexto de alvo de políticas públicas que surgem para solucionar os males dessa epidemia. Importante frisar que tal fenômeno é caracterizado não pela propagação de doenças infectocontagiosas, tampouco pelos danos causados pelo uso abusivo de um psicoativo específico, mas apenas pelo aumento do uso em vias públicas. É transpassado a noção de que o usuário/a de crack, portador de um mal – o uso de substâncias psicoativas ilícitas -, é capaz de transmitir a qualquer outro/a com quem mantenha contato essa suposta doença. O vetor

101 Em http://dialogo-americas.com/pt/articles/rmisa/features/regional_news/2014/02/09/crack-brasil

102 Em http://ultimosegundo.ig.com.br/brasil/em-meio-a-epidemia-de--crack-brasil-fracassa-em-tratamento-para-d/n1597399341272.html

103 Em http://portal.cfm.org.br/index.php?option=com_content&view=article&id=23795:epidemia-de-crack-eleva-numero-de-doentes--mentais-no-brasil-alerta-psiquiatra-no-cremero&catid=3

dessa enfermidade – o crack – é compreendido como um mal capaz de levar os/as usuários/as a uma situação de indigência, tornando violento aquele/a que a consome, sem qualquer capacidade racional e incapaz de manter laços sociais.

A relação de consumo recíproco – o usuário/a consome a substância e é consumido por ela – ilustra as histórias e trajetórias de vidas marcadas pelo uso abusivo de crack que são exploradas pelos meios de comunicação hegemônicos. Esse setor, um dos responsáveis diretos pela disseminação dessa suposta epidemia, insinua que todos que experimentarem pelo menos uma vez o crack terão suas vidas assemelhadas àquelas marcadas pelo abuso, pela miséria, pela ausência de relações sociais, pelo abandono, vivendo unicamente para o consumo descontrolado de crack.

As campanhas de conscientização promovidas pelo governo federal, difundido pelo Ministério da Saúde, reforçam os cenários obscurecidos, com frases que transmitam medo e horror como, por exemplo, "nunca experimente o crack. Ele causa dependência e mata". Tais máximas, acompanhadas das imagens sombrias e lúgubres, são características das formatações publicitárias para conscientização sobre os danos provocados pelo consumo de crack. Petuco (2012) vai sinalizar para a construção imagética de tais campanhas apontando as formas pelas quais se vertem medo, terror e pânico sobre determinados psicoativos tornados ilícitos.

Toda essa caracterização socialmente construída fundamenta o contexto de uma situação epidêmica específica, em um determinado tempo histórico, na sociedade brasileira. Nos Estados Unidos, por exemplo, essa conformação foi realidade nos anos 1980 com o crack, e hoje recai sobre uma suposta epidemia de metanfetaminas. Hart (2014) lembra que o surgimento do crack nos EUA durante os anos 1980 despertou um grande número de publicações nos principais jornais estadunidenses explorando a guerra ao crack, mostrando histórias assustadores sobre uma substância que causava o vício imediato e que provocava o aumento da violência. Esse instrumento serviu para disseminar o crack no país, muito mais do que para descrever de maneira fidedigna a sua utilização. Ainda sobre a descrição, o autor lembra que a ênfase midiática sobre a epidemia de crack versava sobre um fenômeno que destruía tudo ao redor, que se generalizava e era impossível ser contida. Este cenário levou o presidente Ronald Reagan a ir em cadeia nacional falar de tolerância zero e que era necessário participar de uma cruzada contra esse mal.

Os meios de comunicação, que Jack Young denomina de *guardiões do consenso* (Del Omo, 1990) são o instrumento por excelência de propagação de difusão de tal epidemia. Del Omo (ibdem, p. 24) coloca que os discursos construídos sobre tal fenômeno, segundo o advogado penal Carlos González Zorrila, sinalizam as formas pelas quais se legitimam o controle social sobre tal população. Especificam-se em quatro fatores que constroem os estereótipos que servem como elementos de coesão e consenso em torno da figura de "Abel contra Caim".

O primeiro deles diz respeito ao discurso médico (resultado da difusão do modelo médico sanitário) ao considerar o drogado um "doente", e a droga um "vírus", uma "epidemia", ou uma "praga", serve para criar o estereótipo médico, mais especificamente o estereótipo da dependência. O problema se centra concretamente na saúde pública. O discurso dos meios de comunicação, ao apresentar o consumidor como "o que se opõe ao consenso" – chamando-o além disse de "drogado" – voluntária ou involuntariamente, dependente se é rico ou pobre (leia-se estudante ou desempregado) mas sempre "jovem", serve para criar o estereótipo cultural; e, ao qualifica-lo de "viciado" e "ocioso" (segundo caso), e a droga como "prazer proibido", "veneno da alma" ou "flagelo", difunde o estereótipo moral, que tem sua origem não apenas no discurso dos meios de comunicação, mas também no discurso jurídico (produto da difusão do modelo ético-jurídico). Tudo provocando um distanciamento entre drogas proibidas e drogas permitidas, mas sobretudo entre os que consomem umas e outras. O quarto é o estereótipo criminoso, presente desde que existem legislações sobre drogas. Mas que na atualidade se converteu em estereótipo político-criminoso, ao recorrer ao discurso político para legitimar-se como discurso jurídico. A droga é vista como "inimiga", e o traficante – objeto central de interesse deste discurso – como "invasor", "conquistador", ou mais especificamente como "narcoterrorista" e "narcoguerrilheiro", apesar de o traficante poder muito bem não ser um indivíduo, mas um país.

Essas categorizações servem para balizar a caracterização do atual contexto sobre a questão do crack no Brasil. Apesar da fundamentação epidemiológica dizer respeito a uma formulação de caráter médico-sanitário, as políticas têm operado não só pela vertente da saúde pública, a partir de política de internações compulsórias/involuntárias/forçadas em abrigos. Tal conformação tem abrigado atuações nas esferas da saúde pública, e igualmente da segurança pública, com detenções e prisões de usuários/as de crack e ações repressivas nas cenas de consumo com usos de sprays de pimentas, tasers, e outras armas falsamente denominadas de "não-letais". As ações desempenhadas pelos agentes da saúde e da segurança não se diferenciam na sua lógica punitivistas, mesmo que os discursos tenham distintas vertentes de abordagens na questão das substâncias psicoativas tornadas ilícitas. Apesar do discurso epidemiológico trazer consigo um cariz voltado para a questão da saúde pública, a segurança pública se entrelaça nesse imbricado e nebuloso contexto de consumo de crack e o que deveria ser feito a respeito desse problema.

Entre internações forçadas/compulsórias/involuntárias e detenções, se efetivam políticas de combate à epidemia de crack. Estados Unidos e Brasil possuem em comum, nos discursos acerca da "epidemia de crack", o paradigma proibicionista como foco irradiador de discursos, que encontraram na mídia um aliado na empreitada de patologizar e criminalizar o comportamento do usuário/a de crack como um indivíduo altamente periculoso que deve ser banido da sociedade. Em uma entrevista realizada com ex-traficantes na cidade de Belo Horizonte, Sapori, Sena e Silva (2010) fazem uma série de incorporações das falas desses atores, apontando que o comércio de crack é mais rentável do que da maconha, por exemplo, pelo fato de haver uma grande rotatividade comercial pelo efeito que essa droga proporciona e, para além disto, os seus usuários/as tem certa frequência nas chamadas "bocas" (locais demarcados territorialmente de venda de psicoativos ilícitos) maior do que a de quem consome maconha. Quando comparados os perfis dos usuários/as de cocaína e crack, os ex-traficantes em entrevistas definem bem a imagem do "nóia" como "preto", "pobre", e "vagabundo", enquanto o usuário de cocaína é o "trabalhador" que usa para "se divertir com os amigos", "sair com mulheres", e "beber cerveja no bar". Ou seja, apesar de se tratar farmacologicamente da mesma substância, as construções indenitárias possuem diferentes atributos aos seus possuidores de determinado estigma.

O referencial acerca do conceito de epidemia é adotado a partir daquela ideia que foi regulamentada em 2005, através da Assembleia Mundial de Saúde. A noção versa sobre um "evento que significa a manifestação de uma doença ou de uma ocorrência que cria um potencial para doença". Essa conceituação, que tomarei como orientação aqui, não compreende apenas a "ocorrência de dano (caso ou óbito por determinada doença), mas incluem fatores de risco para sua ocorrência. Também não restritos à ocorrência de doenças transmissíveis, mas contemplam ainda problemas de saúde de natureza química, radio nuclear, ou decorrentes de desastres ambientais, como terremotos, inundações e seca".[104]

A crença de que um único uso de crack é capaz de tornar um usuário "viciado"/"dependente químico", ou seja, o *locus* do extremo de um amplo espectro de consumo de substâncias psicoativa, é adotada como modelo geral de comportamento e diversas formas de consumo. A adoção da concepção epidêmica do consumo de crack formula sua fundamentação a partir desta perspectiva de que um padrão de uso abusivo se efetiva a partir do primeiro contato.

Logo, essa configuração se insere na concepção de "problema de saúde de natureza química" previsto na concepção de epidemia. Uma vez que a questão da *toxicomania* é adotada no Código Internacional de Doenças (CID) 10 na especificação de "transtornos mentais e comportamentais devido ao uso de múltiplas drogas e ao uso de outras substâncias psicoativas", a lógica da epidemia é justificada sob tais parâmetros.

Sobre o usuário/a de crack é imputada, portanto, uma rotulação que o identifica como um desviante. Tal categorização é construída por Becker (2008), apontando que este é "produto de uma transação que tem lugar entre algum grupo social e alguém que é visto por esse grupo como infrator de uma regra" (2008, p.22), ou seja, "o desvio não é uma qualidade do ato que a pessoa comete, mas uma consequência da aplicação por outros de regras e sanções a um 'infrator'. O desviante é alguém a quem esse rótulo foi aplicado com sucesso; o comportamento desviante é aquele que as pessoas

---

104 Carmo, Eduardo Hage, Gerson Penna, and WK de Oliveira. "Emergências de saúde pública: conceito, caracterização, preparação e resposta." *estudos avançados* 22.64 (2008): 19-32.

rotulam como tal" (ibidem). Ou seja, o desviante nasce a partir do momento em que o indivíduo frustra uma expectativa que é esperada pela sociedade.

Os/as usuários/as de drogas, neste caso específico, os/as usuários de crack, compõem este quadro desviante, pois além de quebrar com essa expectativa social no que diz respeito à conduta moral e aos princípios sociais, infringem o documento regimentar penal que proíbe a produção, o comércio e o uso de substâncias ilícitas perante o ordenamento jurídico brasileiro, constituindo, portanto, um delito criminal. Ou seja, este grupo é enquadrado como tal porque suas práticas vão de encontro àquelas leis que ordenam e regulam a vida em sociedade.

Becker (2008) expõe que a prática visibilizada, que é socialmente percebida como um ato infrator, no caso do consumo de crack é compreendido como o desviante puro, ou seja, "ele desobedece à regra e é percebido como tal" (ibdem, p.31). Essa percepção, em um contexto de epidemias, é vista enquanto patologia, uma vez que afeta o organismo social, gerando discursos assépticos em relação a tal população. Sobre isso, Abramovay *et al* (1996, p.20) vai expor a necessária importância da dimensão simbólica da exclusão sinalizando que

> *A política urbana e os meios de comunicação desempenham um papel central na criação e difusão de normas excludentes. Sustenta que a transformação urbanística e arquitetônica das grandes cidades, com a privatização dos espaços públicos e a criação de templos de consumo nos quais é vedada a circulação de grupos específicos, é uma expressão institucional da exclusão. Da mesma forma, ao negar espaço para a presença de determinados grupos sociais em seu cotidiano, ou ao limitar a sua aparição a situações associadas à violência, os meios*

*de comunicação se transformam em poderosos instrumentos de extermínio simbólico de grupos inteiros da população (negros, indígenas, ou apenas pobres).*

Essa dimensão simbólica da exclusão opera associada a discursos assépticos sobre determinada população estigmatizada e estereotipada. Tais estereótipos servem para organizar e dar sentido ao discurso em termos dos interesses das ideologias dominantes; por isso, no caso das drogas se oculta o político e o econômico, dissolvendo-o no psiquiátrico e individual (Del Omo, 1990, p.25)

Essa compreensão inicial sobre os determinantes sociais da epidemia de crack, que não é exclusiva do século XXI considerando a disseminação de padrões de consumo, fundamenta historicamente a necessária (des)construção social desse fenômeno que existe nas sociedades que adotaram o paradigma proibicionista como elemento balizador das políticas sobre drogas.

## *A construção social da epidemia de crack e outras drogas*

A construção social da epidemia de crack se conforma como instrumento de fortalecimento do paradigma proibicionista, baseado na sobriedade e conformação de uma sociedade sem o consumo de substâncias psicoativas. O fenômeno da epidemia, longe de ser exclusivo do Brasil, foi um mecanismo levado à cabo principalmente pelo poder público e pela mídia em geral. Na sua história, a "praga" do crack, como vai trazer Reinarman e Levine (1990), surgiu nos anos 1980 em períodos que ele denomina por *drug scare*, caracterizados pelas cruzadas antidrogas que ganharam legitimidade em sociedade. Utilizando-se da referência do *red scare*, política implementada pelo presidente McCarthy, em 1950, com finalidades de proteger o *American way of life* da ascensão comunista, o *drug scare* legitima seu discurso apontando que todos os tipos de problemas sociais eram decorrentes de determinada substância química. Sobre isso, Reinarman e Levine (1990) colocam que a histeria midiática e a atenção política não tiveram início durante a explosão do consumo de cocaína em 1970, mas sim quando o formato de cocaína fumada (crack) apareceu por alguns bairros pobres, nos anos 1980.

O papel que a mídia estadunidense exerceu durante os períodos de *drug scare* é refletido nas estatísticas apontadas por Reinarman e Levine (1990) afirmando que em julho de 1986 as três maiores redes de televisão ofereceram 74 programas matinais sobre drogas, e todos eles falavam sobre o crack. O jornal da CBS produziu um documentário denominado "*48 Hours on Crack Street*", e a chamada da publicidade do programa dizia que "Tonight, CBS News take you to streets, to the war zone for na unusual two hours of hands-on horror". Não diferentemente no Brasil, vemos chamadas de mesmo discurso nas reportagens, matérias, especiais de jornais e etc. sobre a *cracolândia* nas cidades brasileiras. Com câmeras escondidas, os repórteres dramatizam cenas para mostrar o que acontece naqueles espaços de transações ilícitas. No Brasil, o programa "Profissão Repórter", da Rede Globo, e "A Liga", da Rede Bandeirantes, foram alguns que exploraram esse cenário de consumo de crack nestes termos.

Nos Estados Unidos, em determinado momento histórico, chegou a se afirmar que não se tratava de uma simples epidemia, mas sim de uma pandemia (Reinarman e Levine, 1990). A epidemia de crack, segundo a *Newsweek* (16 jun.1986, p. 25), afirmava que esse fenômeno tinha proporções maiores que o caso do *Watergate* e a guerra do Vietnam. De forma apelativa, o presidente Ronald Reagan, em pronunciamento para nação, dizia que o crack estava destruindo os jovens estadunidenses, causando crimes, violência, prostituição e abusando das crianças da nação. E toda a classe política estadunidense conclamou a sociedade a uma força tarefa de *all-out war on drugs.*

As histórias exploradas falam sobre desintegração familiar, sobre como o consumo de certas substâncias psicoativas ilícitas levando ao consumo de outras com maior potencial danoso e sobre como o uso afetava as relações de trabalho, nas escolas, famílias, e até mesmo a soberania nacional.

Os EUA, como precursor desse fenômeno, assistiram a um declínio nas estatísticas do consumo de drogas, em especial ao uso da cocaína, no auge do discurso da "praga", da "epidemia", e da "guerra às drogas". Muitas dessas estatísticas não diferenciavam entre o *crack* e o *crack cocaine,* colocando todos entro de um único universo de usuários/as. Foi assim que as pesquisas da *National Institute on Drug Abuse (NIDA)* e da *Drug Abuse Warning Network (DAWN),* ambas utilizadas como evidencias estatísticas do governo estadunidense, foram orientadas (Reinarman e Levine, 1990). No entanto, a formulação das políticas públicas não levava em consideração os dados fornecidos pelas agências de pesquisa, mesmo com todos os descuidos e falhas metodológicas que elas recorrentemente apresentavam.

No Brasil, as existências de pesquisas sobre o público específico dos/as usuários/as de crack são muito recentes, de um período muito posterior às pesquisas realizadas nos Estados Unidos. Porém, realizadas em um mesmo contexto de uma suposta epidemia de crack. Reinarman e Levine (1990) vão trazer este questionamento colocando em xeque a legitimidade deste fenômeno que se expressa através de palavras que geram alarde e situações de extremo alerta. Esse questionamento gira em torno das problemáticas construídas a partir do momento que se percebe o baixo número de usuários/as de crack em momentos de grande repressão e do *drug scare.* A estatística atual no Brasil é de trezentos e oitenta mil usuários/as de crack em um contexto de *drug scare* com suas especificidades, contexto político, histórico, econômico e social, trilhando de forma muito similar os caminhos que o governo estadunidense construiu para solucionar as problemáticas naquele período.

O discurso contra o crack em contexto de *drug scare* suscita a necessidade de se realizar políticas emergenciais para atender a uma demanda de pânico e histeria social gerada pelas alegações de medo e alerta promovidos fundamentalmente por políticos e pela mídia. Isto quer dizer que o que acontece hoje em dia com as políticas de enfrentamento aos psicoativos tornados ilícitos, em especial o crack, são embasados pelo profundo desconhecimento sobre a substância em si, assim como a construção de determinadas realidade construídas sob o "vapor" destas fumaças são vendidas nas televisões e jornais de todo o país.

Um exemplo que vale trazer à tona é do jogo de palavras que tem um significado, porém diversas compreensões. As reportagens, matérias e notícias que correm pela mídia punitivistas, fundamentalmente costumam criar uma panaceia sobre as " mortes relacionadas ao crack" com as "mortes ocasionadas pelo uso de crack". A primeira faz referência às mortes em que existem um contexto de consumo de crack, estando inclusas aí mortes decorrentes por acertos de conta, dívidas, conflitos pontuais entre os/as usuários/as, mortes que envolvem usuários/as e polícia, entre outros desta natureza. Já as mortes ocasionadas pelo consumo de crack dizem respeito única e exclusivamente a, como o nome já diz, o consumo de crack. Ou seja, mortes por overdose ou catalisadas pelo uso do crack. O que ocorre é a compreensão de que as "mortes causadas pelo uso de crack" são as "mortes relacionadas ao crack" sendo que, estatisticamente, esta última cresce vertiginosamente pela própria política de repressão ao uso do crack. Logo, a conclusão que se chega sobre essa discussão é que o crack mata rapidamente o/a usuário/a em pouco tempo de uso. O que na verdade ocorre são mortes relacionadas à rede ilegal onde o crack está situado e que, por consequência, envolve situações de conflito e com alto grau de letalidade.

Esses debates e formulações de políticas voltadas para a questão das substâncias psicoativas tornadas ilícitas, apresentam variações ao longo dos períodos históricos, assim como a ampliação ou não da repressão e do discurso da *drug scare*, como, por exemplo, os períodos eleitorais. A necessidade de garantir um bom discurso contra as drogas é garantir igualmente uma alta taxa de eleitores/as, principalmente em um país como os Estados Unidos onde 54% da população avaliam que as drogas são o principal problema da nação (Reinarman e Levine, 1990).

No Brasil, essa conjuntura se caracteriza a partir de questões como o aumento da violência, fazendo com que os discursos políticos voltem suas alegações para o combate ao crime organizado, o enfrentamento ao tráfico de drogas e à repressão ao crack. É possível perceber que, durante a votação do projeto de lei 37/2014, quando da votação na Câmara dos Deputados, o autor do PL em questão, o deputado federal Osmar Terra (PMDB), levantar em plenário um saco com pedras, encenando que aquele meio quilo de crack falso era a quantidade consumida por um/a usuário/a em um único dia. Esta votação ocorreu em 2013, ano véspera de eleição para presidente/a, governador/a, senador/a, deputados/as federais e estaduais.

Neste momento em especial no Brasil, que congregou a preparação de megaeventos como a Copa do Mundo e as Olimpíadas com as eleições, o discurso da epidemia se fortaleceu porque era necessário livrar o país daquele cenário. O cenário urbano limpo era uma das exigências dentro de um pacote mais amplo sobre os processos de gentrificação dos espaços da cidade sujos pela pobreza, pela miséria e pelo trabalho precarizado que caracterizam a ordem do capital na gestão dos espaços.

### *Estigma, Pânico moral e Histeria social: as bases da epidemia de crack*

Outra chave fundamental para compreender como a caracterização de epidemias influência na formulação de políticas públicas é analisar de que formas os programas de enfrentamento ao crack são conclamadas. O primeiro dos programas, denominado "Plano Nacional de Enfrentamento ao Crack e outras Drogas". As palavras "enfrentamento" e a primazia da palavra "crack" situada em destaque na estratégia desenvolvida pelo governo ressalta o público que está sendo priorizado em termos de consumo de "drogas cocaínicas". Não é que tenhamos mais usuários de crack, nem menos de cocaína, mas sim que a popularização desse subproduto da cocaína, devido ao seu baixo custo, está constantemente associada à extrema condição de pobreza e desigualdade social do país. Nesse sentido, o *dito não dito* faz referência a um determinado grupo específico com classe social e raça bastante definidos, e é a esse segmento social que serão destinadas as políticas que a *drug scare* determina. A modificação do nome deste programa para "*Crack, é possível vencer*" denota que há um mal, um vetor propagador de uma epidemia a ser enfrentado e, portanto, vencido. Assim, o poder público e a mídia conclamam a sociedade em geral a lutar contra esse mal a através do discurso do medo e do pânico.

É fundamental igualmente compreender o rebatimento deste discurso em sociedade. Compreendendo o caráter de conflitos presente na vida social, alguns deles são elevados a um grau que serve para atender a um determinado interesse ou determinada ordem social. O conflito existente nas dinâmicas de consumo de substâncias psicoativas tornadas ilícitas, prática que se choca a um tipo de moral específica que orienta as políticas de estado, é exposto para que certas gestões sejam legitimadas em sociedade. O discurso da epidemia se faz presente tão marcadamente que qualquer questionamento sobre tal formulação é abafado por aquelas instituições que se beneficiam daqueles espetáculos. A mídia ganha quando vende os documentários, reportagens e notícias, exibindo como se fosse um filme de terror aquilo que a cidade tem em espaços que se tornam estigmatizados por tais práticas e, portanto, devendo ser evitados sempre que possível.

Ganham os políticos, que se tornam os "heróis" na luta contra as drogas, contra o mal a ser exterminado, e que geralmente tem seus interesses econômicos relacionados com a manutenção da proibição das substâncias psicoativas tornadas ilícitas.

Os/as usuários/as de crack que estão no foco das lentes da mídia e do poder público fortalecem uma maior carga daquilo que Goffman vai entender por estigma. Esse conceito é utilizado em referência a um atributo profundamente depreciativo, mas o que é preciso, na realidade, é uma linguagem de relações e não de atributos. Um atributo que estigmatiza alguém pode confirmar a normalidade de outrem, portanto ele não é, em si mesmo, nem horroroso nem desonroso (2012:13).

Para entender como opera a noção de estigma nesse caso dos usuários de drogas cocaínicas, cabe trazer o conceito de informação social teorizada por Goffman, apontando que esta

> *é reflexiva e corporificada, ou seja, é transmitida pela própria pessoa a quem se refere, através da expressão corporal na presença imediata daqueles que a recebem. Aqui, chamarei de "social" a informação que possui todas essas propriedades. Alguns signos que transmitem informação social podem ser acessíveis de forma*

*freqüente e regular, e buscados e recebidos habitualmente; esses signos podem ser chamados de "símbolos". (GOFFMAN, 2012:53)*

Essa orientação é articulada aqui para nortear a perspectiva do indivíduo e, nesse sentido, visualizar as informações sociais que este grupo desviante porta nas suas diferentes exteriorizações. Os/as usuários/as de cocaína petrificada, por exemplo, podem facilmente ser reconhecidos a partir das marcas ocasionadas pelo consumo de crack nos dedos e na boca com as feridas acarretadas por queimaduras e possíveis descuidos durante o uso; ou por seu estigma incorporado, como aponta Fantauzzi e Aarão (2010, p.81), "pobre, marginal e noiado".

A produção do estigma vem associada com o pânico moral e a histeria social, elementos suscitados por uma deflagração de uma situação epidêmica. A conceituação acerca do pânico moral opera como um fator determinante para se entender sobre reações da sociedade a um evento e, neste caso em particular, sobre a questão epidêmica do consumo de crack no Brasil. Nesse sentido, cabe trazer também o conceito que Cohen apud Miskolci (1979, p.9) formulou sobre o mesmo conceito para agregar elementos para esta discussão. Cohen vai apontar que

*Uma condição, um episódio, uma pessoa ou um grupo de pessoas passa a ser definido como um perigo para valores e interesses societários; sua natureza é apresentada de uma forma estilizada e estereotipada pela mídia de massa; as barricadas morais são preenchidas por editores, bispos, políticos e outras pessoas de Direita; especialistas socialmente aceitos pronunciam seus diagnósticos e soluções; recorre-se a formas de enfrentamento ou desenvolvem-nas. Então a condição desaparece, submerge ou deteriora e se torna mais visível. Algumas vezes, o objeto do pânico é absolutamente novo e outras vezes é algo que existia há muito tempo, mas repentinamente ganha notoriedade. Algumas vezes o pânico passa e é esquecido, exceto no folclore e na memória coletiva. Outras vezes ele tem repercussões mais sérias e duradouras e pode produzir mudanças tais como aquelas em política legal e social ou até mesmo na forma como a sociedade se compreende.*

Esta colocação nos faz perceber os contornos que delimitam as fronteiras morais da sociedade, quais seus limites de aceitação e, principalmente, que o sentimento de medo que recai sobre determinadas práticas sociais tidas como não-convencionais são obrigatoriamente acompanhadas por atos irracionais que colocam em risco constante a vida do outro. Ou seja, como bem apontam Goode e BenYehuda *apud* Miskolci (2003, p.2930), a reação social a um fenômeno aparentemente perigoso surge tanto do perigo real quanto do temor de que ele ameace posições, interesses, ideologias e valores. Tonry (2004, p.86) vai caracterizar o fenômeno sinalizando que

> *Moral panic was something negative, irrational, and regrettable; shocking or frightening incidents occurred, raw emotions took over, fears magnified, panic set in, inhibitions weakened, and public officials overreacted. Whether, however, the result of a moral panics is negative and to be regretted depends on its nature and result, andwho makes the assessment.*

Nesse sentido, o pânico moral, por incidir sobre algo que é supostamente uma ameaça à ordem social, torna fator consensual na sociedade que alguma medida deve ser tomada contra aqueles indivíduos que Becker (2008) entendeu por *outsiders*, sendo estas medidas sempre na direção do controle social, de formulação de leis mais severas e maior intensidade na censura pública a determinados comportamentos. Como coloca Miskolci (2007, p.113), a gestão ou controle dos riscos torna-se o objetivo último da coletividade e leva à criação de novas formas de controle social. Disso resulta a percepção hegemônica de que a causa de certos problemas sociais estaria nos esforços insuficientes para controlar os "desviantes" e que a melhor solução estaria em ampliar esses esforços.

Esse entendimento sobre pânicos morais Miskolci (1998) identifica como um instrumento que permite compreender como preocupações e temores de um dado momento histórico expressam lutas de poder entre grupos sociais, valores e normas, pois pânicos morais nunca são espontâneos. Eles são produto da catalisação de temores já existentes na coletividade. O pesquisador deve descobrir quem foi o agente no processo e como agiu de forma a transformar um temor existente em pânico. Dessa forma, será possível determinar quais valores e normas sociais estão em disputa no realinhamento do que a coletividade considera aceitável ou não em termos de comportamento e estilo de vida.

Thompson *apud* Miskolci (1998, p.4) traz a noção de que muitos acham que uma sociedade ameaçada moralmente necessita de um renascimento dos valores tradicionais, o que os leva a defender uma forma idealizada do que teria sido a ordem social do passado. No entanto, no que diz respeito às drogas, falar em ordem social do passado não significa resgatar sua história de consumo, de produção e de comércio regulados. Ao contrário, significa manter a ordem social do passado que conquistou políticas de proibição associada aos discursos de abstinência do uso de qualquer *droga*.

O desconhecimento sobre as práticas sociais, os indivíduos, suas trajetórias e contextos é propositalmente abafado a partir da responsabilização dos males sociais daqueles/as que estão sujeitos ao uso abusivo e descontrolado do crack, como se a atual situação não fosse anterior ao consumo do próprio crack. A antropomorfização do crack a partir de máximas que incluem "o crack matou mais de mil pessoas", "crack fez com que ele/ela largasse a família", "o crack leva as pessoas à pobreza" naturaliza os problemas sociais decorrentes das desigualdades sociais e processos de exclusão social. Essa naturalização é necessária para que as situações de desigualdade e exclusão que são construídas historicamente se mantenham e se perpetuem sobre os diferentes elementos, sendo as *drogas* um dos instrumentos discursivos não só para manutenção de uma ordem social, política e econômica, mas também para criminalizar grupos e classes sociais que contestam a desigualdade dessa ordem.

***

*Dedico este escrito à todos/as vítimas da guerra às drogas.*
*Por um mundo onde sejamos socialmente iguais, humanamente diferentes e totalmente livres.*
(Rosa Luxemburgo)

**Referências Bibliográficas**

BARATTA, Alessandro. Introdução a uma sociologia da droga. IN: BASTOS, Francisco; MESQUITA, Fábio (orgs). Drogas e AIDS: estratégias de redução de danos. São Paulo: Ed. Hucitec, 1994

BECKER, Howard. Outsiders – estudos de sociologia do desvio. Rio de Janeiro: Jorge Zahar, 2008.

BERGER, Peter L.; LUCKMANN, Thomas. A construção social da realidade. Petrópolis, Vozes, 1996.

BERGERON, Henri. Sociologia da Droga. São Paulo: Câmara Brasileira do Livro, 2012.

BERTOLLI FILHO, Claúdio. História da Saúde Pública no Brasil. 11. ed. São Paulo: Ática, 2008.

COHEN, Stanley. Folk Devils and Moral Panics: The Creation of Mods and Rockers. London, MacGibbon & Kee, 1972

DEL OLMO, Rosa. A face oculta da droga. Rio de Janeiro: Editora Revan, 1997.

Departamento DST/AIDS. http://www.aids.gov.br/.Acessado em 06 out 2014

DO VALLE, Carlos Guilherme Octaviano. Apropriações, conflitos e negociações de gênero, classe e sorologia: etnografando situações e performances no mundo social do HIV/AIDS (Rio de Janeiro). Revista de Antropologia, p. 651-698, 2008.

GOFFMAN, Erving. Estigma – Notas sobre a manipulação da identidade deteriorada. Rio de Janeiro: LTC, 2012

HART, Carl. Um preço muito alto. Rio de Janeiro: Zahar, 2014

HOBSBAWN, Eric. Da revolução Industrial Inglesa ao Imperialismo. Rio de Janeiro: Editora Forense Universitária, 1978.

MEDEIROS, Esdras Cabus. Uso de crack nas metrópoles modernas: observações sobre o fenômeno em Salvador, Bahia. In: FILHO, Antonio N.; MACRAE, Edward et.al. Toxicomania: Incidências clínicas e sócioantropológicas. Salvador, EDUFBA, 2009.

MEDEIROS, Regina; SAPORI, Luis Flavio. Crack: um desafio social. Belo Horizonte: PUC Minas, 2010.

MISKOLCI, Richard. Estética da Existência e Pânico Moral. In: RAGO, Margareth e VEIGA-

NETO, Alfredo. (orgs.) Figuras de Foucault. Belo Horizonte, Autêntica, 2006, pp.227-238.

__________. Pânicos morais e controle social. IN: Cadernos Pagu(28), janeiro-junho de 2007:101-128.

NAPPO, Solange Aparecida. Análise qualitativa do uso de cocaína: um estudo em São Paulo. In: LEITE, Marcos da Costa; Andrade, Arthur Guerra. Cocaína e crack: dos fundamentos ao tratamento. Porto Alegre: Artmed, 1999.

PETUCO, Denis R.S. Imagens e Palavras – o discurso de uma campanha de prevenção ao crack. UFPB. Dissertação (Mestrado) – Centro de Ciências Humanas, Letras e Artes, UFPB, João Pessoa, 2011.

COSTA, Nilson Rosário. Lutas Urbanas e Controle Sanitário. Petrópolis: Editora Vozes, 1985.

## Pesquisa nacional sobre o uso de crack (ICICT/FIOCRUZ): uma crítica epistemológica e política

*Carlos Eduardo Martins Torcato*

Licenciatura em História pela UFRGS em 2008. Mestre pelo Programa de Pós-Graduação em História pela mesma instituição em 2011 com pesquisa sobre a repressão aos jogos de azar e ao jogo do bicho. Atualmente cursa o doutorado em História Social pela USP desenvolvendo o tema da história das drogas e seu proibicionismo no Brasil.

A política de proibição às drogas, conhecida pela alcunha de proibicionismo, é uma das mais sólidas e duradouras políticas públicas já conhecidas, estando inclusive na base do direito internacional contemporâneo. Teve como sustentação em sua constituição uma combinação inusitada e eclética de movimentos sociais, como as mobilizações modernistas na China e as organizações de temperança nos EUA em fins do século XIX. Política que encontrou enormes dificuldades para se consolidar na primeira metade do século XX, mas que se tornou hegemônica depois da Segunda Guerra Mundial (1939-1945).

Desde os anos de 1950, as políticas sobre drogas eram um dos poucos pontos capazes de encontrar concordância entre os países em um cenário de bipolaridade característico da Guerra Fria. O movimento contracultural dos anos de 1960, que foi duramente reprimido pelo governo estadunidense, era propagandeado pelos socialistas do polo soviético como sinal da corrupção dos costumes pelo capitalismo. O usuário de drogas era percebido como uma ameaça ao coletivo e, como outros desviantes, devia ser isolado e eliminado do convívio social.

Esse consenso sobre as políticas sobre drogas começa a se desfazer, desde o final dos anos de 1970, graças a uma conjunção de fatores: a crise da polaridade no campo internacional; os resultados positivos, no campo da saúde pública, obtidos pelas políticas de redução de danos; o avanço dos regimes democráticos na América Latina e a incompatibilidade do proibicionismo com os princípios de uma sociedade plural; o colapso do sistema de justiça criminal, particularmente o carcerário; o fortalecimento dos grupos criminosos e sua interligação com as esferas legais; o fracasso das metas proibicionistas com o visível aumento do consumo de drogas ilícitas pela população; fortalecimento dos movimentos sociais antiproibicionistas.

O Brasil, ao longo de todo esse período, foi um entusiasta do proibicionismo desde seu início cambaleante. Os diplomatas brasileiros se orgulhavam de ter uma das legislações mais "modernas" do mundo nos anos de 1930. À suave liberalização dos anos 1950, que coincidiu com a disseminação da cannabis nos centros urbanos no sudeste e no sul do país, seguiram-se as leis draconianas produzidas durante o período da ditadura civil-militar que criminalizavam o usuário e o traficante com penas iguais, legislação com forte inspiração militar que convocava toda a sociedade a lutar contra esse mal e a denunciar todo e qualquer desvio. Alvos que eram considerados descartáveis quando pertencentes às classes mais baixas da sociedade, ao contrário da comoção gerada pelos(as) desaparecidos(as) políticos(as), e que justificaram a permanência de um modelo bélico de segurança pública durante o conturbado período da democratização.

O final dos anos de 1990 é marcado por mudanças importantes para as políticas sobre drogas. Além dos fatores já indicados, também incidem sobre a crise do proibicionismo o maior conhecimento sobre as propriedades medicinais da cannabis, fato possibilitado depois que cientistas conseguiram isolar vários dos seus princípios ativos. Às políticas de redução de danos, que vários países europeus e outros (como o Brasil) vinham adotando, seguiram-se a implementação de políticas reguladoras e liberalizantes por alguns Estados estadunidenses, por países europeus e até mesmo pelo latino-americano Uruguai. Começa a se criar, gradativamente, o cenário de multipolaridade tão característico da primeira metade do século XX.

Nesse novo cenário o Brasil também acabou influenciado pela onda liberal e promulgou, em 2006, uma nova legislação que deixou de considerar o usuário de drogas como um criminoso a ser isolado e eliminado, para entendê-lo como um doente que precisa de tratamento. Um avanço do ponto de vista conceitual, pois saímos do âmbito penal para entrarmos no médico, porém totalmente inócuo do ponto de vista prático. Boiteaux et. al. (2009) mostraram que o abrandamento da lei foi seguido de uma taxa maior de encarceramento de traficantes, pois a indefinição jurídica presente na caracterização da figura do usuário e do traficante deixava a cargo da discricionariedade policial e judicial o enquadramento. Ao contrário do que se esperava, se ampliou o encarceramento da população pobre e negra. Por outro lado, se consolida as salvaguardas das classes médias e altas que puderam, a partir dessa lei, caracterizar seus filhos e suas filhas como dependentes de drogas.

Os avanços referidos, apesar de tímidos e com efeitos contraditórios, estão ameaçados. A década de 1990 também se caracterizou pela crescente incidência do consumo de uma nova droga ilícita – a pasta base de coca, vulgarmente conhecida como *crack*. Consumida por trabalhadores envolvidos na produção da cocaína desde o início dos circuitos ilícitos dos anos 1950, entrou no mercado com força crescente a partir do final dos anos 1970 movida por dois fatores: 1) os crescentes controles sobre os solventes que dificultavam o refino da cocaína e que, consequentemente, ampliavam a disponibilidade de pasta base; 2) um mercado inexplorado de estimulantes para a população de baixa renda, visto que as classes mais ricas tem acesso à cocaína ilícita, às bebidas energéticas com cafeína e taurina e às diversas anfetaminas legalizadas. No Brasil, o mercado do *crack* teve crescimento significativo nas décadas de 1990 e 2000.

Foi, portanto, um produto que entrou no mercado voltado para as populações mais pobres, embora não se limitasse a esse segmento social. Mas foi sobre os usos dessas camadas da população, tradicionalmente excluídas de condições básicas de cidadania, que se desenvolveu, através da grande mídia, a divulgação de uma estética do consumo que associava o uso do *crack* à inevitável degradação física e moral. Segundo Volcov e Vasconcellos (2013), nem mesmo as campanhas publicitárias do governo federal, resumidas no slogan *Crack é possível vencer*, foram capazes de superar o viés desinformativo e alarmista que envolveu as iniciativas midiáticas em torno desse tema.

O pânico social criado, associado às sucessivas vitórias dos movimentos antiproibicionistas (crescimento da marcha da maconha, liberação de uso medicinal de alguns princípios ativos da maconha, reconhecimento da legalidade da manifestação pública pelo Supremo Tribunal Federal, adesão dos pequenos partidos de esquerda à causa, entre outros), contribuíram para a eleição de uma bancada ultraconservadora para a legislatura 2015/2018. Existem claros indicativos políticos que apontam um possível retrocesso nesse campo no futuro próximo, apesar do contexto internacional favorável às políticas liberais.

Foi nesse cenário que a Secretaria Nacional de Políticas sobre Drogas (SENAD) encomendou ao Instituto de Comunicação e Informação Científica e Tecnológica em Saúde (ICICT), ligado à Fundação Oswaldo Cruz (FIOCRUZ), um estudo – intitulado *Pesquisa Nacional sobre o uso de Crack* – visando descobrir o perfil dos usuários de *crack* no Brasil e estimar a proporção dessa população nas 26 capitais e no

Distrito Federal. Segundo a Universidade Aberta do SUS, tal estudo se constitui no maior desse gênero já realizado no mundo.[105] Todo o estudo que traz informações sobre a realidade de consumo de drogas se constitui, sem dúvida, em um esforço precioso e necessário para a elaboração de políticas públicas minimamente embasadas. Entretanto, é preciso que se enfatize algumas limitações importantes nas suas premissas epistemológicas e políticas que impedem avanços na construção de indicadores e parâmetros que avaliem a promoção de direitos e de autonomia para os segmentos populacionais que passaram a ter acesso aos fármacos estimulantes através do mercado ilícito.

***Os avanços em relação às pesquisas anteriores***

O desenvolvimento de indicadores sociais e de atividades de monitoramento e avaliação de políticas públicas são elementos importantes no planejamento de medidas governamentais, pois fundamentam as tomadas de decisões por parte das instâncias deliberativas. No campo do consumo e na gestão do uso de substâncias psicotrópicas, tal assertiva também é verdadeira. O Brasil somente começou a construir informações nesse campo a partir do *I Levantamento Domiciliar de Consumo* em 2001. É factível afirmar que até essa data todas as políticas sobre drogas eram subsidiadas pelas suposições imaginárias das pessoas ligadas à administração pública. E, mesmo hoje, ainda são insuficientes e ideologicamente distorcidos os dados produzidos ou patrocinados pelas instâncias governamentais, particularmente a SENAD. Mas pelo menos são dados mínimos, e isso precisa ser saudado como uma boa notícia, pois finalmente abandonamos a idade das trevas.

105 Ver http://bit.ly/263pL4s. Último acesso em 19/12/2014.

A crítica que se apresenta, portanto, não busca deslegitimar esse esforço ainda incipiente. Pelo contrário, ela procura criar um ambiente crítico capaz de aperfeiçoar os dados que temos, visando criar novos indicadores capazes de superar o ranço proibicionista tão presente nessas iniciativas. Nesse sentido, é preciso destacar dois avanços importantes que a *Pesquisa Nacional sobre o uso de Crack* apresentou em relação às antecessoras:

- Utiliza o conceito sócio-antropológico de "cena", reconhecendo assim que o consumo de drogas é um fato social e, por isso, ele se vincula aos espaços de congregação e de interação social;
- Adota o inovador *Network Scale-up Method* para estimar a população invisível em outras estimativas, embora seja impossível prever toda a população consumidora devido ao caráter ilícito do consumo.

Apesar de termos, pela primeira vez, algumas estimativas sobre o consumo disponível e, em relação à pesquisa da ICICT/FIOCRUZ, algumas inovações que abrandam a perspectiva estritamente epidemiológica, ainda precisamos avançar na construção de indicadores adequados para uma sociedade que se pretende democrática e promotora de direitos.

### *Os limites metodológicos*

Embora o conceito de "cena" busque reconhecer que o consumo de drogas é um fato social, conforme exposto acima, o sujeito que entra em contato com o *crack* continua sendo patologizado, pois é estabelecida uma relação de causalidade entre o fator patogênico (uso da substância) e a resposta do organismo (consequências ruins do consumo). A discussão bibliográfica apresentada por este estudo aponta que o usuário: é afetado por dependência em curto espaço de tempo; tem maior risco de ter o HIV e outras doenças transmissíveis; está inserido em contexto de vulnerabilidade e de isolamento social; negligencia os cuidados corporais e rompe laços familiares; é afetado por inúmeros problemas fisiológicos e mentais (BASTO; BERTONI, 2014, p.13-15).

A lógica de pensamento biomédica, como a reproduzida acima, faz sentido, por exemplo, para as investigações epidemiológicas e para produção de escalas psicológicas, porém mostram-se cada vez mais inadequadas para compreender os fenômenos sociais ou culturais complexos como é o consumo de "drogas" na nossa sociedade.

São dois os limites epistemológicos desse tipo de abordagem:

A compreensão dos sujeitos como "indivíduos-organismos" que estabelecem relações de causalidade entre o fator patogênico e a resposta do organismo ou, ainda, entre os fatores ambientais e as respostas cognitivo-comportamentais. Esse tipo de distorção pode ser observado no famoso Termo de Consentimento Livre e Esclarecido (TCLE), que pressupõe que os indivíduos que compõem as pesquisas são sujeitos plenamente autônomos e racionais – fato empiricamente insustentável. Esse ser humano é percebido como um objeto do qual podem ser extraídos dados, informações ou materiais biológicos. Nessa perspectiva, as pessoas são pensadas como alvos de experimento e, portanto, passivas. A pesquisa deveria pressupor o pesquisador em um contexto de interlocução com os participantes da pesquisa, como seres com capacidade de diálogo, de ação e como um agente que contribuí no conhecimento que se produz.

Dentro da perspectiva biomédica, existe um enfoque sobre a exposição das pessoas às "drogas", fato que levaria ao aumento do consumo e, consequentemente, aos usos problemáticos. O grande problema desse tipo de raciocínio é que ele é baseado na ideia de que o uso de "drogas", seja ele qual for, constitui algo que deve ser evitado. O perfil dos usuários é construído com objetivo de subsidiar políticas públicas que visem diminuir a exposição a partir da restrição contínua à circulação dos fármacos, sejam eles quais forem. Esse tipo de abordagem que considera todos os contextos sociais de uso como potencialmente prejudiciais ignora os sentidos e os significados que tais substâncias adquirem no cotidiano das pessoas, reduzindo os interesses desses agentes a um mero dado estatístico e algo que deva ser evitado a qualquer custo. É um erro conceber que a abstinência seja o parâmetro de saúde.

### *A filiação política*

O Decreto nº 85.110 de 2 de setembro de 1980 foi responsável por criar o Conselho Federal de Entorpecentes (CFE), que contava com a presença de múltiplos ministérios e coordenação do Ministério da Justiça. Essa instituição substituiu a Comissão Nacional de Fiscalização de Entorpecentes (CNFE) que era subordinada ao Ministério das Relações Exteriores (MRE). Mudança institucional que passou a refletir a importância, sempre crescente a partir de então, do tema das "drogas" na agenda pública. Tanto a CFE quanto as instituições posteriores que vieram a substituí-la se colocaram dentro de uma perspectiva proibicionista hegemônica em âmbito internacional.

O fato de o MRE ter perdido a centralidade na definição das políticas de drogas não significou, entretanto, o esvaziamento da questão nesse âmbito. Em 1986, o Brasil sediou a *Conferência Especializada Interamericana sobre Tráfico de Entorpecentes*, realizada no Rio de Janeiro. Desse encontro foi elaborada a Comissão Interamericana para o Controle do Abuso de Drogas (CICAD) que posteriormente se tornaria um exemplo de mecanismo multilateral nessa área, exportando seus conceitos para a ONU (SILVA; 2013, p.208-256). A partir de meados da década de 1990, urgiu a necessidade de reelaborar a legislação para adequar o país aos compromissos assumidos. Foi com essa motivação que, em 1996, o então presidente Fernando Henrique Cardoso lançou o Programa de Ação Nacional Antidrogas com objetivo de debater mudanças e incorporar os compromissos assumidos no CICAD (CARVALHO, 2007, p.58-60).

Assim, poucos dias depois da 20ª Assembleia Geral da ONU, foi promulgado o Decreto nº 2.632 de 19 de julho de 1998, alterado pouco depois pelo Decreto nº 2.792 de 1º de outubro de 1998, responsável por criar o Sistema Nacional Antidrogas (SISNAD), composto pela Secretaria Nacional Antidrogas (SENAD) e pelo Conselho Nacional Antidrogas (CONAD). A SENAD ficou diretamente subordinada ao Gabinete Militar da Presidência da República, fato que denota a ênfase militarista no trato com a questão das "drogas". O SISNAD foi regulamentado no Decreto nº 3.696 de 21 de dezembro de 2000. Seguindo as orientações aprovadas na ONU na ocasião apontada acima, foram organizados dois fóruns para discutir a preparação de uma política nacional na área, que se efetivou a partir do Decreto nº 4.345, de 26 de agosto de 2002. Antes de implementar a Política Nacional Antidrogas, entretanto, o governo de FHC tentou criar uma nova lei de drogas (Lei nº 10.409, de 11 de janeiro de 2002). As mudanças realizadas no projeto original, porém, levaram o presidente a vetar vários artigos, fato que gerou inúmeras críticas e problemas jurídicos.

O importante de toda essa nova configuração jurídica realizada por FHC foi a institucionalização do Observatório Brasileiro de Informações Sobre Drogas (OBID) em 2002. Apesar da preponderância da perspectiva epidemiológica dos estudos publicados até então, que possui limitações importantes conforme foi visto acima, essa data é um marco nas políticas públicas sobre drogas, pois pela primeira vez o Estado se comprometeu a desenvolver estudos sobre o consumo de substâncias no Brasil, viabilizando a possível racionalização das políticas públicas na área. É preciso destacar, entretanto, que tais pesquisas ainda obedecem aos critérios proibicionistas hegemônicos vigentes, diversos à perspectiva que precisa ser adotada em um contexto de regulamentação.

## *Conclusão*

O viés epidemiológico que coloca o uso como essencialmente prejudicial ignora os usos e as vantagens pessoais e sociais que o consumo das substâncias psicoativas pode trazer para a vida das pessoas. Vejamos o exemplo de um morador de rua qualquer: a hora de dormir é aquela na qual ele está em maior vulnerabilidade, estando sujeito a furtos, a agressões por parte de rivais, ataques de animais de ruas ou abordagens indesejadas dos agentes de segurança pública. O *crack*, neste contexto, é uma substância que ajuda a manter a vigília. Além disso, contribui para cortar o apetite, o que amplia a autonomia sobre o corpo em momentos que não se dispõem de alimentação. A etnografia apresentada por Silva (2000), por exemplo, mostra a relevância desse psicoativo nas trocas interpessoais e afetivas desenvolvidas na principal cena de consumo de São Paulo, a famigerada *cracolândia*.

Não se trata, obviamente, em fazer aqui qualquer forma de apologia ao uso de *crack* ou qualquer outro psicoativo. Assim como todo psicotrópico, legal ou ilegal, os usos exigem toda uma série de cuidados e de controles sociais (comunitários e estatais) que trabalhem para evitar as dinâmicas de consumo abusivas. Ao contrário daquilo que o imaginário social construiu através do desserviço realizado pela grande imprensa e pelas políticas públicas do governo nessa área, as pessoas não se degeneram física e moralmente por causa da *crack*. É o contrário que se dá: é por estarem em uma situação de vulnerabilidade que o consumo do *crack* encontra terreno fértil no desenvolvimento de toda uma série de usos abusivos.

Ao contrário do que se divulgou na imprensa, a pesquisa não comprova que o consumo de *crack* é um problema social por ser um psicoativo usado por pessoas de baixa escolaridade envoltas em problemas sociais. Seu consumo não se alastra por produzir um vício incontrolável que transforma as pessoas em zumbis, e sim porque ele responde a uma demanda de uma parcela da população desprovida dos psicoativos estimulantes ofertados atualmente no mercado legal e ilegal às classes sociais mais abastadas.

Apesar de todas as distorções apresentadas, a *Pesquisa Nacional sobre o uso de crack* aponta corretamente que os serviços de saúde para esta população são insuficientes, "sendo a oferta de ações sociais absolutamente estratégica, desde o serviço mais simples de acolhimento e oferta de alimentação e higiene pessoal, até os programas que buscam efetivamente emancipar e oferecer condições para uma vida digna numa dimensão ampla" (BASTO; BERTONI, 2014, p.151).[106]

A resolução dos problemas relativos ao consumo de crack só ocorrerá a partir de três iniciativas: rejeição das medidas higienistas, como internação compulsória - não raro em centros de doutrinação religiosa - ou expulsão arbitrária das pessoas das áreas centrais; adoção de políticas públicas que promovam as mais básicas condições de exercício da cidadania, conforme as destacadas pela própria pesquisa no parágrafo acima; e a criação de um mercado regulado aos psicotrópicos estimulantes, que associem o consumo às

106 Esse aspecto da pesquisa ganhou destaque no site oficial do ICICT/FIOCRUZ (ver http://bit.ly/1ShPu59). Último acesso em 19/12/2014.

informações importantes na criação de uma cultura farmacológica que impeça o desenvolvimento de usos abusivos de psicotrópicos, rompendo assim com a inútil e prejudicial diferença entre substâncias lícitas e ilícitas.

## Referências bibliográficas


BASTO, Francisco Inácio; BERTONI, Neilane. *Pesquisa Nacional sobre o uso de crack: quem são os usuários de crack e/ou similares no Brasil?* Rio de Janeiro: Editora ICICT/FIOCRUZ, 2014.

BOITEAUX, Luciana; CASTILHO, Ela Wircko Volkmer; VARGAS, Beatriz; BATISTA, Vanessa Oliveira; PRADO, Geraldo Luiz; JAPIASSU, Carlos Eduardo Adriano. *Série Pensando o Direito: Tráfico de Drogas e Constituição*. Rio de Janeiro/Brasilia: Resumo do Projeto de Pesquisa apresentado ao Ministério da Justiça/ PNUD, 2009.

CARVALHO, Salo de. *A política criminal de drogas no Brasil: Estudo criminológico e dogmático*. Rio de Janeiro: Lumen Juris, 2007.

SILVA, Luiza Lopes da. *A Questão das Drogas nas Relações Internacionais: Uma perspectiva brasileira*. Brasília: Fundação Alexandre de Gusmão, 2013.

SILVA, Selma Lima. *As mulheres da Luz: uma etnografia dos usos e preservação no uso do crack*. Tese. (Serviço de Saúde Pública / USP), 2000.

VOLCOV, Katerina; VASCONCELLOS, Maria da Penha. "'Crack, é possível vencer' ou é preciso compreender: observações a partir de campanhas publicitárias do governo federal". *Saúde & Transformação Social*. v.4, n.2, p.99-106, 2013.

## A psicologia, as drogas e questões sobre estigma e exclusão[107]

*Núcleo Álcool, Drogas e Medicalização do Conselho Regional de Psicologia de São Paulo*

### *Histórico da guerra às drogas*

Durante toda a história, em diversos momentos, grupos foram excluídos e estigmatizados: negros, judeus, loucos, homossexuais, drogados, pobres e tantos outros. A exclusão de determinados grupos deve ser vista dentro do contexto histórico e político vigente, no qual as dinâmicas das relações de poder são expostas e têm funções específicas.

O preconceito e o estigma de usuários de drogas, portanto, devem ser contextualizados em relação à história da proibição de determinadas substâncias e ao entendimento local do que são drogas. A proibição é centrada primordialmente na discussão daquelas usadas para fins recreativos, o que é distinto do uso e regulação das drogas medicamentosas. Porém, tais distinções, quando pautadas nas determinações jurídicas, produzem efeitos distintos, como a criminalização e a patologização de usuários de drogas consideradas ilegais, independente dos fins do uso: recreativo, médico ou religioso.

Para exemplificar o debate, vale apontar aqui alguns aspectos históricos sobre o álcool, uma substância aceita cul-

---

107 Este texto foi produzido por membros e colaboradores do Núcleo Álcool, Drogas e Medicalização do Conselho Regional de Psicologia de São Paulo (CRP SP): Bruno Ramos Gomes, Clarissa Corradi-Webster, Ilana Mountian, Juliana Paula A. Moreira, Marilia Capponi, Maximiliano Santinelli, Annie Louise S. Prado.

turalmente, utilizada para fins medicamentosos, recreativos, religiosos ou como alimento.

Durante a I e II Guerras Mundiais, ocorreram importantes mudanças sociais. Os Estados Unidos adotaram a Lei Seca do álcool, proibindo sua venda e consumo. Essa lei teve apoio e forte incentivo de grupos protestantes, além de alguns movimentos feministas que, por volta de uma década antes da implementação da lei, iniciaram campanhas contra o consumo de álcool, devido à violência doméstica associada ao seu consumo.

Neste contexto, os EUA começaram a considerar o uso de álcool e de outras drogas como uma questão de relevância social, associando grupos minoritários ao consumo de certas substâncias: atribuíam o uso de ópio aos Chineses, o uso de álcool aos Irlandeses, a cocaína aos negros, a maconha aos Mexicanos e assim por diante.

A proibição severa do álcool não impediu que as pessoas o consumissem, mas gerou um violento comércio ilícito de bebidas. Nesse tempo, houve a produção e consumo de bebidas sem supervisão da vigilância sanitária e consequente casos de envenenamento, levando à morte ou causando danos físicos graves a alguns, ao aumento dos encarceramentos, a perpetração do estigma social, entre outros problemas.

A campanha estadunidense de guerra às drogas teve continuidade e se reproduziu internacionalmente. Em 1961 e 1971, foram assinadas a Convenção Única de Viena e o Convênio Sobre Substâncias Psicotrópicas, respectivamente, em que foram pactuados o controle por meio da proibição e erradicação total da produção, venda e consumo de drogas nas sociedades.

Na década de 70 inicia-se o fortalecimento da política de "guerra às drogas" por parte dos EUA, sendo disseminada pelas Américas e pelo mundo. Ainda hoje o paradigma da "guerra às drogas" perdura nas convenções internacionais da ONU sobre o tema, assim como na maior parte dos países. Encontramos apenas em alguns países como Uruguai, Portugal e alguns estados dos EUA novas experiências em meio a este contexto bélico.

Mas esta guerra tem funcionado? Quais são seus efeitos? Como já foi dito anteriormente, as proibições e restrições devem ser vistas dentro dos contextos políticos, morais e sociais locais. Neste sentido, quais grupos sociais são mais atingidos, como se dá o consumo na era da proibição, quais grupos são estigmatizados, como o cuidado e proteção são dados nesse contexto?

Este processo legitimado no último século não erradicou o uso das drogas e a produção, agora ilegal das substâncias, ocorre nos mercados paralelos. A proibição mundial não considerou o contexto, a cultura, a história, a crença, as tradições e a situação socioeconômica dos países em que culturas distintas faziam diferentes usos das substâncias.

A política de guerra às drogas teve como objetivo proibir o consumo e produção, porém, como sabemos, a utilização das drogas não diminuiu, bem como sua produção. É necessário entender os significados dos seus usos tanto nos âmbitos culturais, sociais e para o sujeito, como o consumo de álcool em comemorações, os novos usos de drogas sintéticas em festas, o uso do café em reuniões, o uso do crack no Brasil, etc. O significado para o sujeito como hábito, prazer, fuga, entorpecência, diversão, dependência, entre tantos outros usos. Para isso, torna-se fundamental uma análise multifacetada.

## *Efeitos da Guerra às drogas*

Uma política pública que teve um grande impacto no campo das drogas foi a proibição do consumo e produção de algumas substâncias e a consequente "guerra" a elas que se deflagrou. Dentro desse contexto, há uma série de efeitos dessa política que são relevantes: primeiramente, não houve diminuição do uso das drogas, mas houve um aumento de prisões e da violência associada. É também importante destacar o risco que os usuários de drogas ilegais correm pela falta de controle da qualidade da substância, falta de informação e violência, como veremos.

No Brasil, o número de encarceramentos aumentou exponencialmente. Em quatro anos (2006/2010), houve um crescimento de 123% no número absoluto de presos por "tráfico de drogas". No mesmo período, o crescimento no número total de presos foi de 24% (IPC-LFG). Juridicamente, há uma diferença entre o que define usuário e traficante. Porém, a quantidade permitida que se pode portar de cada uma dessas substâncias não foi previamente estipulada, ficando a pena a cargo do sistema judiciário. O que se nota é que um grande contingente de pessoas segue sendo encarcerada mesmo que tenha consigo quantidade para seu uso pessoal.

Ocupamos atualmente a 3ª posição no ranking de prisões. Este dado é alarmante e abarca toda uma gama de pessoas que vivem segregadas e sob condições precárias de saúde: mulheres, homens e adolescente. Em todas as instâncias, a porcentagem de pessoas encarceradas por uso e comércio de algumas drogas é extremamente elevada. Atualmente, existem mais de 100 mil pessoas presas por crimes relacionados ao tráfico de drogas. Nas cadeias femininas, a porcentagem é próxima dos 50% do total das presas, assim como nas unidades da Fundação Casa.

A população negra e economicamente desfavorecida forma o grupo com mais membros presos e que sofre o maior número de homicídios. Além disso, o estigma associado ao usuário de drogas tem um forte impacto também na população de jovens negros, por exemplo, como visto nos discursos correntes do cotidiano de miserável, totalmente improdutivo e invariavelmente envolvido com o crime.

Dessa maneira, é fundamental analisar como as políticas públicas impactam nessa área, considerando os efeitos racistas, as relações com as questões de gênero e sexualidade, classe social e idade.

O grande e crescente número de prisões por crimes relacionados ao tráfico de drogas não tem surtido efeito nem sobre o controle de venda e uso, tampouco na hipotética recuperação das pessoas empurradas para o sistema penitenciário. O mesmo acontece com as medidas socioeducativas de restrição de liberdade determinadas a adolescentes. São vários episódios de violações de direitos ocorridos nas Unidades de Internação e um grande número de reincidentes neste sistema.

Segundo dados da própria Fundação Casa, o percentual de adolescentes internados por atos infracionais correspondente ao tráfico de drogas em 12 anos teve um crescimento de cerca de 1.000%, chegando aos atuais índices de aproximadamente 50% dos adolescentes internados, segregados pela política de guerra às drogas. Os efeitos da segregação, dos maus-tratos, do descaso estatal vivido nessas instituições são devastadores para a saúde física e mental desses jovens.

Há uma contradição das políticas proibicionistas importante de assinalar: a criminalização, por um lado, pretende diminuir os problemas sociais e de saúde decorrentes do consumo de drogas ilícitas; por outro, acaba por promover a criação e a proliferação do tráfico de drogas e a falta de controle de qualidade das substâncias e falta de informação colocam a saúde do usuário em risco, além da violência associada. Sem fiscalização e regulação adequada, as drogas ilegais são produzidas em locais impróprios com diversos riscos para quem produz, para quem vende e para quem consome, além de serem feitas diversas misturas que alteram o efeito e produzem muito mais riscos para a saúde dos usuários.

As informações sobre as drogas legalizadas são mal disponibilizadas, por conta dos interesses comerciais a que elas se prestam. Mais grave ainda quando o assunto são as drogas ilegais. Milhares de informações úteis são escondidas o tempo todo de toda a sociedade, tanto em relação aos usos recreativos quanto ao potencial uso medicinal. As pessoas que mais necessitam de informações - como adolescentes e jovens nos seus primeiros contatos com substâncias - muitas vezes obtém informações deturpadas, sensacionalistas e carregadas de preconceitos que em nada ajudam a conhecer o verdadeiro potencial de cada droga que se tem contato quanto tampouco de evitar o uso ou propiciar usos menos danosos e arriscados.

### *Agora... quem é o toxicômano?*

Na atualidade, quando se fala em drogas, é comum a associação discursiva negativa às drogas ilegais, assim como se vê em ideias específicas sobre usuários de drogas. Uma diferença importante na contemporaneidade é a interdição da lei. A noção de drogas e, mais precisamente de *drogadito* ou toxicômano, tem três importantes pilares discursivos: o discurso religioso (usuário de drogas como pecador), o discurso médico (doente mental) e o jurídico (criminoso). Nesse sentido, é fundamental compreender o uso de drogas dentro desses discursos e buscar uma análise que considere o sujeito e seu contexto social. Dentro das ciências psicológicas e médicas, uma série de teorias buscam explicar os motivos que levam algumas pessoas a usarem drogas (implicitamente se referindo, na sua maioria, ao uso recreativo).

Assim, atualmente nomeia-se toxicômano a pessoa que perdeu sua própria liberdade por causa do uso abusivo/problemático/compulsivo de um ou mais tipos de substâncias psicoativas. A Organização Mundial da Saúde (OMS) descreve alguns critérios para classificar o indivíduo como dependente de substâncias psicoativas; são critérios utilizados para balizar um padrão de uso de substâncias que está causando danos à saúde. Destacam-se a compulsão para o consumo, o aumento da tolerância, a síndrome de abstinência, a centralidade que o consumo ganha na vida da pessoa, o empobrecimento de seus repertórios e a persistência no uso mesmo com evidência clara das consequências negativas.

Nos serviços que cuidam da saúde do toxicômano, pode-se observar a seguinte característica comum a todos eles: é aquele sujeito que sofreu uma marca, podendo ser uma marca pessoal, dada pelas circunstâncias subjetivas e/ou materiais, pela miséria social ou pela violência.

Nos serviços públicos de saúde, muitas vezes profissionais recebem pessoas que, desde sua tenra infância estão inseridos num ciclo de violência, sofrendo maus tratos – inclusive abusos sexuais – e que carregam consigo uma história de vida dramática.

Um outro aspecto que alguns estudos levantam é referente ao consumo, tema que está sempre presente quando falamos em toxicomanias e quando pensamos no contexto contemporâneo. A sociedade atual vem valorizando o consumo como importante sustentação do sistema econômico e incentivando-o desde idades precoces, através de comerciais e da propagação de certos estilos de vida.

Assim, do mesmo modo como ocorre com alimentos, roupas, eletrodomésticos e outros que são consumidos exaustivamente, o mesmo também pode ser visto em relação às substâncias psicoativas. Estratégias de marketing e de comercialização são construídas pelo mercado formal e informal de substâncias, havendo disponibilidade das mais diferentes drogas, desde as prescritas, como benzodiazepínicos e antidepressivos, até as recreativas lícitas, como bebidas alcoólicas e tabaco, e recreativas ilícitas, ainda que de maneira distinta, como cocaína e crack.

Soma-se a esse contexto de consumo a "moral hedonista", também típica das sociedades pós-modernas, em que o sujeito deve buscar o gozo, evitar qualquer modo o sofrimento e negar a dor (FORTES, 2009).

O individualismo apregoado nas sociedades atuais também pode ajudar a minar as redes de apoio social, uma vez que se considera que cada pessoa é responsável por sua saúde, por seus comportamentos e sentimentos (MCNAMEE GERGEN 1998). Nesse contexto, a pessoa que faz uso problemático de substâncias psicoativas acaba muitas vezes sendo descrita como aquela que procurou por este caminho, que não teve forças para se controlar e mudar sua trajetória. Pouca atenção se dá ao contexto familiar, social e material de vida desta pessoa, que tem que se responsabilizar sozinha pela mudança de comportamento (CORRADI-WEBSTER, 2009).

Engana-se quem acredita que o mercado dessas substâncias é exclusividade da localidade onde vivem as pessoas pobres. Nas classes mais privilegiadas também circulam drogas, entretanto, em alguns casos, de melhor qualidade, *vis-a-vis* o preço da substância, seguindo a lógica do mercado.

Torna-se relevante aqui levantar alguns aspectos sobre crack, uma droga comumente associada às populações empobrecidas. O crack, ao contrário da crença popular, é utilizado por todas as camadas sociais. Apesar do baixo custo por cada "pedra de crack", que tem um efeito rápido, para a repetição do uso, o valor, portanto, aumenta.

Porém, é importante notar os discursos sobre usuários de crack, que são muitas vezes chamados de *nóias*, principalmente os usuários pobres. É fundamental o entendimento do uso dessa substância nos centros atualmente chamados de "cracolândias", pois coloca em evidência a vulnerabilidade social que os sujeitos se encontram.

O toxicômano é aquele que, no meio do caos do mercado das drogas, tem a experiência de experimentá-la e ter sensações diferentes (ou as mesmas) no seu dia a dia. É aquele que ousa o limite, que desinstitucionaliza as revoltas internas, desregulamenta a sua vida e de toda a comunidade em que se insere (Passetti, 2011).

O toxicômano é aquele que tem uma relação muito intensa com a substância, tem uma experiência viva e direta, desafiando regulamentações/regras sociais. A questão que se foca aqui é do uso problemático da droga pelo usuário, que ao buscar apoio para modificar seu uso, coloca uma série de questões para a psicologia, como vemos nos desenvolvimentos de abordagens teóricas e práticas.

### *Políticas públicas: Reforma Psiquiátrica e assistência a pessoa que faz uso abusivo de drogas*

A expansão dos hospitais psiquiátricos no Brasil iniciou-se na década de 40, quando Adauto Botelho assumiu o Serviço Nacional de Doenças Mentais (SNDM), órgão do Ministério da Educação e Saúde (Paulin; Turato, 2004). Nesta época, os hospitais eram a principal estratégia de atenção às pessoas consideradas loucas e visavam afastá-las da sociedade. Assim, ficavam geralmente em locais afastados da cidade, em instituições que contavam com muros altos e segurança. Houve um grande aumento no número de hospitais, que acabaram se configurando como espaços de exclusão, ao invés de recuperação e tratamento. Estes ficaram rapidamente superlotados e contavam com poucos profissionais, que praticamente não tinham treinamento na área.

Houve nesta época também um crescimento da indústria farmacêutica e dos equipamentos médico-hospitalares, que somados à democracia liberal que se firmava, estimularam o surgimento de hospitais psiquiátricos privados (Kantorski, 2001).

Também, no regime militar (década de 1960 e 70), foi proposto que a assistência psiquiátrica passasse a fazer parte da previdência social, estimulando a criação de hospitais psiquiátricos privados que prestavam serviços ao Estado, recebendo verbas do governo para o funcionamento (BRAGA et al., 2006).

Portanto, os empresários viram no hospital psiquiátrico um negócio muito rentável, já que havia grande demanda para este e o investimento realizado era muito baixo, uma vez que a mão de obra não precisava ser especializada, não havia muitas tecnologias na área, a fiscalização praticamente não ocorria e o financiamento vinha do governo. O movimento de privatização dos serviços psiquiátricos ficou conhecido como "indústria da loucura".

No decorrer dos anos, foram surgindo questionamentos relativos a esta forma de assistência. Estes vinham de profissionais, familiares e comunidades que percebiam que o tratamento oferecido era dispendioso e não tinha nenhuma efetividade, contribuindo apenas para a exclusão de pessoas e cronificação dos casos.

Assim, a década de 1970 foi sendo marcada por inúmeros movimentos, congressos e encontros que reivindicavam mudanças na assistência psiquiátrica, na visão da loucura e na compreensão do usuário destes serviços. As propostas vão na direção da abertura de serviços comunitários, que não excluam os indivíduos de seu meio, mas que envolvam a família e comunidade no tratamento e que contem com uma equipe multidisciplinar, oferecendo diferentes tipos de cuidado.

Este processo recebeu o nome de Reforma Psiquiátrica e foi garantido, no Brasil, pela aprovação da lei 10.216 em 06 de abril de 2001. Esta lei estabeleceu os direitos dos portadores de transtornos mentais e redirecionou a assistência psiquiátrica, colocando os serviços comunitários como preferenciais no atendimento e regulando as internações, que devem acontecer apenas quando os recursos extra-hospitalares se mostrarem insuficientes para a resolução do problema.

Entretanto, um grupo de pessoas continuava à margem das discussões: os usuários de drogas. Estes vinham sendo até então atendidos por instituições religiosas e grupos de autoajuda, havendo prevalência do discurso moral para a compreensão dos usuários e da problemática.

Assim, em 2003, o Ministério da Saúde publicou a "*Política do Ministério da Saúde para a atenção integral a usuários de álcool e outras drogas*". Neste documento, reconheceu-se o descaso histórico com este grupo e estabeleceu-se que o cuidado a estas pessoas deve se basear nos princípios do Sistema Único de Saúde (SUS), da Reforma Psiquiátrica e da Redução de Danos (MINISTÉRIO DA SAÚDE, 2004). Também propôs as perspectivas médica e psicossocial para a compreensão do uso problemático, colocando-o como fruto da interação de características individuais, sociais e psicológicas.

A rede de atenção ao usuário de droga começou então a ser proposta, reforçando a necessidade de que fosse intersetorial. No âmbito da saúde, ela deve ser composta por serviços da atenção básica, como Unidade Básica de Saúde (UBS), Núcleo de Apoio a Saúde da Família, Consultório na Rua e Centro de Convivência e Cultura. Também por serviços da atenção especializada, sendo os principais o Centros de Atenção Psicossocial (CAPS) II e III – álcool e outras drogas.

Faz-se necessário também a inclusão de serviços de urgência e emergência, como Unidades de Pronto Atendimento (UPA) 24 horas e o Serviço de Atendimento Móvel de Urgência (SAMU). Prevê-se a atenção hospitalar, com leitos em hospitais gerais e serviços hospitalares de referência para pessoas com problemas decorrentes do uso de drogas. Também destaca-se a necessidade de moradia transitória, com a proposição de unidades de acolhimento e estratégias de reabilitação psicossocial, como iniciativas de geração de trabalho e renda, empreendimentos solidários e cooperativas sociais.

Para o bom funcionamento desta rede de atenção, destaca-se novamente que ela deve estar interligada a outros serviços como a assistência social, judiciária, e acesso à cultura, esporte, lazer, educação e habitação.

Entretanto, apesar da orientação feita para a adoção de estratégias de redução de danos, ainda prevalece na sociedade brasileira a visão da abstinência como central para a recuperação de usuários. Aliada a isto, destaca-se o forte discurso proibicionista vigente e o baixo investimento nos serviços de saúde mental comunitários, resultando em respostas sociais e governamentais que divergem do que foi preconizado pela Reforma Psiquiátrica e pelo documento do Ministério da Saúde em 2003 (CORRADI-WEBSTER, 2013).

Assim, assistimos a volta dos asilos, sob a nomeação de Comunidades Terapêuticas ou Clínicas Privadas. Estes que, historicamente, vêm sendo utilizados para segregar todos os que não contribuem para uma determinada visão de sociedade e que já se mostraram pouco efetivos no tratamento a pessoas em sofrimento. Estas instituições de internação, assim como os antigos hospitais, ficam em locais afastados da cidade, restringem o usuário do contato com o mundo externo, utilizam de violência para a disciplina dos internos, contam com mão de obra pouco especializada, recebem pouca fiscalização de órgãos públicos, não se preocupam com a reintegração social e fazem internações de longo prazo, havendo grande prevalência de reinternações.

Há alguns anos, estas instituições passaram a receber incentivos financeiros do governo federal e de governos estaduais e municipais, tornando-se assim muito lucrativas. Porém, como há falta de investimento nos recursos comunitários, estes mostram-se insuficientes com facilidade, tornando as internações em comunidades terapêuticas e clínicas como a única estratégia possível.

Exemplifiquemos com uma discussão de caso ocorrida em serviço especializado em drogas, no qual o usuário se encontrava abstinente, porém, devido a conflitos familiares, estava vivendo na rua. Sendo esta uma condição de vulnerabilidade e não havendo recursos disponíveis no município para acolhê-lo - como serviços de moradia transitória e centros de convivência - a decisão da equipe foi pela internação deste em comunidade terapêutica, para que pudesse ter um local "protegido" para morar e ficar durante nove meses. A internação foi feita de modo compulsório, para que assim o município fosse obrigado a arcar com as despesas pelo tratamento na comunidade terapêutica.

É evidente, porém pouco sistematizada e publicizada, a ineficiência desses tratamentos, visto que um grande número de instituições infringe a garantia dos direitos humanos. O que assistimos é muitas vezes a piora do quadro, a cronificação do que por vezes poderia ser transitório, a culpabilização sobre o uso problemático de drogas, e a desconsideração dos fatores culturais, sociais e pessoais.

Muitas pessoas egressas desses espaços introjetam o que de pior o senso comum diz sobre elas, que, além de não haver outra alternativa a não ser a abstinência, elas não são capazes por si mesmas superar o uso problemático e que precisam se isolar. Isto acaba por fazer com que elas sempre necessitem voltar.

Enquanto alguns setores lucram com o sofrimento de pessoas que têm uso problemático de drogas, o que se assiste é não somente a ineficácia do tratamento, mas diversas violações de direitos que acontecem nestes espaços: tortura, castigos, imposição de vertentes teóricas como únicas verdades, medicalização excessiva e acrítica, isolamento, exclusão e segregação, as velhas práticas manicomiais acontecendo com outros nomes e justificativas.

Percebe-se que os desafios relacionados ao cuidado a usuários de álcool e outras drogas são grandes e vem colocando "em xeque" as conquistas do movimento da Reforma Psiquiátrica.

### *A psicologia, a(o) psicóloga(o) e as comunidades terapêuticas.*

Temos hoje um importante debate sobre o papel da(o) psicóloga(o) em comunidades terapêuticas, em especial sobre a fragilidade das intervenções da(o) profissional neste tipo de serviço. É comum essas instituições utilizarem nomenclaturas para seus profissionais como: "Técnicos de referência", "colaboradores", etc. descaracterizando a função das psicólogas(os) neste contexto. Muitos técnicos e supervisores são "dependentes em recuperação" que tem como função impor regras e diretrizes que os "usuários" ou "comunitários" tem que seguir, a maioria dessas instituições tem cunho religioso e dogmático. O papel do profissional da psicologia geralmente fica em segundo plano para os atendimentos individuais e de grupo.

Há uma ideia específica sobre os conceitos de dependência química e a abstinência é vista como única alternativa, criando assim, uma normatização das intervenções possíveis, bem como seu correlato: a baixa tolerância a possíveis lapsos ou recaídas de seus usuários. Nesta perspectiva, a equipe garante um ambiente de "proteção e segurança" para os usuários, sendo que após a alta ou saída da comunidade terapêutica, a manutenção do tratamento (aqui traduzido pela abstinência) será de responsabilidade exclusiva deste sujeito.

A cristalização destes conceitos chega a toda a equipe multidisciplinar, dificultando outras possibilidades de intervenções no âmbito psicossocial do usuário. A prerrogativa do não uso de substâncias como única via de sucesso e tratamento pode culpabilizar mais os usuários que não se "adaptam" ao tratamento. A equipe normatiza estas regras como leis que não podem ser infrigidas, restando aos profissionais de psicologia concordar permissivamente ou discordar com o encaminhamento do tratamento.

Repensar constantemente o papel da(o) psicóloga(o) nestes serviços de atenção é primordial para a busca de intervenções mais diversas e adequadas aos usuários desta rede.

Existem três dispositivos destacados nas intervenções: prevenção, tratamento e ressocialização. O destaque e investimentos maiores são para o tratamento. Hoje em dia existem debates sobre os tipos de prevenção e há algumas iniciativas para prevenção ao uso e ao uso abusivo e á divulgação de informações sobre os efeitos das drogas. Mas ainda é necessário um grande contingente de ações nessa área.

Em alguns setores ainda prevalece a ideia de que informação e intervenções de redução de danos não devem ser realizadas, ideia que deixa o usuário mais vulnerável e fragilizado sobre suas escolhas. Quanto às estratégias de tratamento, apesar do amplo desenvolvimento de perspectivas na área, o diálogo encontra-se escasso sobre as opções de não internação. A ressocialização, considerando acesso à moradia, trabalho, educação e saúde, ainda não tem sido o principal foco nas políticas públicas para usuários de drogas, o que e é comumente vista como responsabilidade exclusiva do sujeito.

Buscar modelos inclusivos de atenção psicossocial é uma das metas da psicologia. A interface com outros atores sociais e profissionais envolvidos na atenção é extremamente positiva para resultados tangíveis que respeitem os direitos de seus usuários.

Constantemente, verificamos problemas sérios com as (os) profissionais que trabalham em comunidades terapêuticas. As maiores dificuldades relatadas são em relação à falta de condições adequadas de trabalho e reciclagem profissional. A equipe muitas vezes fica "internada" com os comunitários, dificultando um olhar mais cuidadoso sobre o sujeito e sobre seu contexto social. A expectativa da abstinência total, acaba gerando também frustração nas (os) profissionais, assim como nos usuários, que encontram essa meta difícil de ser alcançada.

De fato, nessas instituições raramente existem etapas intermediárias de sucesso de intervenções terapêuticas. A saúde e as condições de trabalho para as (os) profissionais destas instituições geralmente estão abaixo do mínimo esperado. Muitas vezes por questões profissionais e necessidades pessoais, as(os) psicólogas (os) sujeitam-se a condições estabelecidas pelos donos destas comunidades, dificultando alternativas mais eficientes de ambiente e condição de trabalho.

É prioritário também considerar-se a questão da saúde das (os) profissionais envolvidas (os) nestas intervenções pois, caso contrário, há o risco do adoecimento constante da equipe de atenção.

### *Considerações Finais*

O debate sobre drogas é um tema atual e importante. Torna-se fundamental o entendimento sobre como as substâncias psicoativas - em particular as drogas ilegais - e os usuários de drogas são vistos.

Como observado, as drogas sempre foram utilizadas na história da humanidade para fins terapêuticos, religiosos, recreativos, rituais, habituais, alimentares, entre outros. A concepção atual de drogas tem fortes influências na convergência de discursos religiosos (pecado, moral), médicos (doença mental) e jurídicos (crime). Com a intervenção da lei e a regulação do mercado de drogas medicamentosas e para fins recreativos, houve uma mudança discursiva. Quando se fala em drogas, rapidamente se entende que o assunto são as drogas ilegais. Igualmente em relação ao usuário de drogas, que popularmente é relacionado apenas ao uso recreativo e frequentemente às drogas ilegais.

Nesse sentido, o preconceito e estigma com os usuários de drogas tem um efeito importante, associado normalmente à criminalidade, doença mental, falta de controle, pecado e outros, muitas vezes chamados de "noias" ou "loucos", ideias que isolam e limitam o entendimento sobre o sujeito que faz uso de drogas de uma maneira esporádica, controlada ou abusiva.

A estigmatização do usuário, além de não permitir o entendimento sobre o sujeito, excluindo-o socialmente e culpabilizando-o, sem considerar os contextos sociais e culturais do uso, assim como o contexto da proibição.

Para uma compreensão ampla sobre o uso de drogas, é fundamental desconstruir o campo discursivo moral preconcebido e analisar o uso como um fenômeno multifacetado, incorporando aqui as dimensões subjetivas e materiais do sujeito, considerando o contexto social e cultural, as relações de gênero, classe, raça e idade.

O campo das drogas é saturado por discursos morais, sendo importante a desconstrução dos mesmos para intervenções na área da saúde. Há uma série de desenvolvimentos de concepções de prevenção, tratamento e ressocialização de usuário de drogas que fazem uso problemático de determinadas substâncias. Essas incluem trabalhos de redução de danos, acompanhamento psicológico, acesso à informação, redes de cuidado potentes, entre outros.

Porém, atualmente maior enfoque tem sido dado ao acolhimento dos usuários de drogas em comunidades terapêuticas, e muitas vezes, esses acolhimentos são forçados e de longa duração. Muitas dessas comunidades têm enfoque religioso, o que também traz questões frente ao estado brasileiro, que é laico. Nesse contexto, algumas inspeções realizadas apontaram sérias violações aos direitos humanos como tortura, trabalho escravo e em outras instâncias, inclusive, casos de óbito. Junto a isso, a compulsoriedade das internações asilares coloca em xeque os avanços da Reforma Psiquiátrica Brasileira. Faz-se, portanto fundamental, a análise crítica desses serviços, e de como a/o psicóloga/o pode realizar seu trabalho de uma maneira cuidadosa e ética.

**Referências bibliográficas:**


Link 1: https://www.awesomestories.com/asset/view/The-Lips-That-Touch-Liquor-Shall-Never-Touch-Mine

Link 2: http://dream-of-genea.blogspot.com.br/2008/10/prohibition-poster-fact-or-fiction.html

Link 3: http://www.bancodeinjusticas.org.br/trafico-de--drogas-e-crime-que-mais-condena-no-brasil/

Link 4: http://coletivodar.org/2013/09/cresce-1000-o-percentual-de-adolescentes-presos-por-trafico-em- sp-na-ultima-decada/

Prevenção dos problemas relacionados ao uso de drogas: capacitação para conselheiros e lideranças comunitárias. Ministério da Justiça, Secretaria Nacional de Políticas sobre Drogas. 6 ed. Brasília, DF. SENAD-MJ/NUTE-UFSC, 2014.

Álcool e Outras Drogas. Conselho Regional de Psicologia da 6ª Região. – São Paulo: CRPSP, 2011.

CARNEIRO, H. S. As necessidades humanas e o proibicionismo das drogas no século XX.

Disponível em: http://www.neip.info/downloads/t_hen2.pdf. Acesso em: 26/01/2015.

ACSELRAD, G. A construção social do "problema" das drogas. Disponível em:

http://www.educacaopublica.rj.gov.br/biblioteca/cidadania/0022.html. Acesso em: 26/012015.

PELI, R. Histórico da criminalização das drogas. Disponível em:

http://rhbn.com.br/secao/reportagem/historico-da-criminalizacao-de-drogas. Acesso em: 26/01/2015.

LOPES, M. A. Drogas: 5 mil anos de viagem. Disponível em: http://super.abril.com.br/ciencia/drogas-5-mil-anos-viagem-446230.shtml. Acesso em 26/01/2015.

CARNEIRO, H. S. As drogas e a história humanidade. Disponível em:

http://drogasecidadania.cfp.org.br/wp-content/uploads/2011/09/revista_dialogos.pdf. Acesso em: 26/01/2015.

PARDELLAS, S. Pra quem o congresso trabalha. Disponível em:

http://www.istoe.com.br/reportagens/paginar/130292_PARA+QUEM+O+CONGRESSO+TRABALHA/52.

Acesso em 26/01/2015.

Gomes, L. F. 4 Anos após a vigência da Lei de drogas: aumento de 123% dos presos por tráfico de entorpecentes. Disponível em: http://institutoavantebrasil.com.br/4-anos-apos-a-vigencia-da-lei-de-drogas-aumento-de-123-dos-presos-por-trafico-de-entorpecentes/. Acesso em: 26/01/2015.

Arquivos de Saúde Mental e Atenção Psicossocial Autores: Paulo Amarante, Patrícia Dorneles, Giuseppe Dell' Acqua, e outros

2005 - Psicologia Social e saúde; Práticas, saberes e sentidos

Spink / Mary Jane – Petropolis – 2010 – pag 339

FORTES, I. A psicanálise face ao hedonismo contemporâneo. Rev. Mal-Estar Subj., Fortaleza , v. 9, n. 4, dez. 2009 .

MCNAMEE; Gergen, K. An invitation to relational responsibility. In: McNamee, S.; Gergen, K.

Relational Responsibility. Thousand Oaks: Sage, 1998. cap. 01, p.03-28.

CORRADI-WEBSTER, C.M. Consumo problemático de bebidas alcoólicas por mulheres:

discursos e histórias. Dissertação (Doutorado em Psicologia) - Faculdade de Filosofia, Ciências e Letras de Ribeirão Preto, Universidade de São Paulo, 2009.

Corradi-Webster, C.M. Consumo de drogas: considerações sobre a clínica no contexto do SUS.

Saúde & Transformação Social, v.4, n.2, p.10-20, 2013.

Ministério da Saúde. Secretaria de Atenção à Saúde. SVS/CN-DST/AIDS. A Política do Ministério da Saúde para Atenção Integral a Usuários de Álcool e outras Drogas. Ministério da Saúde.( 2.ed.), 2004.

Braga, V. A. B; Fraga, M. de N. de O; Souza, Â M. A. Reforma Psiquiatrica Brasileira: muito a refletir. Acta Paul Enfermagem, v.2, n.19, p.207-211, abr/jun. 2006.

Kantorski LP. A reforma psiquiátrica: um estudo parcial acerca da produção científica. Revista Eletrônica de Enfermagem. 2001; 9 (3): 769-805.

Paulin LF, Turato ER. Antecedentes da reforma psiquiátrica no Brasil: as contradições dos anos 1970. História, Ciências, Saúde — Manguinhos. 2004; 11(2): 241-58.